IATSS

(財)国際交通安全学会編

「交通」は地方再生をもたらすか

分権時代の交通社会

中村英夫
岡野行秀
森田　朗
成田頼明
片山善博
大西　隆
白石真澄

◎企画編集
喜多秀行
武内和彦

技報堂出版

はじめに

「地方の時代」と言われて久しい。しかし「地方の時代」を体現する地域づくりの処方箋は、依然として不透明である。たしかに国の権限がつぎつぎと地方に移譲され、一見「地方分権」は進んでいるかに見える。しかし、道路建設を含めた国の公共投資余力が著しく減少するなかでの分権は、地方の切り捨てにつながると危惧する声もあがっている。

どうすれば日本の地方は、現存する多くの困難を克服し、豊かな生活の場として再生されるのか。そのために、国と地方の関係はどうあるべきか。地方に暮らす人々の生活をどうデザインするのか。本書は、そうした問題に対して「交通」という切り口で切り込み、「地方の時代」における「交通社会」のあるべき姿と、そこへ至る道筋を論じたものである。

こうした問題について論じる際には、まず、議論の土俵をきちんと作っておくことが不可欠である。各分野で蓄積された知見によって議論の枠組みを客観的に整理し、問題の全体構造を明らかにした上で共有化しておくことが前提となる。本書の狙いはまさに、「交通」というテーマでそれを実現することにある。

さて、本書誕生の母体となったのは、（財）国際交通安全学会（ＩＡＴＳＳ）の研究調査企画委員会による新プロジェクトである。同委員会では、五〇名を擁する会員に対して研究プロジェクトを公募するとともに、評議員・会員・顧問および会員以外の有識者のこの分野での豊富な経験を活かすために、インタビューにより研究成果の取りまとめを行う委員会主導研究プロジェクトを、新たに立ち上げた。その一回目のテーマが「地方の時代と交通社会」であり、研究成果を会員などに広く公表し、意見交換を促すために、同様の表題によるシンポジウムも開催した。

本研究プロジェクトのメンバーは、中村英夫（ＩＡＴＳＳ評議員、武蔵工業大学学長）、岡野行秀（同顧問、（財）道路経済研究所理事長）、森田朗（同会員、東京大学公共政策大学院院長）、成田頼明（同評議員、横浜国立大学名誉教授）、片山善博（鳥取県知事）、大西隆（東京大学先端科学技術研究センター教授）、白石真澄（同会員、東洋大学経済学部助教授）、の各氏である。また、プロジェクトリーダーの喜多秀行（同会員、鳥取大学工学部教授）と武内和彦（同会員、東京大学大学院農学生命科学研究科教授）が研究プロジェクトの取りまとめを担当した。

本書は、ややもすると希望的観測や逆に悲観的見通しに陥りがちな「地方の時代」と「交通社会」に関わる諸問題について、俯瞰的な視座を提供することにより、これからの「交通」を軸とした「地方再生」の議論に対して大きな示唆を与えるであろう。

喜多秀行
武内和彦

平成一七年四月

「交通」は地方再生をもたらすか

——分権時代の交通社会——

目次

企画編集

本書の企画編集
およびインタビュー

喜多秀行
鳥取大学工学部教授
IATSS会員

専門分野は交通システム工学。

主な著書は『Communication and Regional Development』など。

武内和彦
東京大学大学院
農学生命科学研究科教授
IATSS会員

専門分野は緑地環境学。
主な著書は『環境時代の構想』など。

序章

地方を取りまく今日の社会状況

都会での長年のサラリーマン生活に区切りをつけて、豊かな自然とゆとりを求めて田舎暮らしを始める中高年の人たちの話題を、新聞やテレビなどで目にする機会が増えています。農業や林業についても、これまでは従業者の高齢化や、後継者難の問題が指摘されてきましたが、最近は農林業に仕事を求める人の数も増えてきていると聞きます。近年のこうした傾向は、私たちがこれからどのような暮らしを望み、何を豊かだと考えるのか、日本人の価値観が少しずつ変わってきたことの現れであるように思います。地方が持つ自然や文化に根ざした豊かさや、潤いといったものが再認識され、多くの人に求められるようになってきているのです。

一方で、地方は今、さまざまな課題にも直面しています。なかでもインパクトが大きいのは、我が国がこれからドラスティックな人口減少局面を迎えるという問題です。日本の人口は、約一億二七七〇万人をピークに、平成一八年からは減少に転じ、四〇年後には一億人を切ると予測されています。しかも高齢者がその三分の一を占めるという、世界でも例を見ない高齢社会へと移行しますが、こうした社会変化によって中山間地では過疎化が進行するなど、地方ではとくにその影響を被りやすく、今後はこうした変化に耐えうる持続可能な社会をどう築いていくかが、地方の大きなテーマとなっていくことは確実です。

また、昨年は中越地震の発生、史上最多の台風の上陸など、自然災害が日本各地に甚大な被害をもたらしました。とりわけ地方の小都市や農山村地帯の被害が大きく、その復興が緊急の課題になっています。そこで問われているのは、災害に強い地域づくりとはどのようなものかという

少子高齢化による人口構造の変化

Column

我が国の総人口は、2006年（平成18年）の1億2,770万人をピークに減少に転じ、2050年には現在の20％減の約1億人へと継続的に減少することが予測されている。同時に、高齢化率（総人口に占める65歳以上の割合）も年々高まり、2014年（平成26年）には25％に達し、日本人口の4人に1人が65歳以上になると予測されている。

このような状況は我が国が初めて経験する事態であり、今後、日本の社会経済に深刻かつ多様な影響を与えるものと考えられる。生産年齢人口の比率も、2000年（平成12年）の68％から2050年には54％へと低下することが予測され、その結果として労働力の不足、社会保障負担の増大、消費・投資の減少などが進行し、今後はバブル期以前のような高い経済成長を望むことは難しく、投資余力も低下していくものと思われる。

こうした人口構造の急激な変化は、これからの国土計画や交通環境整備、都市計画などを考える際にも、必ず考慮に入れるべき極めてインパクトの高い社会現象である。今回のプロジェクト「地方の時代と交通社会」においても、すべての論者に共通の認識として、この少子高齢化の問題があったことを確認しておきたい。

総人口の推移

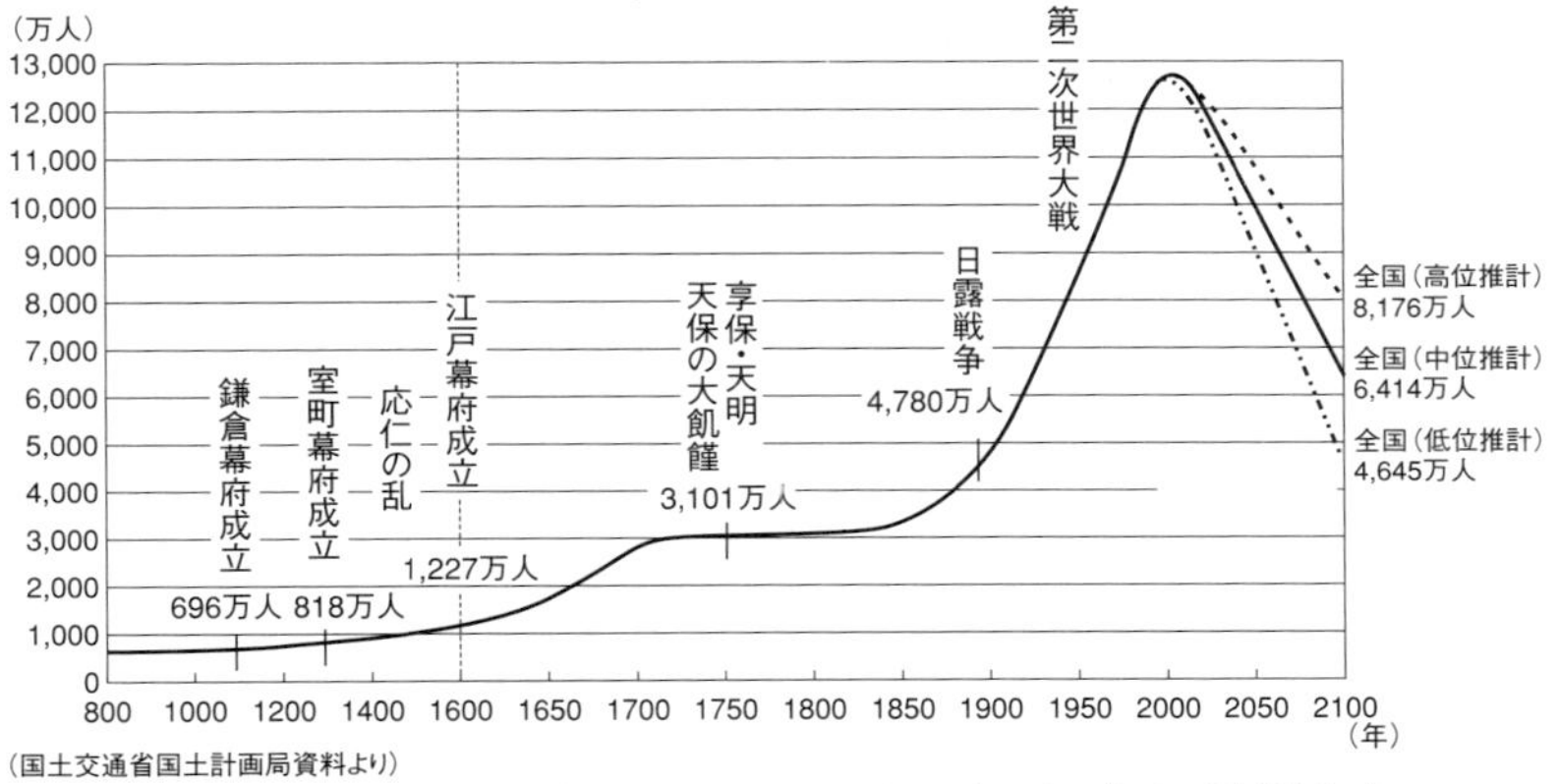

（国土交通省国土計画局資料より）

注）1950年以前は国土庁資料を、2000年は「国勢調査報告」を、2050年および2100年は「日本の将来推計人口」を用いられている。

問題です。例えば交通の便が悪い地域などでは、避難路や救援物資の補給路の確保なども都市部とは異なるアプローチが必要であり、今後は各地域が、それぞれの実状を踏まえた現実的な対策を考えていく必要があります。

このように、地方が今、多くの課題を抱えていることは確かです。しかし一方では、国民レベルで大都市では得られない地方部の価値が見直されつつあるというポジティブな側面もあるため、これからはこの両方を視野に入れてうまく舵を取りさえすれば、地方は大きなチャンスを迎えているということでもあります。課題は課題として適切に対応すると同時に、地方が自らの価値や個性をさらに磨いていくことによって、新しい時代にふさわしい「豊かさ」を獲得していく好機でもあると言えるからです。

こうした問題は今後、国と地方が「対等・協力」の関係を築くことを目指す地方分権改革の枠組みのなかで追求されていくことになります。我が国におけるこの一〇年の地方分権に関わる議論は、まさにこうした社会状況の変化に対応しながら、従来とは異なる価値観によって地域社会の「豊かさ」を実現するための、新たな社会像の構築をめぐる議論でもあったと言えます。

・・・・

このような状況下で、では地方の時代に求められる「交通」とはどのようなものか…。

これが本書のテーマです。本書のタイトルを、『「交通」は地方再生をもたらすか』としたのは、これから加速する地方再生の動きを先導するとともに、それをしっかりと支えることのできる交通社会像を描き出してみたいという、我々なりの意思を織り込みたかったからです。人々の一日

地方分権改革

Column

日本の行政機能は中央政府と地方公共団体が担っているが、地方分権改革とは、後者により多くの権限や財源を付与・保障し、その自立性を高めることを目指す取り組みである。戦後日本の自治制度には、地方公共団体の自主性や自立性を妨げる古い時代からの遺物が残されてきたため、これまでは「三割自治」であるとか、対等協力ではなく上下主従の関係であるといった批判が繰り返されてきた。

しかし、ここ10年来、地方分権の議論は大きな高まりを見せ、平成5年6月、我が国の憲政史上初めて衆参両院において全会一致で「地方分権の推進に関する決議」を採択。平成6年の政府による地方分権推進大綱方針を経て、平成7年に地方分権推進法が成立した。これを受けて、総理府に設置された地方分権推進委員会によって具体的な方策の検討が行われた結果、「地方分権推進計画」の閣議決定を経て、平成11年7月に地方分権一括法が成立し、分権型社会への移行を目指す制度的な受皿が整った。

地方分権の動き

平成５年（1993）	地方分権推進に関する決議　閣議決定
平成６年（1994）	地方分権推進大綱方針　閣議決定
平成７年（1995）	地方分権推進法　成立
	地方分権推進委員会　発足
平成10年（1998）	地方分権推進計画　閣議決定
平成11年（1999）	地方分権一括法　成立
平成12年（2000）	地方分権一括法　施行
平成13年（2001）	地方分権推進委員会　最終報告
	地方分権改革推進会議　発足
	経済財政運営と構造改革に関する基本方針（骨太の方針）閣議決定
平成15年（2003）	三位一体改革

（地方分権改革推進会議資料をもとに作成）

行動圏が飛躍的に拡大し、経済・生活・文化などのさまざまな局面で多くの地域が相互依存の関係にあり、人・物・情報の行き来が活発になされることが地域の活力の一つの源泉であることを思うと、「交通」が果たす役割にはきわめて大きいものがあります。こうしたことを踏まえ、これから地方で必要とされる交通環境とは何か、誰が、どのようにつくり、その財源をどうするかといった問題について国民的な議論を深めることがきわめて大事だと考えます。

この点で、平成一五年の道路公団民営化推進委員会の議論は、日本の交通問題を国民的関心にまで高めたという点では評価できますが、民営会社の組織と高速道路建設の採算性という狭い土俵にだけ焦点があたってしまい、これからの国土づくりや地域の自立再生の枠組みのなかで、道路はどうあるべきかといった、民営化云々の以前に必要とされる道路問題の全体像を明らかにせずに終わったことが惜しまれます。これは、国民一般の議論がマスコミによって報道された部分にシフトしたこと、事実関係やさまざまな仕組みが必ずしも正しく認識されなかったことなどの結果と言えます。今後の交通社会を考える上でこのようなことが再び起こらぬよう、前提となる議論の枠組みを客観的に整理し、問題の全体構造を明らかにしておく、これが、本書の目的であります。

均衡ある国土の発展を目指して ― これまでの社会資本整備 ―

その準備として、我が国のこれまでの社会資本整備の歴史と社会背景について、簡単に振り返っておきたいと思います。戦後の日本は、戦災によって破壊された国土の復興にあたって、絶対的に不足する社会資源を効果的に活用するために、まず特定の地域や産業にそれらを集中投資す

道路関係四公団改革 Column

道路関係四公団改革は、小泉内閣が進める特殊法人改革の目玉として、平成13年12月に閣議決定された「特殊法人等整理合理化計画」で民営化の方針が示されたことに端を発する。四公団とは、日本道路公団、首都高速道路公団、阪神高速道路公団、本州四国連絡橋公団の4つで、政府はこれらの民営化を推進するため、平成14年6月、内閣府に道路関係四公団民営化推進委員会を設置。約40兆円の債務返済を前提に、採算感覚や業務効率、責任意識などを基本とする再建案を検討した。しかし、議論の終盤で意見書の内容をめぐって委員の足並みが乱れ、今井敬委員長が辞任するなど最後まで波乱の展開が続いた。

こうしたなか、同年12月に最終的な意見書が提出され、その後は平成15年12月の政府・与党申し合わせを経て、公団の分割と債務返済機構の設立、新直轄方式の導入、ファミリー企業の見直し、民間経営ノウハウの導入などを基本とする改革の枠組みが決定。平成16年1月には通常国会に法案が提案され、道路公団民営化法が成立した。現在は平成17年秋の民営化を目指して準備が進められている。

こうして実現した道路関係四公団改革により、今後は無駄な道路建設に歯止めがかかると期待される一方で、一連の議論に社会資本整備の全体像を踏まえた視点が欠けていたと指摘する声や、本質的な構造転換をすり抜けた官僚主導の改革に終わってしまったとの批判もあり、今後の展開に注目が集まっている。

道路関係四公団民営化後の会社と機構による事業実施のイメージ

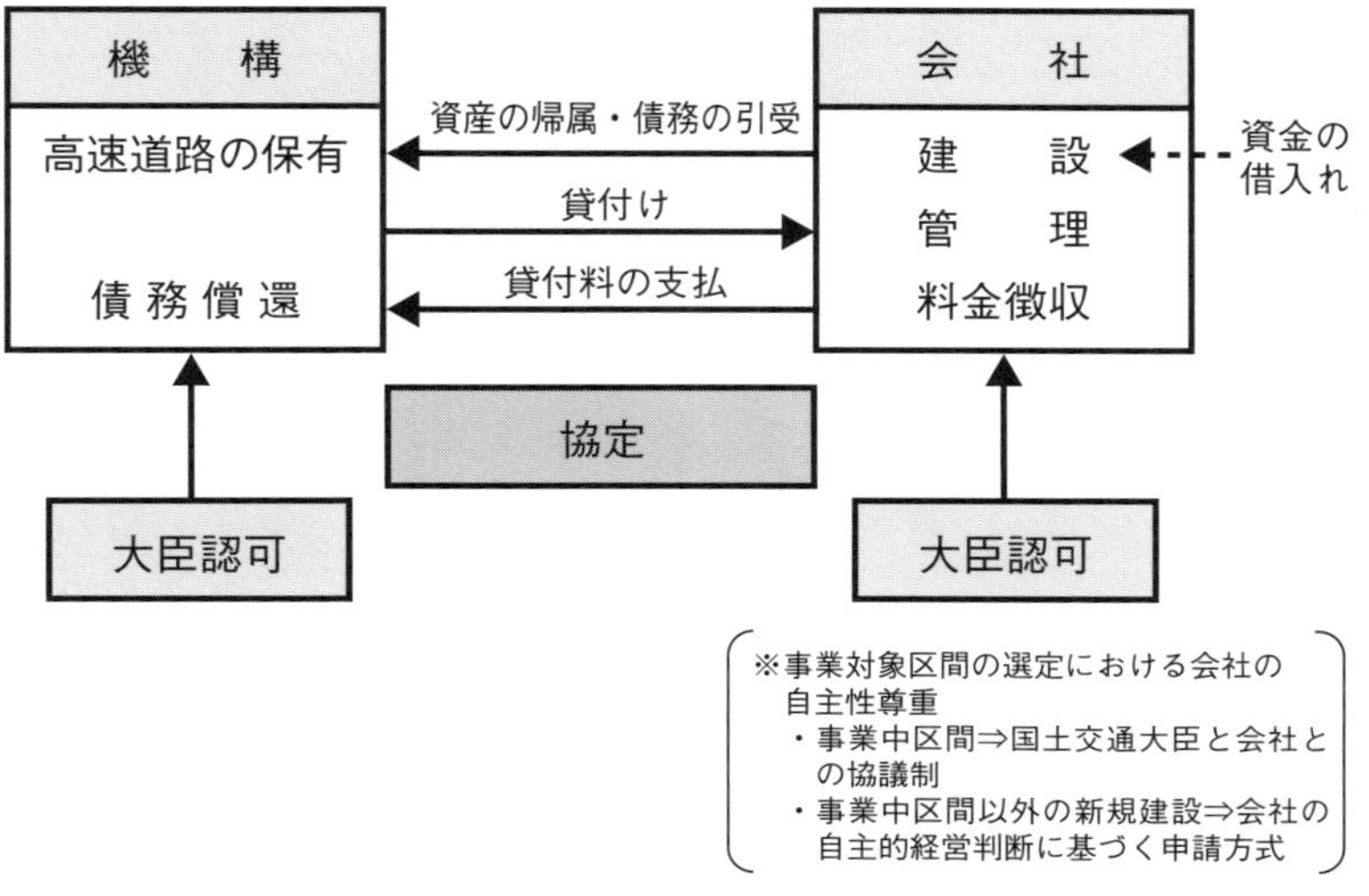

（国土交通省資料より）

ることから始めました。最初は、東京など三大都市圏の社会的・経済的基盤整備を先行して進め、次いで地方の拠点都市へと展開する国土整備を行ってきました。これによって我が国は高度成長への軌道に乗り、生活水準は大きく向上しました。しかし、その過程で、農村部などから大都市圏への人口流入が拡大し、その結果として、地方では過疎化が急激に進み、活力が失われていくという状況が生じました。こうした問題を踏まえて、高度成長の一方で広がる中央と地方の格差是正のため、昭和四〇年代に入ると地方への投資を重点的に進めるようになり、全国的に一定の水準で社会的・経済的基盤を整備することを前提に、国土の均衡ある発展を目指してきたという経緯があります。

しかし、格差是正を名目としたこの基盤整備は、まず量的な水準を高めることに向けられ、均衡ある発展という名の画一的な開発を蔓延させることになりました。その結果、各地方が受け継いできた文化や歴史などの地方色を薄める結果をもたらしたという側面があります。地方都市では「小東京化」が進み、総じて中央依存型の社会構造が形成されることになりましたが、これは一方で、国全体では維持可能であっても、地域が自らの力だけでは維持できないような社会が形成されていったことを意味しています。

しかし、高度経済成長が終わりを告げ、国の財政赤字が累積するなかで、経済や人口が右肩上がりで伸びていくことを前提に構想された開発計画は、見直しを迫られることとなりました。その後は改めて社会資源の集中投資と、選択的配分への切り替えが行われ、近年は再び大都市圏に投資が集中し、地方では中心市街地の衰退、農村部では一層の過疎化が進行するという結果が生じています。

地域の自立再生と交通

こうした状況を是正するためには、かつての一律・フルセット型の整備手法では、もはや通用しないと自覚する必要があります。外から新たな経済基盤を持ち込むような従来型の手法から脱却し、自らの手で維持可能な、地域レベルで自立した社会を構築していくための新たな手法が、求められているのです。そのためには、これまでとは異なる価値観による新しい社会像の構築と、国から地方への分権化を基本にした、地方の主体的な地域経営の仕組みを確立することが不可欠であると言えます。

地域社会の発展をもたらした社会基盤整備のなかでも、交通環境の整備は新幹線、高速道路をはじめとして大きな比重を占めてきました。全国一律の基準と規格で道路整備などを進め、ネットワークを広げていくことが底上げをはかる上で効率的であり、地域社会の便益や経済力は急速に高まり、また一定の生活の質の向上もはかれたのです。しかし、その上に築くべき地域の将来像や目指すべき自立再生の方向性は各地方の歴史、文化などの地域特性によりさまざまであり、したがって、交通環境の整備についても、目指す将来の姿とそれぞれの地域事情に照らして地方が主体的に判断し、計画を策定し、進めていくことが重要になります。「一律に広げる、量的に増やす」という方向ではなく、あるべき姿を実現する上でもっとも効果的なものを的確に選択して充実させることが必要であり、そのためにはその地域をもっともよく知っているもの、すなわち地域自らがそれぞれの地域社会にふさわしい交通の姿を検討し、「個性ある発展」を実現していくことが求められているのです。

国の役割、地方の役割

地方が活力を取り戻すためにはどこに、どんなインフラが必要とされるのか、どのようなサービスがもっとも地域に合っているのかといった問題について、現場の実状をよく知る地域の人々が共に考え、創意工夫することが基本となります。また、それらを適切に評価し、うまく計画に落とし込んでいく自治体のガバナンス能力も問われます。ある意味ではこうした自治体の能力向上こそが、これからの地域づくりのカギを握っていると言えます。このことは、とくに住民に身近な市町村レベルにおいて言えることですが、それとともに、個々の計画を有機的に結び付けるための市町村レベル、都道府県レベル、さらには国レベルでの相互調整機能もまた欠かすことのできないものとなります。このような、いわば「下からの計画」とともに、国益や国全体を見渡した国土論的な視点に立脚した「上からの計画」もまた必要であり、この両方を組み込んだ計画のフレームの構築が求められるでしょう。

・・・・

以上見てきたような状況のなかで、これからは、人口減少の時代にあっても地域の人たちの生活を維持することができ、さらにより豊かな生活へと導くことのできる交通の「質」とは何か、その質的向上の方法が問われることになります。そのために、これからの交通社会を考えるための議論の枠組みが提起されることが今、求められているのであり、本書は、その問題提起を試みることを目的としています。こうした趣旨をご理解いただき、本編をお読みいただければ幸いです。

第一章 道路と国土の展望

中村英夫

武蔵工業大学学長　IATSS評議員

東京大学工学部卒業。東京大学名誉教授。（財）運輸政策研究機構副会長兼運輸政策研究所所長を経て、平成16年より現職。専門分野は土木計画学。主な著書は『国土調査』『都市と環境』など。

今後の道路政策を考えるには、道路だけでなく国土全体の発展を踏まえた多角的な視点が不可欠である。中村氏は、国土審議会の基本政策部会長として「国土の将来展望と新たな国土計画制度のあり方」を検討するとともに、道路関係四公団民営化問題では民営化推進委員会の委員として大変尽力された。道路整備における大都市と地方の温度差の問題、また、財政問題と絡めた国土計画の高い次元から地方における道路整備のあり方について語っていただいた。

民営化推進委員会での議論

道路関係四公団民営化推進委員会[※1]では、高速道路整備計画の縮小、建設凍結などを強く主張する多数派に対する少数派というかたちになりましたが、その主張がマスコミなどを通じて、十分に国民に伝えられていないと思います。委員会ではどのようなことを主張されたのですか?

社会資本としての高速道路

民営化推進委員会は一種の政治ショーにされたから、きわめてジャーナリスティックに報道され、賑やかな話になりましたが、道路のことに多くの国民が関心を持ってくれたという意味では、いいチャンスだったのではないでしょうか。委員会がスタートした平成一四年六月から、委員会の「意見書」[※2]を採択した一二月までの半年間、委員として言わなければいけないことはすべて述べたと思っています。

1 道路関係四公団民営化推進委員会
「特殊法人整理合理化計画」にもとづき、日本道路公団、首都高速道路公団、阪神高速道路公団および本州四国連絡橋公団に代わる民営化を前提とした新たな組織およびその採算性の確保について一体的に検討するため、法律により内閣府に設置された機関。平成一四年一二月六日に「意見書」を内閣総理大臣に提出し、その後は、これを受けて講ぜられる施策の実施状況の監視を行っている。

2 道路関係四公団民営化推進委員会「意見書」
保有・債務返済機構の設置をはじめとした新たな組織のあり方や、新会社の採算を超える部分について、財源を国および地方公共団体が負担することなどを提案した。

私はマスコミなどに建設推進派とか土建派とか書かれたが、そういう立場から発想したことなどまったくなくて、専門の土木計画学に基礎をおく知識や考え方を示し、それを適用してあるべき民営化の内容を考えたわけで、その意味では専門家としてきわめて常識的に発言したと考えています。私が主張したことは、従来通りダラダラと借金を重ねて高速道路をつくることは問題が多いということ、そして不必要なものをつくる必要はまったくないが、必要なものはつくらなければいけないということです。これは国民の多くが望んでいる方向と同じだと考えています。

社会資本についての講義では学生に、私は社会資本のいちばんの典型として、道路でも港湾でもなく公衆便所を考えてほしいと話します。公衆便所は誰かがつくるのを待っていても、民間の利潤動機では誰もつくらない。しかし、社会にとってはきわめて必要なものである。だから駅前の公衆便所は、公共がお金を出してつくって、維持管理している。あの公衆便所が赤字だとか、金がかかるからやめろという人はいません。社会資本とは、その社会が豊かで快適な社会であるために必要不可欠なものは、みんなでお金を出しあってつくろうというものです。もちろんそれがもし使用料をとって民間でできるものなら、民間でやればよい。公共でつくるからといって、人のほとんど来ないような山奥に公衆便所をつくって、水を引いて、電気代をかけるということは、無駄以外の何ものでもない。その違いをきちんと考えるべきだと教えてきました。

高速道路についても公衆便所と同様に、採算性が悪いから要らないという考え方は間違いだと思います。そうした高速道路が持つ社会資本としてのあり方を述べた私の発言は、民営化推進委員会の報道ではほとんど触れていません。

民間会社として成立する組織形態

社会資本としての特性を持つ高速道路は、採算性だけでなく、社会的な有用性を十分に考えて評価されなくてはならない。私は民営化を達成するとき、その目標は以下の四つにまとめることができると考えています。

①四公団全体で約四〇兆円の債務を五〇年以内に確実に返済する。
②必要な高速道路は可能なかぎり既設の高速道路における料金収入を用いて建設する。
③高速道路の建設、管理、運営のすべてにわたり、社会的かつ財務的な効率を高める。
④通行料金を柔軟に設定し、利用がなされない路線については料金値下げを行い、道路の有効活用を図る。

委員会はこの四つの目標をすべて満たす改革を、公団の民営化というかたちで求められたと思っております。高速道路がここまで進展してきた現在、その事業の効率性を高め、巨額の債務を着実に返済するには、民営化という抜本的制度改革は必要であると、私は考えています。しかし、民営会社の自由で効率的な企業活動を期待するあまり、拙速な完全民営化を描くべきではないとも考えています。そこで、民営会社によって高速道路事業を効率的に進めるときに、

資料１

中村案

民営企業の道路会社は、既設の高速道路の経営を担い、利用者より料金を徴収し、維持・管理などを行って良好な道路サービスを提供する。道路資産は新たに設けられる道路保有・債務返済機構が所有し、道路会社はその利用権を得て、その対価として貸付料を機構に支払う。機構は道路四公団が持っていた債務を引き継ぎ、貸付料の中から返済を行い、50年以内に完済する。機構はまた、貸付料の中から新規投資に向ける資金を確保し、道路会社に支出する。これを補助金として、道路会社は計画中の新たな路線の建設に当たる。道路会社はこの補助金と将来のこの路線からの収入をもとに建設資金を確保し、新規路線の建設が企業経営上、合理的だと判断すれば事業を進める。その際、国との間でその担うべき事業の範囲や方法などについて詳細な契約を行う。

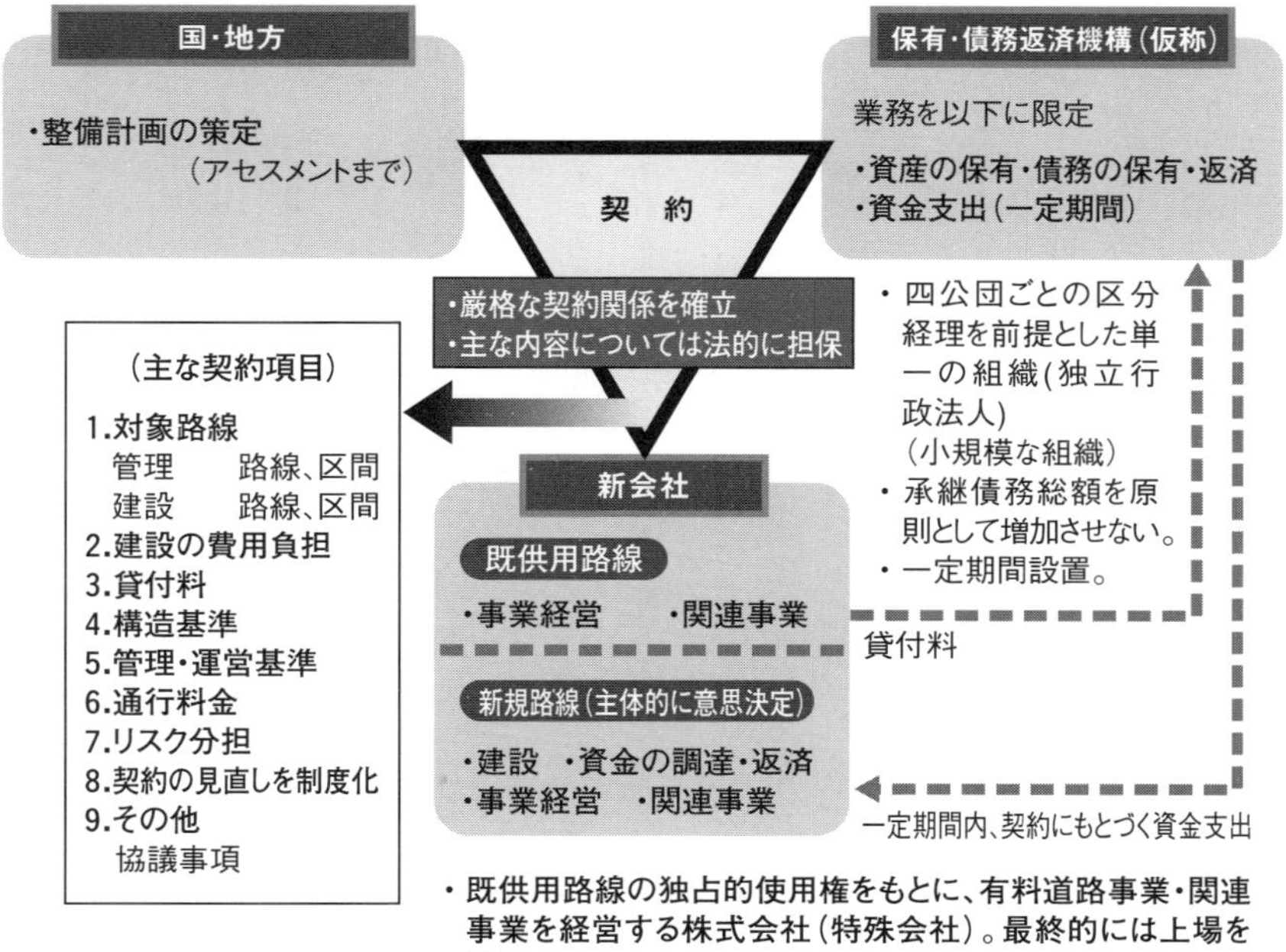
・地域分割のあり方などを今後検討。

どのような組織形態をとれば民営会社として成り立ち、もっとも効果的に機能するかが議論の中心になります。その一つはもちろん採算性です。私は、民間企業として経営可能で、着実に債務も返済できる方策を考え、民営化推進委員会において中村案（資料1「中村案」）として提案しました。このときの私の案はのちに、平成一六年四月に成立した道路関係四公団民営化法（資料2「道路関係四公団民営化関係四法」）の案に幾分似ていますが、それをもっと単純明快にわかりやすくしたものであるといってよいでしょう。

要するに、高速道路は一般の道路と違う特別なサービスをする道路ですから、受益者が建設費などを負担すべきであるとし、高速道路とその管理運営、サービスの主体として保有・債務返済機構[※3]を家主に、新会社を借家人に例えられるような構成を作って行うのがよいとするものであります。家主はローンを借りて家を建て、所有する。その家を有効に使うために人に貸す。借家人はその家を使って住み、その対価として家賃を払い、家主は家賃でローンを返すという仕組みです。世の中で普通に行われていることを、高速道路に当てはめたとも言えます。そして、家が狭くなってきたから建て増しが必要となれば、家主に要求してつくってもらい、その分をまた家賃で返していくということが基本となります。

これは、平成一四年八月の中間報告の時点で、大方の委員の賛成を得て委員会案として出され、当初は、マスコミも含めて関係者の多くがかなりいい案だと評価していました。しかし、それから一週間ぐらいたつと、あれは高速道路を無制限に建設するための案だ、国土交通省の差し金だという批判を浴びるのです。新会社が資産を持たないことに、また、機構から新規建設に資金が支出されることに反対が出ました。東名や名神のように余剰が出ている路線の収益

3 保有・債務返済機構
民営化後の新会社の収益調整をはかり、長期債務の返済をできるだけ早期に実現するために考案された機関。四公団に関わる道路資産（新会社に継承されるものなどを除く）およびそれに対応する長期債務を一括して承継。新会社は保有・債務返済機構から道路資産を借り受けて貸付料を支払う。

資料2

道路関係四公団民営化関係四法

平成16年6月に公布された高速道路株式会社法、独立行政法人日本高速道路保有・返済機構法、道路公団等の民営化に伴う道路関係法律に関する整備等に関する法、日本道路公団等民営化関係法施行法の四法。

＜主な内容＞

① 民営化から45年を上限に債務完済。その時点で高速道路などを道路管理者(国)に移管し、無料開放する。

② 整備計画区間9,342kmのうち未供用区間約2,000kmの事業方法などを見直し、直ちに新直轄方式に切り替える道路、有料道路事業のまま継続する道路に分け、そのいずれにおいても抜本的見直し区間を設定するとともに、建設費および管理費を含む有料道路事業費の大幅な縮減（約6兆5,000億円）を図る。

③ 高速道路株式会社として、東日本、首都高速、中日本、西日本、阪神高速、本州四国道路の6社を設立し、会社は将来上場を目指す。政府は会社の総株主の議決権の3分の1以上の株式を保有。

④ 道路資産の保有・貸付、債務の早期の確実な返済などを行う独立行政法人として、日本高速道路保有・債務返済機構を設立する。機構は道路資産が道路管理者に移管された時点で解散する。

⑤ 料金の額は、会社に対する機構の道路試算貸付料および会社の維持管理費用を料金徴収期間内に償うように設定する。

を、採算の低い路線の借金返済に振り向けるのはけしからん。ローンの返済に充てられている家賃の一部を使って家を建て増して、その増築分の家賃も取って、全体のローンを返済してゆくとするのですが、それでは不必要な増築までしてしまう、すなわち、家主たる機構は必要もない高速道路をつくるだろうという反対意見でした。反対意見は、新たに建設する場合は、借家人である会社が自分で借金をしてつくる方式にすれば、採算のとれない道路はつくらないだろうということでした。結局、最終的に決まった仕組みは、新会社（借家人）が自ら借金をして道路をつくり（増築）、その借金は家主（機構）が債務保証をするというかたちであり、私が最初に提示した案と大筋はあまり変わらないところに落ち着いた。今となっては、あの騒ぎは何だったのかという気もするが、まあ、落ち着くべきところに落ち着いたのだろうと思っています。

高速道路をつくる側と保有する側を分離すると、新規路線の建設に歯止めがかかりにくいことを懸念する意見に対して、新規投資をしてネットワークをきちんと整備していくことは、当たり前の話だと言われていたのでしょうか?

新規建設には評価基準を導入

社会資本整備に限らず、民間事業でもそうですが、需要の大きいところにまず投資をして成

資料 3

建設中の高速道路の取扱判断基準案

注）B 便益、C 費用（事業費＋維持管理費）、R 料金収入

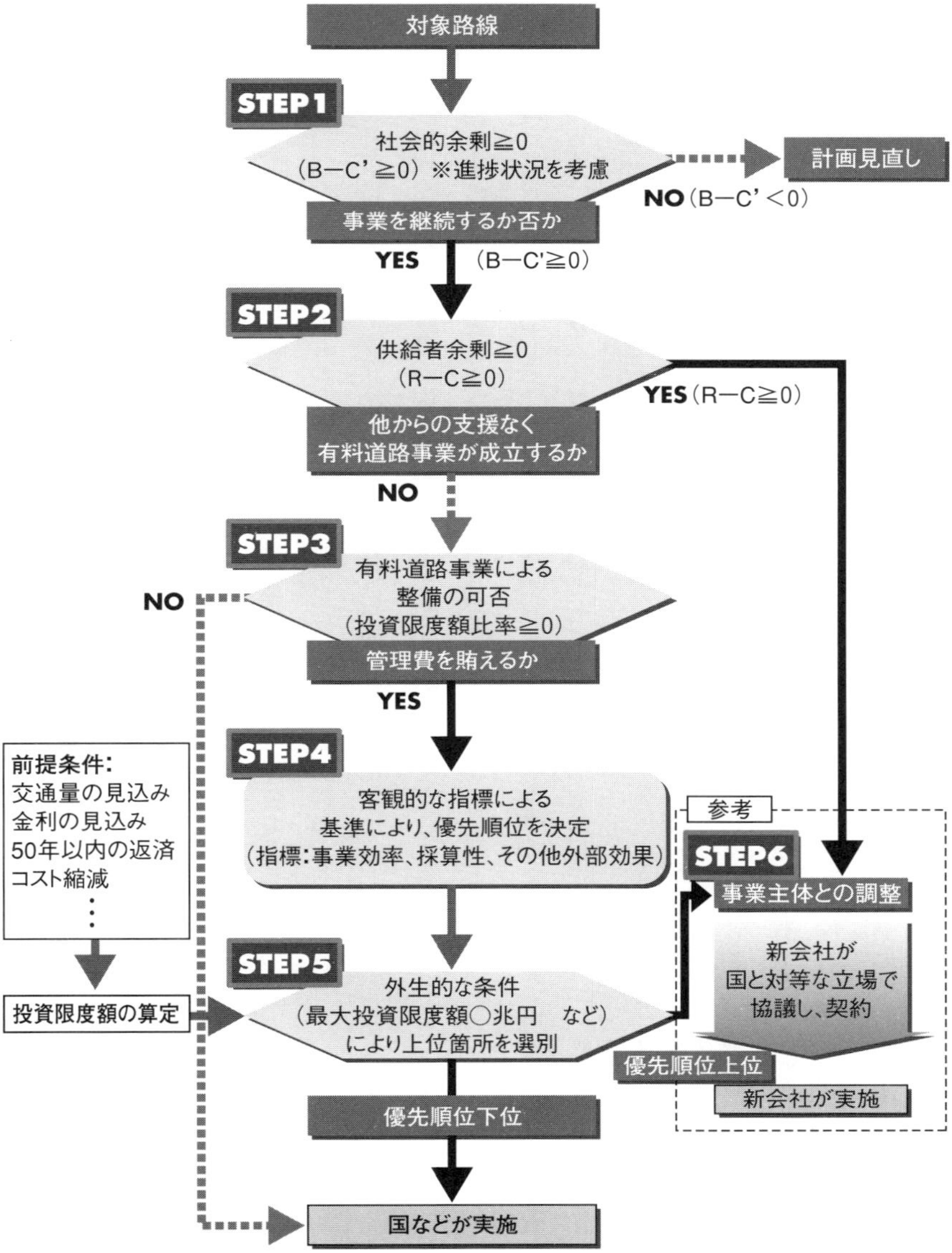

長し、その後その収益を新規事業に投資し、需要を広げていくことは当たり前のことです。東京の地下鉄も銀座線と丸ノ内線をつくって、その収益があるからさらに路線を広げていくことができた。もちろん、借金して建設するのですから、無制限に建設を続けるわけにはいかず、その歯止めをかける必要があります。

そこでつくられた判断基準のプロセスが資料3に示されているものです。（資料3「建設中の高速道路の取扱判断基準案」）すなわち、検討対象の路線の社会的余剰（便益―費用）が負であればその路線の計画は見直されねばならず、正のものだけが検討の対象となる。その路線のうち供給者余剰が正、すなわち有料道路事業として成立するものは新会社が独自に事業化すればよい。しかし、このような路線は残念ながらもう我が国にはないはずです。したがって、これらの路線には、何がしかの補助金を投入することになります。投資に補助金を投入しても赤字になる、すなわち管理費さえまかなえないものは国などが公共事業として、いわゆる直轄事業として事業を進めるほかないのです。補助金を投入すれば、有料道路として実行できるものは、新会社が機構より助成を得て建設するのです。（新直轄方式[※4]）

問題はそのような路線のどれから先に着手するかであります。そのためには客観的な分析をして投資の適否を評価しなければならない。これを主観的あるいは政治的な思惑でもって決めるべきではないので、私は新たな建設について、客観的な評価法（資料4「客観的評価方法」）を作成し、議論の俎上にのせました。この評価法には大学の入学試験でよく使われる偏差値を持ち込み、その結果にもとづいてＡＢＣＤというランクにグルーピングして示した。有料道路事業としての優先度はＡがもっとも高く、Ｄランクの区間は有料道路事業としては、きわめて低い順

4 新直轄方式
国と地方の負担により高速道路を整備する新しい方式。道路関係四公団民営化法の成立を踏まえ、導入される。新会社による整備の補完措置として料金収入により管理費が賄えない採算性の低い路線が対象。高速道路整備計画（九三四二km）の未整備区間（一九九九km）のうち六九九kmの区間の建設を予定。

資料4

客観的評価方法

高速道路は公共性の高い社会資本であるので、採算性と並んで、利用者の便益、地域社会の生活上の有用性からの評価も重視して、①経済的効果、②財務的効率性、③そのほかの社会的効果の3つの視点から道路計画を評価する。経済的効果としては、利用者便益対費用をとる。財務的効率性の指標としては採算性を表す料金収入対費用（総建設費十維持管理費）を用いる。そのほかの計量し難い社会的効果を、(1)地域の広域連携への効果、(2)生活や安全への効果、(3)地域経済振興への効果、に分けて表現する。これらの効果はさらに図に示されるような効果に細分して示す。それらを可能なかぎり客観性の高い指標で表すため、それぞれを計数的に表現できる代理的指標で表すようにしている。

高速道路の総合的な評価の一案

注）（　）内は偏差値の例を表す

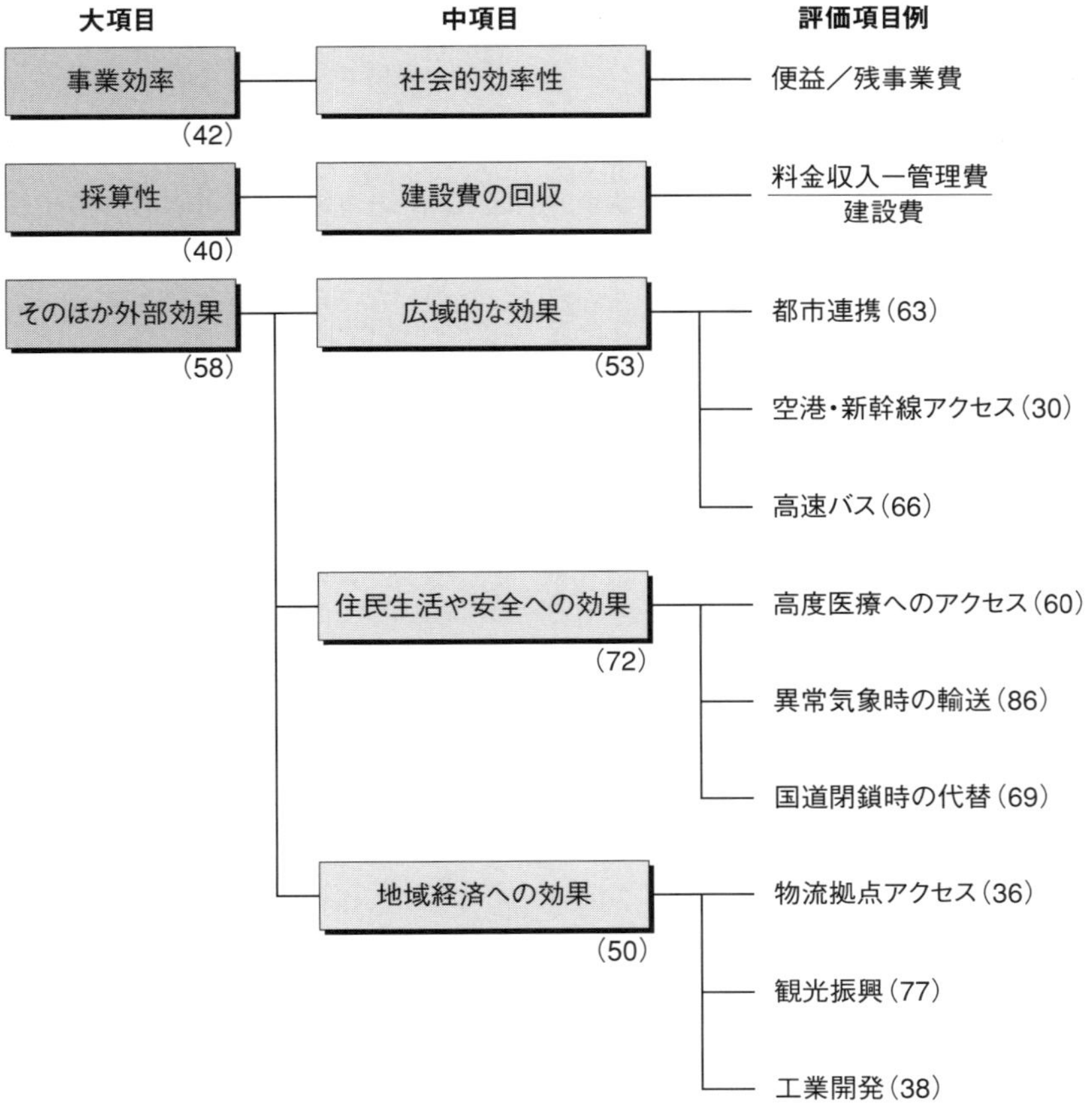

位のものといえる。そのためこのランクの道路は、公共資金による直轄事業として進めるほうを地域は望むのではないかと思います。

この評価方式については一〇〇%の自信があったわけではなく、この方式で約二三〇〇kmの整備計画のうちまだ着工されていない路線を評価したとき、私が絶対必要だと考えていた道路が、不必要になったりするのではないかと危惧していましたが、結果を見たら、必要だと思った路線は完全に必要という結果だったし、必要でないものはその通りでした。さらにこの評価方式をもとに、評価者が採算性とか、地域への波及効果といった評価項目について、重みを付けることもできるようにしました。つまり科目が英語、国語、数学とあって、みんな同じ一〇〇点満点ではなくて、英語と国語は一〇〇点満点だが、数学は二〇〇点満点というように、科目によって重み付けをする。どれを二〇〇点満点にするか、どれを一〇〇点満点にするかは県の状況によって選択できるようにしたわけです。県の知事とか土木部長に重みを付けさせると、彼らはもっと道路をつくりたいから、外部経済効果[※5]のような項目に重きを置いて、採算性を低くするに決まっているというのが、一部の委員の意見でした。そこで改めて国民にアンケート調査をして得た重みを用いてみましたが、出てきた結果はまったく変わりませんでした。

要するに、採算性だけであの路線は要るとか要らないとか見ていくのではなく、数字に表れにくい社会的効果なども総合的に評価していくと、万人すべてがいいということはないにしても、大半の人々は必要にしろ、不必要にしろ同じような結論に達する。これは、国会でも、中村基準という名称で議事録に残されているが、私はこの評価方法は今後とも有効だろうと思っています。

5 外部経済効果
ある経済主体の間の取り引き(市場)に関与しない主体がこの取り引き行動の結果を受ける影響で、とくにその有利なものを外部経済効果と呼ぶ。

地域の実情に応じた道路づくり

名神から始まる日本の高速道路の規格は、線形や構造物の基準など、一貫してどの道路も高いレベルを保持してきました。それだけに建設費も高くなり、建設コストの削減が議論の焦点の一つとなりましたが、実際にはどのような可能性がありますか？

建設コストの削減

建設費の削減には、いろいろな方法があると思います。建設費が高いのは建設業者が儲けるからだと俗に言われていますが、建設費の、例えば工事作業の費用をいくら減らしても一割か一割五分がいいところです。もちろんそれも必要ですが、もっと計画自体を根本的に見直すことが重要で、例えば山のなかをトンネルで抜けていくところを、少し迂回して山を避けていくとか、谷の上を橋を高くして越えるのではなく、少し勾配をきつくして橋を低くするとか短くするといった道路の線形を見直すことで、二割も三割も安くなるところがたくさんあるでしょう。

これに関して、平成一四年五月に出された社会資本整備審議会道路分科会の報告「いま、変革のとき」で、すでにコスト削減の方向性が示されており、これを基本にして民営化推進委員会では具体的に詰めて議論すればよかったわけです。すなわち、従来の一律の設計規格を見直して、いわゆるローカル規格を高速道路にも導入し、計画の見直しを柔軟にはかることによって大幅な費用削減を果たすというものです。例えば、暫定的に二車線とされた四車線道路を正式に二車線として建設する、トランペット形の複雑な形状のインターチェンジでなく、ダイヤモンド形のような単純でコンパクトなインターチェンジとして設計する、線形の見直しにより盛土の高さや橋梁、トンネル延長を縮小する、六車線から四車線への減少、交差道路の集約による横断構造物の削減といったことが検討されました。さらに新技術を取り入れてトンネルの掘さく工法を改良したり、従来からの細分化された発注方式の改善による施工の効率化なども進める必要があります。

こうした合理化の可能性を検討した結果、高速道路整備の残り事業費約二三兆円に対し、最大で約四兆円の工費節約が可能であるとされました。これは、本四連絡橋の三本分とアクアラインのすべての工費に匹敵するくらいあります。こうした大がかりな見直しも、あのような公開の委員会だからこそできたことだと思います。

最初から世界レベルを追求

日本で高速道路の整備を始めた当時は、やはり新しい道路をつくるのだから、高いレベルのものを、世界的水準のものをつくりたいという気持ちが強くあったと思います。それを先導にして、全体的に社会資本の質を引き上げていこうと当時の人は考えたのだと思います。かつての住宅公団のアパートも、昭和三〇年代には周りのアパートに比べると圧倒的に高いレベルでした。ダイニングキッチンを導入するなどとても新しかったのです。高速道路も同じで、分離帯があり、アクセスコントロールするなど、当初から新しい道路の形式を積極的に取り入れています。高いところに橋を通すのは日本の地形的な特性もあります。イタリアやスイスでも日本と同じような橋もありますが、日本は先進工業国のうちでは、桁違いに土地条件が厳しい。地形的にもそうだし、災害も多いため、そうした条件のなかでつくるとなれば、どうしてもスペックの高いものが求められ、それがコストに跳ね返ってくるわけです。

規格を落とすというのは容易ではありません。例えば現在、高速道路や住宅、食べ物の基準をヨーロッパより一段低いレベルに、あるいは東京オリンピックの時代の生活に戻すなどと言えないでしょう。あの頃私たちがどんなものを食べていたか、どんな家に住んでいたか、どんな道路を走ったかを考えてみれば明らかです。昨今の私たちはもはや、当時の水準では絶対に満足できないのです。

しかし、第二東名については、あれだけの高規格は必要ないと思います。例えば、あれは東海道新幹線よりも真っすぐにつくっています。しかも片側三車線で、大きなトンネルが多い。せっかくお金をかけるなら、曲線をゆるくするだけでは能がない。もっと発想を変えて鉄道と共用するとか、いろいろな物流施設をつくるとか、これまでになかった新しいコンセプトでいいものをつくるべきだと考えます。私の考えは、あの道路の一車線を何も使わずにそのまま空けておいて、将来自動の物流専用レーンにするとよいのではないかというものです。どこからでもトラックをレーンに載せれば、そのまま自動的に行く先のインターに着いて、そこへ迎えにきた運転手が乗って目的地に運ぶ。それによって事故を減らし、環境負荷を減らし、エネル

建設中の第二東名高速道路

毎日新聞社提供

ギーの負担を減らし、省力化することができれば、またとない機会だと思います。これは今のように、従来と同じ機能のものを贅沢につくることとは違います。ただ、そのためのお金がさらにかかるので、それをどうするのかと言われるのです。一応、運輸政策研究所でコストベネフィットを計算して、これだけの交通量があれば採算にのるとの試算は出しており、今後も広く議論してもらえればと思っています。

全国一律の整備基準の見直し

道路に限らず社会資本整備については、中央のコントロールが強すぎるところがあって、全国一律の基準で固め過ぎてきたといえます。だからこそかなりレベルの高いものができているともいえますし、初期の頃はそれでよかったかもしれませんが、もうそれにこだわっている時期ではないと思います。そのため、そこまで必要ないところに四車線道路を計画して、金がないから暫定二車線でつくるということなどをやってきました。暫定二車線で、あとで増やすというのは、モータリゼーションが進んでいった一九六〇年代や七〇年代の初めの状況では考えられてもよいのですが、(資料5「モータリゼーションの進展」)、成熟化した今では、将来的に交通はそんなに増えることは、まずないだろうと思います。それで、四車線が必要なら、最初から四車線でつくればいいし、今、二車線で済むものなら、将来も二車線で済む。その代わり、危険がないように中央分離帯をつくり、追い越しについては、例えば五km先に追い越し区間ありとしておけば、イライラすることもない。こうしたことを柔軟に考えるべき時期にきています。道

資料 5

モータリゼーションの進展

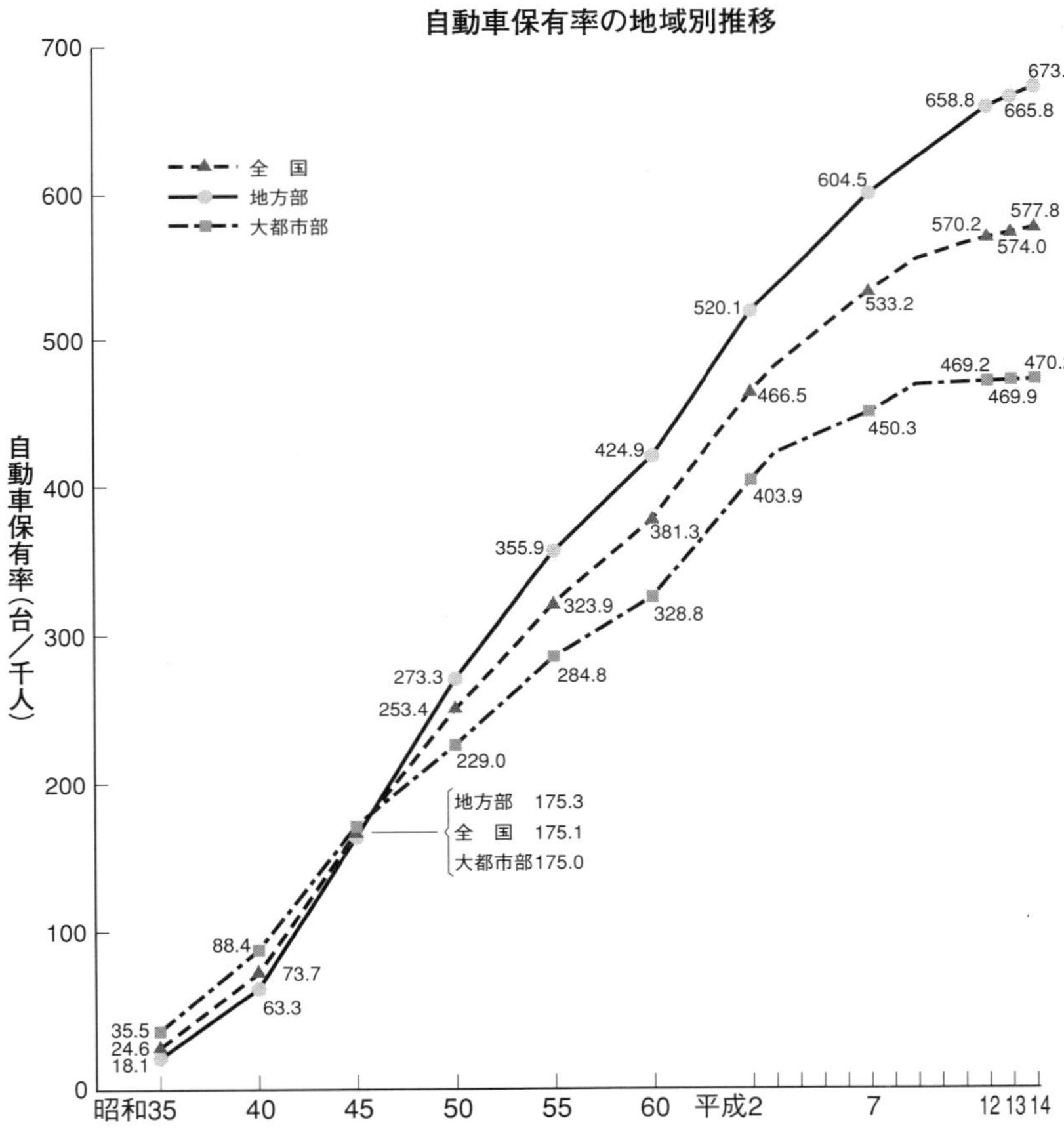

注）1. 自動車保有台数は被けん引車を除く三輪以上である。
2. 大都市部：埼玉県　千葉県　東京都　神奈川県　愛知県　三重県　京都府　大阪府　兵庫県
地　方　部：大都市部以外の道県

（国土交通省道路局「道路行政-平成15年度」より）

路の曲線も、一律に半径の大きい、いい道路を計画したがりますが、私は以前からそこまでする必要はまったくないと言ってきました。とくに交通量の少ない地方の道路は、地形に合わせて曲線が多く入っていても問題はない。それが既設の東名などよりも高い規格でつくっているのです。今回ようやく、こうした一律に対してローカル基準[※6]という考え方が認められました。

高速道路もこれだけ規模が大きくなると、非常に多くの人や組織が絡んでいますので、従来のやり方から舵を切ることが大変なのです。ですから、私も民営化推進委員会という公開の場があったからこそ、いろいろ言えたのだと思います。平時でしたら、このような新たな提案は簡単には受け入れられなかったと思います。最近では、地方からは一・五車線道路などという、今までは考えられないような提案が出てくるのです。要するに対向車とすれ違えない一車線の道路は、これまでの国の基準ではすべて立派な二車線道路にしなければならなかった。しかし、そのような道路は費用がかかるし、いつできるのかもわからない。それならある箇所だけすれ違えるようにして、ほかのところは一車線でいいではないかという考えです。このように、今はなんとか早く地域をよくしていこうという方向に進み始めています。

地方は長い間、国にしたがって仕事をしてきたので、国で決めたことは天の声だから、勝手に変えることはできないと、考える習慣を失っていたのかもしれません。それは地方分権改革の進展とともに変わりつつあると思いますが、まだまだ国まかせの面が残っています。例えば、北海道の根釧原野を走る一般国道と東京の国道が、なぜ道路交通法で同じ時速六〇㎞制限でなければならないのか。それを不思議ともなんとも思わない。北海道でも一般道路では交差点があるから速度制限を上げるのは危ないということであれば、交差部分だけ立体交差にすればいい

6　ローカル基準
地域特性に応じた柔軟な道路構造の基準。平成一五年七月、道路の選択肢を広げることを目的として道路構造令の改正が行われた。

いわけです。実際は九〇kmぐらいで走っているわけですから、その上で速度制限を六〇kmと言わずに、八〇kmに上げればいいと思います。ところがそういうことを考えようとしない。北海道へ行くといつも私が言うのは、「北海道は独立国になったと仮定して、さまざまな政策をシミュレーションしてみては」と。そうすると、おかしい問題がたくさん明らかになってきます。そこから何をなすべきかを考えたらどうですかと言っています。これは北海道に限ったことではありません。

美しい国土づくりと地方の再生

これまで、高速道路計画は全国総合開発計画（全総）、新全国総合開発計画（新全総）などによって方向づけされてきましたが、従来のような国土計画はもう必要ないという声もあります。もはやその役割はなくなったと言えるのでしょうか？

新たな国土問題への対応

日本の戦後政治のもっとも大きな成果のひとつは、地方を豊かにしたことですが、そこでは全総とか新全総という国土計画（資料6「これまでの国土計画の流れ」）が大きな役割を果たしたと思います。戦後復興から始まる国土開発をマーケットだけにまかせておいたら、地方は今のレベルにはまったく届かず、大都市圏と地方で大きな格差が生まれ、それがまたいろいろな意味で社会不安をつくったと思います。ですから、「均衡ある国土の発展」なる目標も、それなりの大きな成果をもたらしたと言えます。しかし、いつまでも「均衡ある発展」ばかり言い続けて構想を描いても、絵に描いた餅になります。大規模な社会資本を整備したら、大工場が立地して、そこに数千人の雇用が生まれるなどということは、今やありえない。それにもかかわらず、そうした夢をずっと追いかけ、地方もそれに代わるアイデアがなかなか出せなかったので、そのまま続けてきたと言えましょう。それに対して、誰も明快な新たな処方箋を書けないものですから、もう国土計画は必要ないという人も出てくるわけです。しかし、国土問題は変質しただけであって、なくなったわけではない。見方を変えれば、昔以上に深刻かもしれないのです。

では、今の日本の国土がどういう状況になっているかというと、まず、かつての環境共生型の生産形態が崩壊した里山や中山間地で、山林、農地の荒廃、放棄が進んでいますし、急激な人口減少もあって過疎化と高齢化が加速しています。これによって、農業の衰退、食糧自給率の極端な低下が大きな問題となっています。さらに、そうしたところに産業廃棄物が大量に捨てられるという事態も生じている。経済のグローバル化はとくに地方経済に深刻な影響を及ぼ

資料6

これまでの国土計画の流れ

昭和37年10月5日

全総
（全国総合開発計画）

●**基本目標＜地域間の均衡ある発展＞**
都市の過大化による生産面・生活面の諸問題、地域による生産性の格差について、国民経済的視点からの総合的解決をはかる
●**基本的課題**
1. 都市の過大化の防止と地域格差の是正
2. 自然資源の有効利用
3. 資本、労働、技術などの諸資源の適切な地域配分

昭和44年5月30日

新全総
（新全国総合開発計画）

●**基本目標＜豊かな環境の創造＞**
基本的課題を調和しつつ、高福祉社会を目指して、人間のための豊かな環境を創造する
●**基本的課題**
1. 長期にわたる人間と自然との調和、自然の恒久的保護、保存
2. 開発の基礎条件整備による開発可能性の全国土への拡大均衡化
3. 地域特性を活かした開発整備による国土利用の再編成と効率化
4. 安全、快適、文化的環境条件の整備保全

昭和52年11月4日

三全総
（第三次全国総合開発計画）

●**基本目標＜人間居住の総合的環境の整備＞**
限られた国土資源を前提として、地域特性を活かしつつ、歴史的、伝統的文化に根ざし、人間と自然との調和のとれた安定感のある健康で文化的な人間居住の総合的環境を計画的に整備する
●**基本的課題**
1. 居住環境の総合的整備
2. 国土の保全と利用
3. 経済社会の新しい変化への対応

昭和62年6月30日

四全総
（第四次全国総合開発計画）

●**基本目標＜多極分散型国土の構築＞**
安全でうるおいのある国土の上に、特色ある機能を有する多くの極が成立し、特定の地域への人口や経済機能、行政機能など諸機能の過度の集中がなく地域間、国際間で相互に補完、触発し合いながら交流している国土を形成する
●**基本的課題**
1. 定住と交流による地域の活性化
2. 国際化と世界都市機能の再編成
3. 安全で質の高い国土環境の整備

平成10年3月31日

21世紀の
国土のグランドデザイン

●**基本目標＜多軸型国土構造形成の基礎づくり＞**
多軸型国土構造の形成を目指す「21世紀の国土のグランドデザイン」実現の基礎を築く。地域の選択と責任にもとづく地域づくりの重視
●**基本的課題**
1. 自立の促進と誇りの持てる地域の創造
2. 国土の安全と暮らしの安心の確保
3. 恵み豊かな自然の享受と継承
4. 活力ある経済社会の構築
5. 世界に開かれた国土の形成

（国土交通省「新しい国のかたち「二層の広域圏」を支える総合的な交通体系」より）

し、多くの地方が停滞を続けているなかで、いずれの地方都市も郊外へのスプロール的拡大に歯止めがかからず、中心部の空洞化が進んでいます。夕方になるとシャッターをおろす店が多く、開いているのはパチンコ屋とラーメン屋だけという商店街も少なくない。都心部の空洞化は日本がかかえているもっとも深刻な問題の一つです。また、郊外を見れば、美しい田園であるはずが場違いの醜い建築物や、大きな広告看板がいたるところに立っている。日本の都市は、世界的に見ても都市景観がもっとも乱雑でみすぼらしいところになってしまいました。都市、田園を問わず雑然とした開発が行われ、バラバラで見苦しい建物や、看板などの広告物が乱立して、本来は美しい国土を醜いものにしてしまったのです。これではいけないということで、私たちは、平成一〇年にまとめた第五次全総に当たる「二一世紀の国土のグランドデザイン」のなかで、美しい国土づくりを国土計画の大きな課題として位置づけたわけです。

こうした国土問題に対して、みんなで議論し、考えて、計画を描くという国土計画づくりの場が審議会以外にはないのです。そのため、私は国土審議会を絶対になくしてはいけないと考えていました。しかし、そこで従来通りのことをいつまでも考えていたら、これはもう役割は終わったから必要ないと言われても仕方がない。ですから、美しい国土づくりというのは、これからの国土の発展を考える上での一つの象徴として提示したわけです。もはや、大きな港を整備して臨海工業を誘致するという話はありえないが、美しい国をつくり、そこに世界中の人が観光旅行にきてくれることは、まだありうる話です。日本は小ぶりだけど、世界でもっとも自然が美しく豊かな国です。別に観光産業だけでなく、そうした美しい国土で、自分たちが快適かつ誇りをもって暮らせることの効用は、たいへん大きいのではないでしょうか。以前、山梨県で講演したときに、「山梨県を地図の上から切り取って、これをフランスに持っていってみたら、山梨がどんなに素晴らしいところと思われるでしょうか」と言ったことがあります。また、フランスではどこへいっても平原みたいなところが多いのに対して、山梨には富士山があり、富士五湖があり、八ヶ岳があることを考えてみてほしいと、話したこともあります。日本の国土や自然は、私が物心ついてからこのかたずっと悪くなる一方です。これをなんとかよくする方向にハンドルを切り替えねばと考えてきました。これからの国土計画の大きな課題の一つだと思います。

日本はなぜ、醜い国土景観になったのでしょうか？　日本人はインテリアに気を使っても、エクステリアには気を使わないと言われますが、そのあたりと共通するものがあるように思いますが…

濃厚な商業主義と希薄な公共性

商業主義というか、何もかも金儲けと採算性で考えるからでしょう。高速道路だって、民営化したら何をしたいのかと聞くと、高速道路に看板を出させて、広告料収入を得られるようにしろというわけです。そんな看板や広告物を出して、国土が美しくなるわけがない。お金を取らずに誇り高くしていなければならないものが世の中にはたくさんあるのです。建築家やデベロッパーだけでなく、日本は国民全体が社会の公共性に対して鈍感なことは確かです。いつかどなたかが言われた標語で、「私のおうちはみんなの景色」というのがありますが、その気持ちがまったくない。建築的におもしろいからといって、奇抜な建築を無秩序にまちのなかに建てたら、まち全体としての調和が無茶苦茶になるのに、そうしたことが多すぎます。これは、日本ではそうした開発や建築をコントロールする土地利用政策が、欧米などに比べきわめて甘いということもあります。ですから、社会が物質的に豊かになるほど看板はどんどん大きくなり、色はどんどんけばけばしくなって、バイパスの沿道が派手な看板だらけになっている。せっかく立てた道路の規制標識など、どこにあるのかわからなくなってしまうわけです。

電柱が醜いとよく言われますが、私は電柱については、どちらかというと楽観的です。電柱の地下埋設は豊かさの問題なので、時間をかけてジワジワやっていって、五〇年もたてば、まちもかなりすっきりしてゆくと思います。この一〇年でもずいぶんと減っている。それに対し、看板や建物などは、国民全体がその気にならないと改善されないので、国土計画とは別に、今、伊藤滋[※7]さんたちと一緒に、美しい国土にしてゆく国民運動的なものをつくってゆこうと考えています。

せっかく美しい田園風景のなかに、○○最中とか××ホテルといった看板を立てているが、それを許しているなど理解できない話です。日本の市街地のなかでファーストフードのチェーン店の赤い看板を立てたって、誰もなんとも文句を言いませんが、ドイツの都市に立てたら大問題です。自動販売機を道路脇に立てることもまず許されません。日本では便利だからといっ

7
伊藤滋
早稲田大学教授。専門は都市防災論、国土および都市計画。主な著書は『東京のグランドデザイン』(慶応義塾大学出版会)、『東京育ちの東京論』(ＰＨＰ研究所)など。

て日本中どこにもそれを置いて、真夏の暑いときは冷やし、真冬の寒いときは温めている。それで原子力発電所一基分以上の電力を消費している。

交通関連でいえば、沿道にやたらと幟とか旗をヒラヒラさせている。例えば、夏の北海道をドライブすると、「ゆっくり走ろう○○町」とか、「交通安全××市」とか、行く先々でこのヒラヒラがたくさん目に付く。あれを見てゆっくり走ろうと思ったりするドライバーがどれだけいるのか。田園風景を台無しにして、目障りなことにわざわざお金をかけているのです。民間も同じで、車の販売店の幟とか旗も気になる。あのヒラヒラに誘われてこの店で車を買おうという人がどれだけいるのでしょうか。以前から車のメーカーに言っていますが、誰もやめようとしない。ほかがやっているから、自分のところだけやめるわけにはいかないということでしょう。こんなに道路沿いに幟だの旗をヒラヒラさせている国は、世界を見渡しても日本以外のどこにもありません。こういう意識を変えていく国民運動が、是非とも必要だと思います。

シンガポールのように、すべて罰金で取り締まって強制することは一つの方法かもしれない。しかし、そのためにせっかくの自由が制限されるのではデメリットが大きい。自由や民主主義を保持しながらよくしていく方法があるのではないかということです。シンガポール・イズ・ア・ファイン・カントリーなどと揶揄されていますが、日本ではやはり罰金（ファイン）ではなく、国民運動で意識を変えていく道を探るべきだと思います。

こうした美観の問題にきわめて先進的な考えをもっていて、実行力がある知事なり市長がいて、いい政策を打ち出している自治体も出てきていますが、それらをモデルにして、日本をよくしていくという方法もあると思います。日本ではいいとなったら、それが広まる速度はものすごく速い。道路に草花を植えようとなったら、日本中サツキだらけになるほど植栽をしました し、川や池に鯉がいるときれいだというので、日本中を緋鯉だらけにしてしまったほどです。ですから、どこかで突破口を開くことが重要だと思っています。

規制と国民意識

美しい国土づくりのためには、必要な規制はもちろんかけるべきです。ただ、国民が望まない規制はかけても機能しない。それが民主主義というものだと考えています。一部の意識の高い人だけできれいにしろと言ったところで、守られるわけがない。日本には景観条例のたぐいがたくさんできていますが、ほとんど機能していません。どうしてかといえば、国民がその気になっていなかったからです。幸いにして、最近になってようやく国民のなかにそうした気運が出てきています。それにはいろいろな理由があると思いますが、これだけ大勢の人が海外へ旅行するようになったということも一つであると思う。エーゲ海はきれいだと言いますが、実際に見ればエーゲ海の山は大半がハゲ山です。しかし、そのハゲ山の島にある建物は、白い建物しか許されないのです。だから、海や空の青さに映えて美しいのです。エーゲ海よりはるかにきれいな瀬戸内海に、いろいろなスタイルやデザインの建物を好き勝手に建て、高圧鉄塔を立て、大きな看板を立てていて、観光振興などと言っている。本当に憤りやもどかしさを感じています。

それに比べれば、外国から戻ってきたときなどに飛行機から見える日本の田園、そこの水田に稲が青々と伸びている風景を見ると、日本は素晴らしい国だなと思います。農業土木は、そうした立派な田園づくりに貢献してきたわけですが、それだけをいつまでもやっていたのでは、必要とする事業に限界があるのに決まっています。従来の事業に固執せずこれから先の日本を考えるとき、日本の農業土木はやらなければならない仕事がまだ多くあるはずです。今、農業土木は、土木事業全体がもっている問題を先鋭的に示しているように思います。

分権によって、自治体が主導して美しい国土をつくっていくような状況が生まれるといいと思いますが、実際にはまだ、国に依存する体質から抜け出せない自治体が多く、心配な面もあります。この点についてはどうお考えですか?

国と地方の役割分担

そのへんが難しいところですが、それだけでは権限を渡すのが先か、学習するほうが先かという鶏と卵の話になります。それを言っているといつまでも変わらないのです。地方が主導して、できるところから思い切って変えてみるのです。変わらないところは差が付くだけです。例えば、新幹線に乗って県が変わったら風景が変わる、すっきりしていて、きれいなまちだな、風景だなとなったときに、観光客はどちらへ行くか。自分で考えずに、ごたごたした風景にしていたら観光客が行かなくなるわけです。青森県と鳥取県でやり方が違って差が付いたら、その政治、行政すべての人、さらに、そうした人に政治をまかせている住民が責められ、損をするだけの話です。それが分権ということです。それを、国が手取り足取りやろうとするから、地方はものを考えずに、国に要求することしかできなくなるわけです。そのほうが楽といえば楽ですし、そうしたシステムで政治家も成り立っていたから、なかなか変わるのが難しいのです。

しかし、徐々にですが、自治体は独自性を主張し、いい方向に変わってきているように思います。ですから、全国的な国土計画は、指針と言っていますが、全体のガイドラインだけを示して、個々の細かいことは地方にまかせるかたちにしていくべきです。鳥取県のことを、東京でああしろこうしろと言うのは無茶な話です。それよりも地方の人にも参画してもらって、国づくりの方向性をきちんと描いて、国民を納得させることが中央の仕事だと思います。例えばこれからの国づくりの方向は、美しい国をつくることとか、環境保全をしっかりやるとか、産業開発は観光産業や農林産業などの振興に重点をおくべきといったことです。新しい道路をどこにつくるのかも、地方で計画すべきです。ところが、現在では地方にまかせていたら、どれも高規格の高速道路をつくろうとする。しかし、そんなことはもうできないし、必要もない。国がやるべきことは、そうした計画を十分な客観性をもって評価するシステムをつくることで、これがこれからの中央のいちばん大事な仕事だと思います。

地方の計画づくりについては、地方協議会を設置して行うという構想が今、考えられています。地方協議会は、全国を一〇ぐらいに分けたブロックごとに設置し、国の国土審議会に対応する地方審議会のような機能や権限を持たせるとしています。国土審議会が、日本全体で考えるべき施策や全国に関わるプロジェクトのガイドラインを示すのに対し、地方協議会は、それぞれの地方の具体的な計画づくりを行うわけです。例えば国土審議会が、これからは災害対策を考えた交通網の整備が必要になるとして、ガイドラインを示した場合、仮に九州を一つのブロックとすれば、九州地方協議会は、災害対策が必要かどうかを判断して、必要とすれば、それに対応した交通網整備計画をつくるのです。九州には各県に空港がありますが、新国際空港が必要だと考えたときに、九州のどこにおくかといった問題も地方協議会で検討し、各県の利害や主張を調整して決めていくことになります。

国全体のガイドラインについては、我々は対流原理と言っていますが、国と地方協議会とで話し合いの場を持ち、調整しながら計画をつくっていくような仕組みを考えています。一方、地方での計画づくりについては、場合によっては県同士の利害が対立してまとまらないこともあるでしょうが、これまでのように国に調整をまかせるのでなく、あくまでも地方協議会で考えてまとめていく。これが分権ということだと思います。この地方協議会はいろいろな分野の専門家などが委員に入って構成されます。そして、国土審議会にも各地方協議会の代表が入って、国全体のガイドラインづくりに関わるというかたちになると思います。

国が全国的なガイドラインを示し、地方が、それぞれの地方で具体案を練って計画化していくというなかで、地域の道路整備については今後、どのように考えていけばいいのでしょうか？

地方都市と中山間地の課題

交通問題を考えるときに、まず、広域的交通と地域内交通に分けて考える必要があります。広域的交通とは、地域と地域を結ぶ地域間交通のことです。日本全体を考えますと、東海道や山陽道など、早くから整備されてきた中央とそれに近接する地域を結ぶ地域間交通の問題と、中央から離れた地域の地域間交通の問題では性質が異なります。遠隔地域には今、だいたい三千数百万人が住んでいると言われていますが、そうした地域での地域間高速交通はまだ不備な点が多く、これをどのように整備していくかは今後も重要な課題であると思います。一方、すでに整備が終わっているところについては、どうすればそれを今まで以上に有効利用できるかを、これから十分に検討していく必要があります。

もう一つの大きな問題は、遠隔地域の地域内交通をどうするかということです。地域内交通といっても、地方の中核的都市、小都市、中山間地では状況が違いますので、場所によって分けて考えていく必要があります。中核的都市では、先ほど話したように都市が道路に沿ってどんどん外延化し、その反作用として中心部が空洞化しているという問題があります。これは現在、我が国の社会における最大の問題であるといっていいと思います。今後はこうした現象を食い止め、中心部の再活性化に向けた都市整備のあり方が問われますが、交通の問題についていえば、やはり公共交通の整備がますます重要になっていくと思います。ヨーロッパの都市では、鉄道あるいは路面電車をはじめとする公共交通の整備に力を入れています。日本でも整備に取り組んでいるところは少なくありませんが、ヨーロッパと日本の大きな違いは、ヨーロッパの都市では公共交通の整備と同時に、外延部では徹底した土地利用の規制を行っているという点です。日本の都市では、外延部の土地利用の規制はないに等しいと言えます。ですから、大規模なショッピングモールが郊外に立地し、住宅もどんどんスプロールして広がっていくのです。そのため、道路や下水道などのインフラ整備や、消防、医療といったサービスの提供との際限のない追いかけっこになっており、投資効率がいたって悪いのです。これは小都市においても事情は変わりません。

一方、中山間地では人口の減少と高齢化によって、いわゆる交通弱者をこれまで支えてきた過疎バスの継続などが困難になっています。また、とくに離島や半島などの過疎地では、そこで暮らす人たちの生活を今後どうやって支えていくかが、交通問題に限らずあらゆる意味でたいへん大きな問題になります。高齢化が進み、お年寄りだけでは地域の暮らしが成り立たなくなったときに、それに対して地方自治体が十分なサービスを提供していけるかというと、なかなか難しいでしょう。そうしたところでは、最終的には集落再編の方向に向かわざるをえないと思います。そして、住民がまちに出て、そこから農地や山林に通うようになれば、そのための交通網整備も必要になってくるでしょう。国はそうした中山間地についてのガイドラインをつくる必要があると思います。

地方にもっと力と知恵を

地方の公共整備の財源については、これまでは、地方交付税交付金や補助金などいろいろなかたちで地方にお金を回して事業を行い、大きな成果をあげてきたのですが、それがために、きつい言い方をするとモラルハザード的なものが生じてきたと思います。しかも国に陳情してもらえる補助金は、特定の目的が付いたひも付きですから、それで建てた学校は学校以外の用途に使えない、工業用水をつくる補助金で工業用水を整備したら、工場がなくなっても工業用水はほかの用途に回せない。そういうおかしなことがあるのを承知していても、自分たちのお金ではないから、もらってつくったほうが得だということで続いてきたこともあったのでしょう。それを今、見直すべき時期だと思いますが、現実にどのように見直していくのかが問題です。多分、これが正解だというものはないと思いますが、一つはいろいろとシミュレーションをやってみることではないかと思っています。それぞれのローカルな条件を仮定した上でシミュレーションをやって、それでいいと思うことをやってみる。そうしたシミュレーションを実際にやれるようにしようとしたのが、今回の構造改革特区[※8]の制度です。私はこれには関わっていませんが、傍から見ていておもしろい制度だとは思う。ただし、もう少し思い切ったグッドアイデアが出ないものかという気持ちもありますが。

8 構造改革特区
地方公共団体や民間事業者などの自発的な立案により、地域の特性に応じた規制の特例を導入する特定の区域を設け、その地域での構造改革を進めていく制度。特定の地域での成功事例が波及することで、全国的な構造改革につながることや、新たな産業の集積や新規産業の創出が促されたり、消費者などの利益が増進することによって、地域の活性化につながることが期待されている。

今後の土木業界のあり方についてもうかがいたいと思います。最近、地方の土木企業が自前の機械を使って農業に参入する、といった動きも出ていますが、どのようにご覧になっていますか？

自ら未来を切り拓く志を

問題は、公共の土木事業などと比べて農業では生産額の桁がまるで違うことです。土木業者が福祉に回ろうが、農業に回ろうが、わずかな売上げにしかならないから、一部の雇用は吸収できても、大半は行き場がないのです。考えてみれば、土木の仕事は、未来永劫にあるわけではないのです。これが土木という仕事の宿命で、それをみんなが認識しなくてはいけない。道路建設でも、鉄道敷設でもいいですが、その仕事が未来永劫、最盛期のようにあるわけでは絶対にない。アメリカだって、あの大陸横断鉄道を敷いたとき、あのインターステイトハイウェイ[※9]をつくったとき、あるいは運河網をつくったときなど、それぞれの時期で巨大な土木事業があったわけです。しかし、今のアメリカにはそのような大規模な土木事業はほとんどありません。土木の仕事はそういうものなのです。問題は、そうした土木技術の能力をどういうところに向けていくのかということになります。技術を使う場がなくなることは非常につらいことです。しかし、ある程度社会的なニーズに合わせて伸び縮みさせないといけない。さまざまな分野を新しく切り拓くしかありません。膨大なストックの維持、更新も大きな仕事であることは言うまでもありません。そして、我が国には、まだ不十分な社会資本の分野もあり、そこでの

9　インターステイトハイウェイ（Interstate Highway）
アメリカの全国的な幹線道路ネットワーク。一九四四年の連邦補助道路法でその建設が決定された。

必要性を満たすための土木事業が行なわれなければならないことも理解しておくべきでしょう。

土木事業が今までと同じようなかたちで続いていかないという理由の一つに、人口減少化の問題をあげる人もいます。つまり、人口減少の時代に社会資本への新たな投資は減らさざるをえない、新しい鉄道を敷く必要もないというのです。東京の鉄道は今もずいぶん混んでいますが、それでは、孫の代まで我が国の人々は満員電車で通勤、通学しなくてはいけないのかということです。まだまだ十分なサービス水準に達していない社会資本が多いのがこの国の現実です。ある水準の目標の下で必要性を評価して、必要な投資は進めなければなりません。そして、私は人口がドラスティックに減るということを信じていません。確かに日本で生まれ育った日本人は減るが、私は日本に住む人が日本国民だと考えていますから、日本国民はそんなに減らないと思う。フランスだってドイツだって、サッカーの試合を見ればわかるように、いろいろな人種の人がいます。好むと好まざるとにかかわらず、それがこれからの国でしょう。一六億人になるというインドのほかに、東南アジアでは、これからもどんどん人口が増えていくなかで、日本は外国の人を入れない、しかし、日本でつくる自動車は買えというようなことは、もうできないと思います。確かに、いろいろな国の人が入ってくれば、当然弊害も生じる。しかし、だから入れないではなく、弊害をどうして減らしていくかということこそ考えるべきだと思っています。今の日本の社会は、どう考えても異常です。全員同じ価値観を持って、ほとんど同じ行動をする。そうした同質的で画一的な価値観や行動は、スポーツや芸術の世界ではすでに壊されようとしているのです。大学もこれからそうなります。地方だって、現にそうなりつつあるところがあるわけで、それなりに工夫をしています。

そして、このように国民がバラエティに富んでくれれば、しごく当然のこととして、国レベルでも地方でも、ますます透明性のある、客観的な評価に根拠をおいた政策展開が求められるようになっていくと思います。

第二章 天下の公道を「私」すべからず

岡野行秀

(財)道路経済研究所理事長　IATSS顧問

東京大学経済学部卒業。東京大学名誉教授。平成３年より現職。道路審議会基本政策部会長、運輸政策審議会自動車交通部会長などを歴任。専門分野は交通経済学。主な著書は『公共経済学の展開』『交通と通信』など。

今後の道路行政を考える上で、戦後日本の道路政策がどのような理念のもとに展開されてきたかを理解しておくことが重要となる。岡野氏は、道路審議会基本政策部会長、運輸政策審議会自動車交通部会長として長年にわたり道路行政に携わり、道路運送分野の規制緩和などに取り組まれてきた。また、平成15年の道路関係四公団改革に関する議論では、道路ネットワーク整備の理念や効率性、公平性などの観点から論陣を張られ、経済学の理論的知見にもとづいてさまざまな提言をされた。こうしたご経験を踏まえ、今後の交通政策のあり方について、歴史的な検証も含めて語っていただいた。

戦後日本の交通政策の歩み

最初に、戦後日本の交通政策で重要な役割を果たした有料道路制度についておうかがいします。高速道路整備では、一貫して有料制が採用されてきたわけですが、これはどのような理由からだったのでしょうか?

高速道路整備に不可欠だった有料制

第二次大戦後の国土の荒廃と財源の絶対的不足のなかで、日本の道路整備が急速に進んだのは、有料道路制度が大きく貢献したということではほぼ異論ないと思います。例のワトキンス・レポート[※1]が指摘したように、当時の我が国の道路状況はきわめて劣悪でした。これを整備することが復興に向けての至上命題でしたが、当時の政府は財政難でしたから、道路整備を進めるといっても、一般財源をどんどん投入できるような状況ではなかった。そこで、いわば財源を前借りして道路をつくり、後で料金収入によって借金を返していけば道路の建設を早める

1

ワトキンス・レポート

昭和三一年、高速道路建設を世界銀行の借款で行う方針に傾いていた日本政府は、経済調査専門家のラルフ・J・ワトキンス氏を団長とする名古屋・神戸高速道路調査団を招いた。同調査団は同年八月にまとめた報告書のなかで、「日本の道路は信じがたいほど悪い。工業国にして、これほど完全に道路網を無視してきた国は、日本のほかにない」と指摘。大きな衝撃を与えた。

ことができるという考え方で、有料制としての高速道路整備が始められたわけです。

本格的な有料道路制度が導入されたのは、昭和二七年制定の道路整備特別措置法（旧特措法）からです。旧特措法は、それまで特別の場合に限られていた有料制の対象を橋、渡船施設から一般道路にまで拡大しました。その後、民間資金の活用などによる資金源の拡大と、資金のより効率的な運用を可能にするために、昭和三〇年の道路審議会答申を受けて日本道路公団を設立し、これを契機に現行の特措法（新特措法）※2に改定されました。

昭和三〇年代に入ると、経済規模の急速な拡大にともない自動車交通が激増したため、経済活動のさらなる効率化を図っていくことが急務となりました。そのため、全国の政治・経済・文化上、とくに重要な地域を高速交通で結ぶことを目的として、昭和三二年に国土開発縦貫自動車道建設法（今日の国土開発幹線自動車道建設法）※3が制定され、以降、名神、東名など路線ごとの自動車道建設法により、高速道路の整備が順次進められていったわけです。（資料1「高速道路整備に関わる主な動き」）（資料2・3「道路整備五箇年計画の歩み」）

償還主義と無料開放原則

有料道路は借入金により道路を建設し、開通後の料金収入でそれを返済していくもので、税金で建設される無料の一般国道・地方道とは異なります。この料金には一切の利潤を認めないのが、我が国の特徴です。つまり、すべての種類の有料道路の料金額は、「当該道路の新設、改築、維持修繕に要する費用を償うものであること」（新特措法一一条）とする、償還主義が適用

2　新特措法（道路整備特別措置法）
P121参照

3　国土開発幹線自動車道建設法
昭和三二年に国土開発縦貫自動車道建設法が制定。昭和四一年には、この法律に東海道自動車国道、関越自動車道、東北北陸自動車道、九州および中国横断自動車道の各建設法が統合され、現在に至っている。国土の普遍的開発を図り、画期的な産業の立地振興および国民生活領域の拡大を期するとともに、産業発展の不可欠の基盤である全国的な高速自動車交通網を新たに形成させるとして予定路線は四三路線約一一五二〇㎞としている。路線の基本計画は国土開発幹線自動車道建設会議を経て国土交通大臣が決定する。

されており、償還後は無料開放されることを原則としているのです。「道路は無料」の原則は堅持されていました。

償還主義とは、収支を単年度で問うことなく、償還期間全体を通じての全支出を、全期間の全収入で償うための制度であり、償還対象費用は、用地費、工事費、維持管理費、利息などです。現行の方式では、債務の元利支払いを含めて、全支出が交通量に応じて各期に配分され、その間の資金フローを国の信用力でまかなうことによって運用されています。つまり、償還期間を通じた時間的プールの機能を持つわけで、これにより供用初期の利用者の負担を大幅に減らし、有料道路の利用効率を高める役割を果たしてきました。有料道路制度が料金収入で借入金を返済するという条件で採用されたことから、この償還主義が、我が国の有料道路制度の根幹を成してきたといえます。

ただし、償還期間については、高速自動車国道、都市高速道路では「政令で定める」とされていますが、その政令はいまだに制定されておらず、一般有料道路、本州四国連絡道路では法令上の規定もありません。現実には、税法上適用される耐用年数を高速自動車国道の諸施設に当てはめた場合に算出される、平均的耐用年数といった考え方で運用されてきました。

料金プール制の採用

その後、昭和四三年に東名が一部開通し、すでに完成していた名神とドッキングするときに料金プールの議論が起きました。東名の建設費は一kmあたり一〇億円近くかかりましたが、名

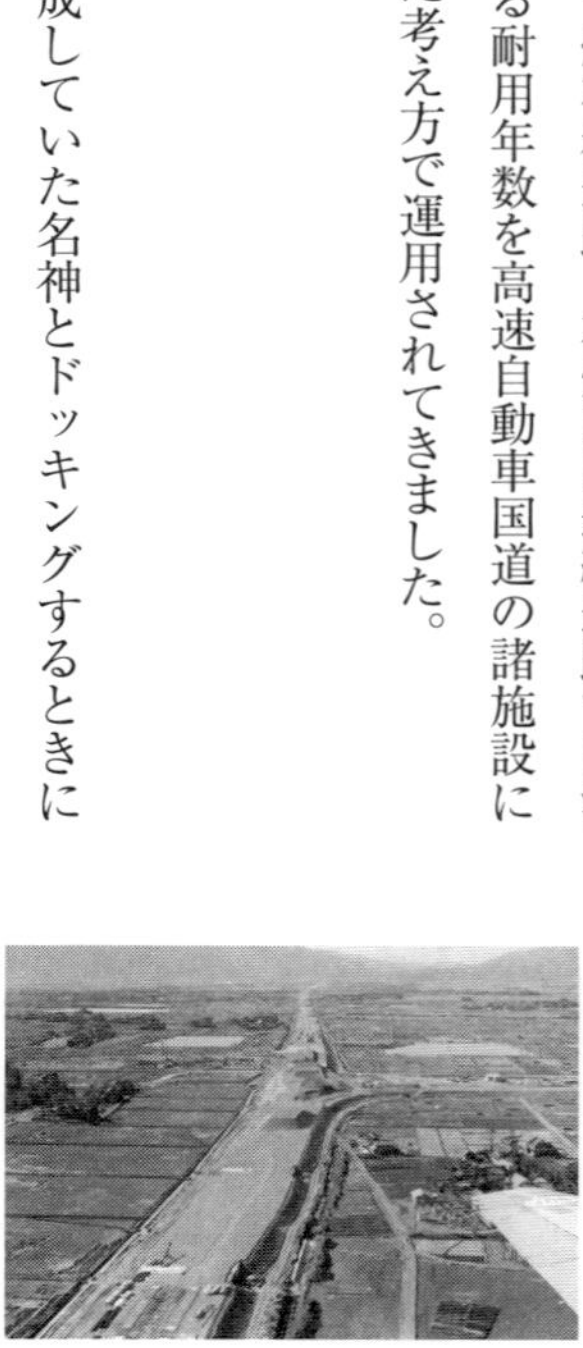

名神高速道路の工事風景
（昭和三九年）

毎日新聞社提供

資料1

高速道路整備に関わる主な動き

年	主な動き
昭和27年	道路整備特別措置法（旧特措法） 道路法
昭和28年	道路整備の財源等に関する臨時措置法
昭和29年	道路整備五箇年計画開始 道路整備特定財源設置
昭和31年	日本道路公団設立、ワトキンス調査団報告（ワトキンス・レポート） 道路整備特別措置法（新特措法）
昭和32年	国土開発縦貫自動車道建設法（縦貫道法） 高速自動車国道法
昭和40年	名神高速全線開通
昭和41年	国土開発幹線自動車道建設法：高速道路総延長7,600km
昭和44年	東名高速全線開通
昭和46年	自動車重量税導入
昭和47年	料金プール制採用
昭和48年	第1次石油ショック
昭和51年	第2次石油ショック
昭和52年	三全総：高規格幹線道路網整備目標約1万km
昭和62年	国土開発幹線自動車道建設法：高速道路総延長目標1万1,520km 四全総：高規格幹線道路網整備目標1万4,000km
平成 9年	東京湾アクアライン開通
平成10年	21世紀の国土のグランドデザインで地域高規格道路整備目標6,000～8,000km
平成11年	国土開発幹線自動車道建設審議会：高速道路整備計画9,342km決定
平成14年	道路関係四公団民営化推進委員会設置法制定 民営化推進委員会開催（6月）／中間報告（8月）／最終「意見書」（12月）
平成15年	高速自動車国道法および沖縄振興特別措置法一部改正（4月）：直轄方式導入 道路関係四公団に関する政府与党協議会「道路関係四公団民営化の基本的枠組み」決定（27区間699kmを新直轄方式に切り替え）
平成16年	道路関係四公団民営化関係四法案成立（3月）

資料 2

道路整備五箇年計画の歩み

計画名	主要課題
第1次 (昭29～33)	1. 道路種別では国道とくに一級国道 2. 事業区分では橋梁の整備を第一、舗装新設を第二
第2次 (昭33～37)	1. 名神(小牧～西宮)の37年度完成 2. 一級国道は40年度までに全路線既成 3. 国土を縦断、横断する国道改築の促進、首都高速、雪寒
第3次 (昭36～40)	1. 一級国道は40年度全路線既成 2. 二級国道は45年度全路線既成 3. 名神の完成、オリンピック関連道路、踏切対策、雪寒
第4次 (昭39～43)	1. 一級国道は43年度既成 2. 二級国道は47年度既成 3. 一般有料、大阪天理線、東京高崎線、東京外かんなどに着手
第5次 (昭42～46)	1. 重要な高速自動車国道網および一般国道網並びに都市およびその周辺における道路 2. 交通安全、雪寒、奥産にとくに配慮
第6次 (昭45～49)	1. 高速自動車国道などの基幹的な道路、都市周辺の幹線道路、市街化区域内の道路および生活基盤としての道路 2. 交通安全、雪寒、奥産にとくに配意
第7次 (昭48～52)	1. 高速道路をはじめとする国道網、地方道、国道の環状バイパス 2. 自転車道、歩行者専用道、レクリエーション道路 3. 東京外かん、東京湾岸などの環状道路、市街地再開発
第8次 (昭53～57)	1. 安全、生活基盤、生活環境、国土の発展基盤、維持管理の充実など 2. 全国幹線道路網、生活基盤の強化・生活環境の改善に資する地域道路網、道路整備がとくに遅れている特定地域の道路網
第9次 (昭58～62)	1. 安全、生活基盤、生活環境、国土の発展基盤、維持管理の充実など 2. 災害に強い安全な道路、効率的な地域道路網、バイパス・環状道路、高規格な幹線道路、維持管理の充実など
第10次 (昭63～平4)	1. 高規格幹線道路網による交流ネットワーク強化 2. 地方都市の環状道路や大都市圏の自専道など、地域の骨格幹線整備 3. テクノポリスなどプロジェクトの支援による地域交流を促進 4. ボトルネック対策、沿道環境創出
第11次 (平5～9)	1. 高規格幹線道路と一体となって地域の連携を強化する地域高規格道路の着手など、集積圏の形成による活力ある地域づくり 2. 総合的な渋滞対策や駐車対策、情報サービスの高度化などによるくらしの利便性向上 3. 交通安全対策の推進、災害への信頼性の確保などによるくらしの安全性向上 4. 歩行者・自転車のための空間整備、沿道と連携した景観整備 5. 地球温暖化の防止、自然環境との調和、良好な生活環境の保全・形成
第12次 (平10～14)	1. 効果的・効率的な社会、生活、経済の諸活動の展開への要請を受け、社会的公共空間機能や交通機能など、道路の持つ多様な機能の再構築の必要性の高まり 2. ゆとり志向と生活重視のニーズの高まりを受け、車中心の視点から人の視点に立った道路整備への要請の高まり 3. 地域により異なるニーズの顕在化や国民ニーズの多様化を踏まえ、社会的効果により投資を判断する時代への対応 4. 物流効率化、市街地整備、渋滞解消、環境保全、国土保全など国民の要請に対する対応

(国土交通省道路局「新道路整備五箇年計画(平成10年7月)」より)

資料 3

道路整備五箇年計画の歩み

平成 3 年　5,000km

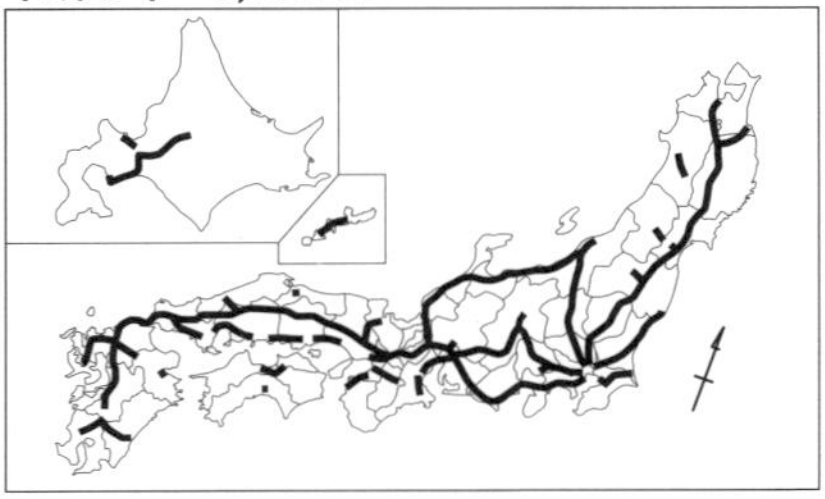

平成 8 年　6,000km

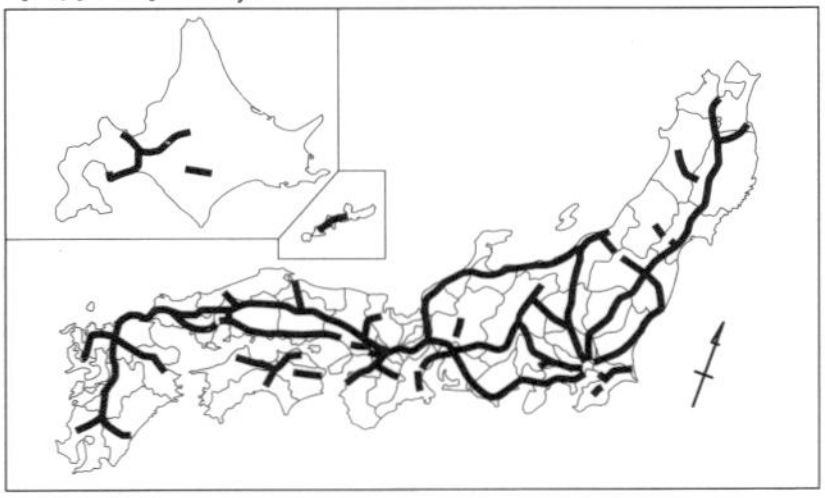

平成14年　7,000km

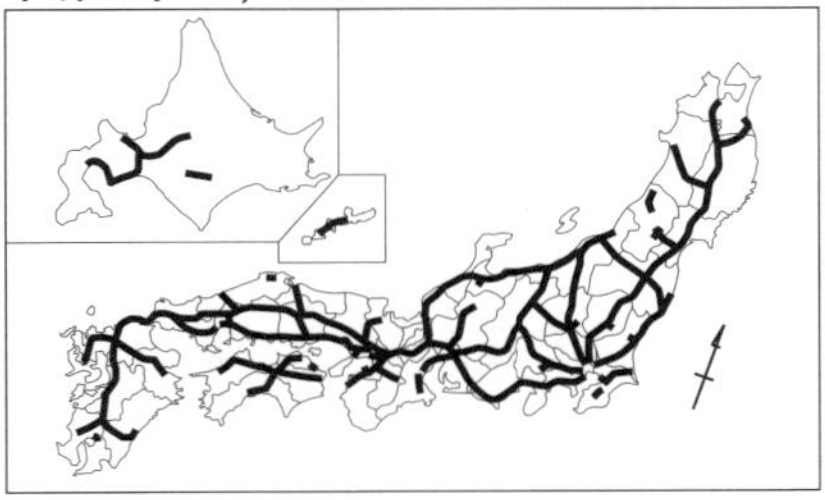

昭和48年　1,000km

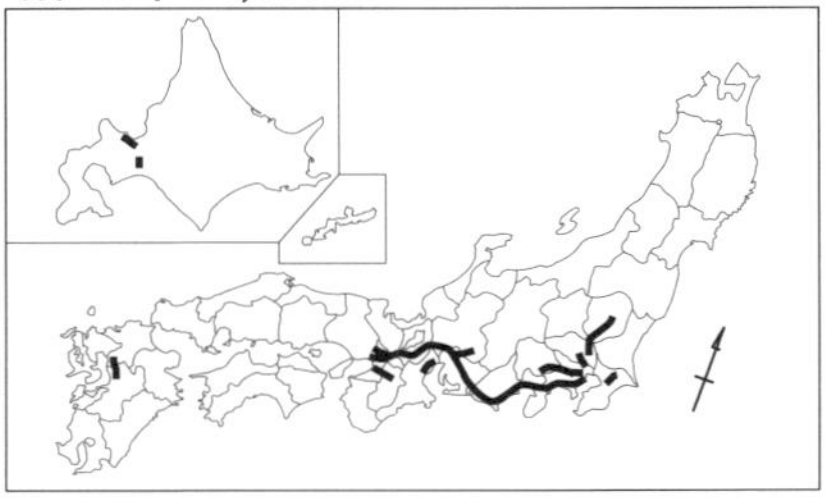

昭和51年　2,000km

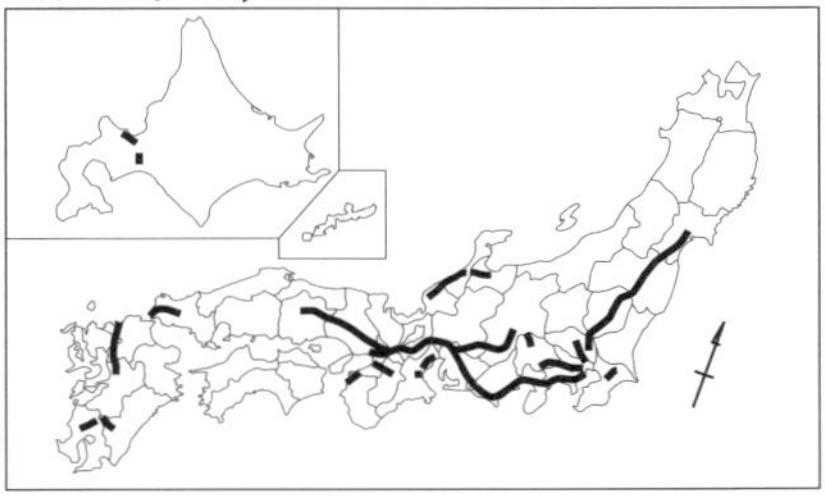

昭和57年　3,000km

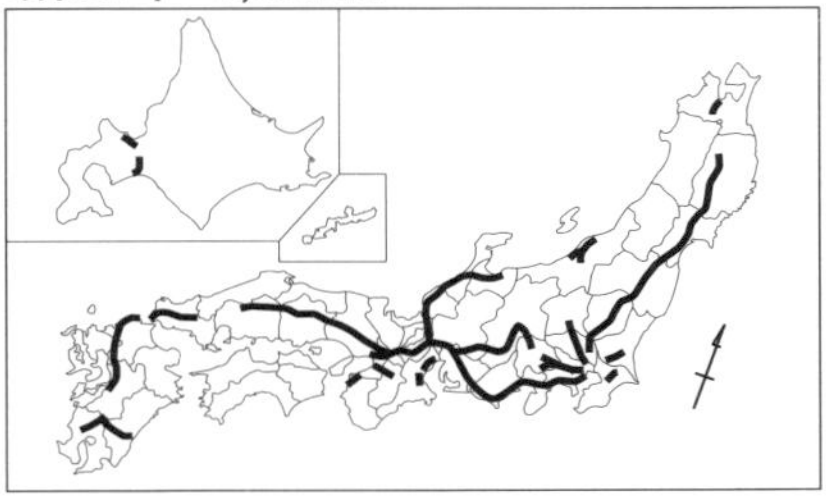

昭和62年　4,000km

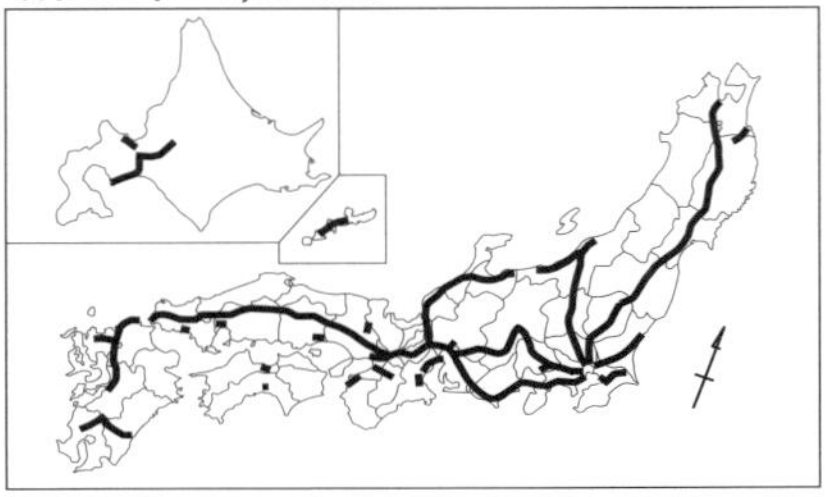

（全国高速道路建設協議会「高速道路便覧-2004年版」より改作）

神は小牧まで七億五〇〇〇万円ほどで済んだ。高度成長のインフレ時代だから、そのぐらいの差は当然出ます。建設費を比較して計算すると、東名の料金をやや高くしないと予定の償還期間で借金を返せないことがわかりました。一方、東名と名神を貫いて利用する交通が非常に多いのに、別料金にするのはおかしいという意見も強かった。こうしたことから、コストの差ができたのは、インフレと時間のズレにともなうものだから、料金は同じにする仕組みが必要ではないかという議論が出てきたのです。このときには採用は見送られましたが、昭和四四年に東名が全通し、さらに中央道とつながった際に、すべての高速道路を一括して同一料金にする料金プール制の導入が提案され、[※4]昭和四七年の道路審議会答申を受けて採用が決まりました。

（資料4「プール制における料金徴収期間の考え方」）（資料5「路線別収支の考え方」）

このように、料金プール制は、「着工時期の差異による建設費の違いを調整すること」、さらに、全路線の「無料開放日を同一にすること」を目的として導入された制度です。今でこそ、この制度は不採算路線の建設を促す元凶扱いされていますが、新聞などの論調は、昭和四二年時点では、各紙とも導入にほぼ賛成。昭和四七年の正式採用のときも、プール制にすれば地方の恵まれない人たちにも高速道路が利用できるようになると、賛成の論調が圧倒的に多かったのです。

収益調整であるプール制は、有料道路に特有のものではなく、民間企業でも経営戦略として一般に行われている方式です。交通分野でも、国鉄改革のセールスポイントの一つとされた新幹線鉄道保有機構にもみられます。この機構は償還途中でＪＲ各社の買取りにより解散したが、ＪＲの当初段階では、東海道新幹線と上越・東北新幹線との収益性に差があったので、このプ

4　昭和四七年の道路審議会答申

高速自動車国道は、本来各路線が連結して全国的な枢要交通網を形成すべきものであって、各路線が必ずしもそれぞれ独立的なものとはいい難く、また実際問題として路線区分には幾分便宜的な面もあるので、なるべく一貫性、一体性を持たせることが適当である。また各路線は必ずしも同時並行的に建設されるわけではなく、建設時期の違いに起因する用地費、工事費などの単価の差異によって建設費も影響を受ける。このような状況のもとで、個別路線ごとに費用を償うように別々な料金を設定するならば、事業採択の時間的順序の違いから料金に差が生ずることになるので、これを回避し、あわせて借入金の償還を円滑に行うためには、有料高速自動車国道として建設される一群の路線の収支を併合して計算するいわゆる料金プール制を採用することが有効である。

資料４

プール制における料金徴収期間の考え方

プール制を採用した場合の料金徴収期間は、次のような考え方をもとに決められる。

A、B、Cという区間があって、供用開始の時期はA区間が1965年1月、B区間は1975年1月、建設中のC区間は2000年1月に開通予定であるとする。事業費はインフレがないと仮定して、A区間が600億円、B区間が1,000億円、そしてC区間は500億円かかるとする。これら全体をプールして回収する場合、1965年1月（A区間の供用開始）を基準日として調整を行う。

調整の仕方は次のようにする。B区間は1,000億円かかり、基準日から10年遅れて開通するのでこれに10年を乗ずる。C区間は500億円かかり、基準日から35年遅れて開通するからこれに35年を乗ずる。これらを合計して分子とし、3区間の事業費計2,100億円を分母とすると、値は13年1カ月となる。これを1965年1月（A区間の供用開始）に加えると1978年2月となり、これを起算日とする。1978年2月を起算日として30年で償還するとすれば、2008年2月に全区間が同時に無料開放されることになる。

概念図および計算例

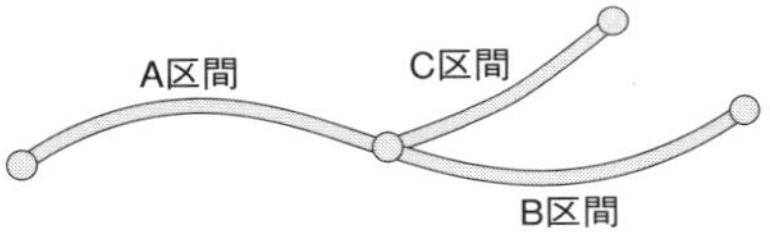

換算起算日（料金徴収期間の起算日）＝

$$\text{当初区間の供用日}+\frac{\left(\text{各区間の建設費}\times\text{当初区間の供用日から各区間の供用日までの日数}\right)\text{の累計}}{\text{各区間の建設費の累計}}$$

$$\text{65年1月}+\frac{\text{1,000億円}\times\text{10年}+\text{500億円}\times\text{35年}}{\text{600億円}+\text{1,000億円}+\text{500億円}}=\boxed{\text{78年2月}}$$

区間	供用日	事業費	計算事例
A区間	1965年1月	600億円	65年　75年　85年　95年　05年　15年　25年 65年1月　95年1月 43年1カ月　（13年1カ月延長）
B区間	1975年1月	1,000億円	75年1月　05年1月 33年1カ月　（3年1カ月延長）
C区間	2000年1月	500億円	00年1月　30年1月 8年1カ月　（21年11カ月短縮）
全体	1978年2月 換算起算日 （平均供用日）	A+B+C億円 ＝2,100	78年2月 ⟷ 08年2月

（有料道路研究会編『有料道路のはたらきとしくみ』より改作）

路線別収支の考え方

資料5

収支を見るときは、事実の正確な理解と分析が必要である。道路公団では、路線別収支は次のように算出され、路線別の採算性が確認される。

〈路線別収支〉＝
〈当該路線の料金収入〉－〈管理費＋当該路線の用地費を含む建設費に係る借入金金利〉

収支率は、上式の右辺第1項を分母に、同第2項を分子とする分数に100を乗じた値で、100より小さければ黒字路線、100より大きければ赤字、不採算路線となる。

（管理費について） 注意すべきは、管理費に本・支社、研究所、研修所などのすべての路線に共通する共通費の当該路線への配賦分が含まれているかどうかである。共通費は当該路線が存在しない場合でもかかる経費であり、当該路線が真の意味で黒字路線（採算路線）であるかどうかは、上の計算式の管理費から共通費の当該路線への配賦分を控除したときの収支でなければならない。一般的には、儲けている路線で共通費を埋めるのが普通である。

道路公団の投資基準

資料6

民間企業の投資基準は採算性ないし内部収益率による。その是非は損益分析によって判断される。道路公団の場合、私企業的採算基準だけにもとづいて投資が行われるのではない。現行の高規格幹線道路網１万4,000km構想では、昭和62年の道路審議会建議を受けて、次のように効率と公正の双方を価値基準とした路線設定を行っている。

① 中心都市と効率的に連絡する路線
② 三大都市圏の近郊地域を環状に連絡する路線
③ 重要な空港・港湾とおおむね30分以内で連絡する路線
④ 全国の都市・農村から１時間以内でネットワークにアクセスできる路線
⑤ 災害などに備えるための重要区間の代替路線（リダンダンシー）
⑥ 混雑の著しい区間の解消

ール制の機能が不可避であったとされています。

その後、二度にわたる石油ショック[※5]による建設費の異常な高騰や、横断道などの着工整備から全国ネットワークの採算性を危ぶむ声が出てきたときに、この制度には利用者の受益と負担の乖離を最小限に抑えるための歯止めがかけられました。

料金プール制はいわゆる「内部補助」を含むので、路線によって、利用者の受益と負担にある程度の乖離が生じます。また、採算性の悪い路線のプールへの取り込みによって、プール自体の採算性の悪化も懸念されます。道路公団の投資基準で示した路線採択の六つの基準からすれば、アクセス基準、あるいは災害時の代替ルートの基準などにより、不採算だが社会的に必要とされる路線の建設も、当然出てきます。その受益と負担の乖離をどうするかが課題として浮上してきたわけです。そこで、昭和六〇年の道路審議会答申[※6]では、ほかの採算のよい路線から不採算の路線に充当される内部補助の額は、不採算路線の料金収入と国費などを合わせた額に収まる程度とする「二分の一ルール」が提案され、以後、これを内部補助の歯止め措置として実施するようになりました。（資料6「道路公団の投資基準」）

この二分の一ルールによって、当時一般の路線には六・五％以上の利子について補給していたものを、交通量の少ない路線には三％を超える分の利子補給として、国費による支援を行うことが明確化されました。現在では北海道、東北、中部、東海北陸、中国、四国、九州、沖縄の三一路線がこの支援対象になっています。六・五％や三％という数字については、当時は合理的であっても、最近の超低金利の時代では支援の方策として不適切になっており、改善の余地があります。しかし、支援の意義が失われたわけではないと思います。

5　石油ショック
昭和四八年一〇月、第四次中東戦争の勃発で原油価格が三倍以上に高騰したことがきっかけとなって世界的なインフレとなり、日本では大きな社会問題となった。さらに、昭和五一年に再度の原油価格値上げによる物価高騰が起きて、第二次石油ショックといわれた。

6　昭和六〇年の道路審議会答申
内部補助をさらに減少させるため、今後建設が予定されている路線については、なんらかの内部補助限度の目安を設定すべきであり、また、その目安としては、内部補助額はその路線の料金収入と国費などを合わせた額程度までとするのが適当であろう。また、単独でみればすでに償還しているとみられるような路線については、将来適切な時期に、再生産コストにもとづく料金を斟酌し、料金改定に適切な歯止めを設けるといった措置が必要となるであろう。

戦後の道路政策のもう一つの柱が道路特定財源の導入だったと思います。この制度の導入の経緯と目的について、お話しいただけますか？

道路特定財源の役割

道路特定財源[※7]とは、道路利用者に課税して、その税収入を道路の建設や維持管理などに利用する目的税であり、この制度の導入が有料道路制度と同様に、我が国の道路整備の推進に大きく貢献したと思います。道路特定財源が導入されずに、一般会計の公共事業費のみに頼っていたならば、道路整備に配分された財源はずっと少なく、幹線道路などの整備は相当遅れたに違いないと思います。

第一次道路整備五箇年計画が始まった昭和二九年当時は、特定財源はまだ揮発油税（国税）だけでしたが、その後、地方の道路整備の税源確保のために、昭和三一年に軽油引取税、昭和四一年に石油ガス税、昭和四三年に地方税法で自動車取得税、昭和四六年に自動車重量税などが設けられ、地方における道路整備、ネットワーク拡充などに充てられました。

ただし、昭和四六年の自動車重量税[※8]創設については、高速道路は別として、当時はすでに国道をはじめとする一般道路はかなり整備が進んでいたため、旧大蔵省はこの税収を一般財源化することを主張しました。一方、旧運輸省は国鉄（現ＪＲ）の赤字補填に充てたい、旧建設省は道路整備に充てるべきだ、と大論争になり、結局、収入の四分の一を地方の道路特定財源とし、四分の三を制度上は一般財源として、その八〇％を道路整備に使い、残りの二〇％だけ鉄

7 道路特定財源
道路利用者（直接受益者）に課税し、その税収入の使途を道路の建設・維持管理の経費に特定して道路整備を進める受益者負担制度。国の道路特定財源はガソリンに課せられる税のうち揮発油税、石油ガス税、自動車重量税（税収額の四分の三で、その八割相当額が道路財源）。地方の道路特定財源には地方道路譲与税、石油ガス譲与税、軽油引取税、自動車取得税、自動車重量譲与税（税収額の四分の一）がある。平成一二年度道路関係予算における道路特定財源による収入は、国で三兆五一五九億円、地方が二兆三四一四億円と、総道路投資(一二兆九四四一億円)の約四五％を担っており、道路整備を推進していく上で道路特定財源はきわめて重要な役割を果たしている。

8 自動車重量税
車の所有者が新車購入時や、

道を含むほかの交通分野に充てることで決着した経緯があります。

私が道路審議会の委員に入ったのは、昭和四八年の第九次審議会からですが、ちょうどこの議論が出てきた頃、私は運輸省の運輸経済懇談会（運輸政策審議会の前身）の専門委員で、かなり苦労しました。道路特定財源の導入は、道路整備の財源確保が最大の目的であり、その基本にあるのは受益者負担の考え方です。英語でいうと「pay as you go」、直訳すれば「あなたが行くときに払え」、つまり、道路を利用する人が道路整備の費用を負担するというものです。この考え方に立つと、道路特定財源は税金を負担している道路の利用者に還元すべきものであり、ほかに転用するべきではない。それを強く主張しましたが、結果的に二〇％がほかの交通分野に充てられることになりました。

ちなみに、このときには運輸省が、営業車と自家用車を分離して、重量税の税率を営業車に有利にするという案を考えていました。しかし、重量税は道路への負担を前提にして課税するもので、大型で道路をたくさん走る営業車が安くて、そうでない自家用車が高いというのはおかしい。我々は営・自に関係なく重量税は比例制にして、重いものにより税金を高くする体系にすべきだと主張しました。運輸省も最後は折れて、重量税を導入した当初は、税率は営・自で差別はなかったのですが、昭和四八年に石油ショックによる急激な物価上昇から、重量税を上げることになったときに、営業用トラックの重量税を上げると物価に影響するという理由で、自家用は増税するが営業用は増税しないことになった。その後の改定もあって、今では自家用と営業用で二倍以上の差がついています。

道路特定財源については、その規模が大きいことから、道路整備以外への使途を求める声が

車検を受ける際に支払う国税。車の走行により傷んでしまう道路の補修に使う名目で、次回の車検までの二～三年分を一括して徴収する。税額は車の重量に応じて決まっており、自家用乗用車の場合は〇・五ｔごとに一年あたり六三〇〇円納めることになる。

強く、また、伝統的に特定財源制度（あるいは目的税）を嫌う財務省は特定財源制度の廃止・一般財源化を主張し続けています。しかし、社会保障では受益者負担を主張する一方で、道路整備のために、道路利用者から受益者負担として徴収している税金をほかの用途に使うのはおかしいわけです。私は特定の公共サービスの受益者が公正に費用を負担する目的税である以上、ほかの用途に転用するくらいなら、それにあたる部分の道路特定財源は減税し、ほかの用途についてはあらためて財源を考えるべきだと思います。

昭和五二年には第三次全国総合開発計画の策定を受けて、日本海沿岸の縦貫道などの整備を加えた約一万kmの高規格幹線道路網の整備案が示されました。このあたりで道路整備計画の質的転換があったように思いますが…。

量から質への転換

交通体系でいえば、高速道路網を整備することは基本にあったわけですが、昭和五一年の第二次石油ショックの後ぐらいから、社会の関心は首都圏の環状道路などにだんだん移っていきました。高速道路網も含め、道路全般について量的拡大よりは質を追求すべきだ、といった主張がなされるようになりました。質については、道路審議会で議論した全国の国道は片側二車

9 **高規格幹線道路**
自動車の高速交通の確保を図るため、全国的に整備を推進する自動車専用道路であり、高速自動車国道（国土開発幹線自動車道など）と一般国道の自動車専用道路の二種類がある。

線を原則にするとか、三全総を受けた高規格幹線道路網[※9]の形成といったことが、それにあたります。その流れのなかで、地域高規格道路[※10]について審議し、提言したわけです。その後、昭和六二年に策定された第四次全国総合開発計画[※11]に呼応して、道路審議会は高速自動車国道一万一五二〇km、一般国道の自動車専用道路二四八〇km、合わせて一万四〇〇〇kmの高規格幹線道路ネットワークの整備を答申しました。

こうした展開によって、高速道路整備について道路公団方式、一般国道の高規格幹線道路方式の二つが共存するかたちになりました。要するに、地域の状況に合わせてどの方法で、どの程度の道路をつくるのかということになったわけです。実際には、地方は新幹線を欲しがるのと同じように高速道路を欲しがります。つまり速く行ける、時間的な距離を小さくするというニーズは高く、どの県も高速道路を要望しました。しかし、高速国道だと国土開発幹線自動車道建設審議会を通す必要があるので、開通は順番待ちで二〇年、三〇年後になる場合がある。そんなに待てないのであれば、一般国道の高規格幹線道路方式をとると、地元負担はあるが、国道としての高規格幹線道路が整備できるという方法があるわけです。

高速道路と一般国道の高規格幹線道のどちらを選ぶかは、どうしても政治絡みになります。ほとんどの知事は、初めは早く完成して利用できるほうがいいというので一般国道の高規格幹線道路を打ち上げるが、国道だと地元負担があるので、やはり地元負担のない道路公団が建設する高速国道のほうがよいということになる。選挙のときに、負担なしでできるのだったらなぜ高速国道にしないのだと責められたりして、結局、政治的な駆け引きになっていくわけです。そのため、実際には同じ路線で一般国道として国費でつくる区間と、道路公団がつくる区間が

10 地域高規格道路
高規格幹線道路と一体となって、地域発展の核となる都市圏の育成や地域相互の交流促進、空港・港湾などの広域交通拠点との連絡などに資する路線を指定し、「連携」「交流」「連結」のいずれかの機能を有し、地域の実情に応じた走行サービスの提供が可能となる自動車専用道路、もしくは同等の規格を有する道路として整備を推進するとしている。

11 第四次全国総合開発計画
東京圏への都市機能の一極集中と人口の再集中、素材型産業や輸出依存型産業の不振などによる雇用問題の深刻化、過疎地域の人口減少などを背景に、多極分散型国土の構築、地方圏における国際交通利用の利便性の向上などを柱とする交流ネットワーク構想を基本目標とした。この目標を実現するために総延長一万四〇〇〇kmの高規格幹線道路（高速道路）の整備が必要とされた。

存在する合併施工の継ぎはぎ道路が出てくることになりました。

整備計画九三四二kmの是非

高速道路整備については、昭和六二年に国土開発幹線自動車道建設審議会で決めた予定路線一万一五二〇kmと、平成一一年の整備計画九三四二kmが目標としてあります。道路公団民営化推進委員会の議論では、まだ着工されていない整備計画路線の建設の抑制が議論されました。最終的には、新直轄方式[※12]により新たな高速道路の建設も可能になりましたが、私自身は、既定の九三四二kmの建設に不都合はないと考えています。あとは、無駄な出費をできるだけ抑えてどのぐらいのスピードでできるかという問題になると思います。

ちなみに本四連絡橋については、これだけは我々の当初の予想とまったく違った結果に終わりました。本四公団がつまずいたのは、昭和四八年に三本の連絡橋の最初の瀬戸大橋をつくるときに、石油ショックが起きてなんと起工式の二日前に着工延期になったことです。このために完成が二年遅れたこともあって、初めからコストが異常に高くなってしまい、高い料金にせざるをえなくなってしまった。我々のコスト計算では石油ショックが起きず、三つの橋をプールして運営すれば、瀬戸大橋は乗用車で片道一九〇〇円の料金でやっていけるはずでした。実際には予測以上のコスト高で、五〇〇〇円以上になってしまったのです。

12 **新直轄方式**
P20参照。

道路公団民営化問題について

平成一五年の道路公団民営化の議論では、道路の採算性ばかりが話題になり、本質的な議論がなされていなかったように思います。何が欠けていたのでしょうか?

道路政策の理念を欠いた議論

道路四公団の問題は、高速道路を含め、二一世紀の我が国の社会においてあるべき道路システムの観点からトータルに議論されるべきだったと思います。しかし、民営化推進委員会は特殊法人改革を目標として、採算性ばかりを強調し、建設の凍結を提言しました。特殊法人改革の必要性を否定するつもりはありませんが、道路がどうあるべきかの検討をまったく欠いた議論だったと思います。これも高速道路をこれ以上建設させなくするには、道路公団をどうしたらいいかというのが根底にあり、民営化はその手段だったのですから、当然かもしれませんが。

道路政策は本来、「政策理念」→「整備手法」→「運営手法」という手順で検討されるべきです。我が国にとって、高速道路ネットワークを量的、質的にどのように整備すべきか、そのネットワークを確保するのに、有料道路方式、公共事業方式、合併施工方式などをどう活用していくのか。整備された高速道路を効率的に運営するにはいかなる方式が好ましいのかを、順序立ててきちんと検討すべきなのです。民営化という運営形態から出発する議論では、高速道路の特性を活かした検討になりえないと懸念を抱いていましたが、民営化推進委員会の議論はその懸念を払拭できなかったと思います。

公団は民間企業とは異なり、利潤を目的としない、いわゆるＢＦＯＴ方式[※13]の組織です。そのため、組織のあり方や会計方式も、民間企業とは異なっています。組織や会計方式はその役割から判断すべきものであり、永続を前提とする民間企業の方式が常に妥当ではありません。

今回の民営化は特殊法人改革として唱えられ、改革のストラテジーとして道路公団問題が取り上げられたわけで、初めに道路公団固有の問題があったわけではない。道路公団の経営破綻や「第二の国鉄」論は、特殊法人改革の対象にすることを正当化するための主張だったといえます。なぜなら、十分に注意すれば経営破綻はないし、改革が不可避だった当時の国鉄とはまったく状況が異なったからです。

日本が経済的に豊かになり、高速道路整備が進んできた段階で、公団という組織形態を見直すべきであったという意見も聞きますが、私はとくに、公団方式の見直しは考えてきませんでした。国も考えていなかったと思う。ただ最後は、維持管理に必要な経費を料金でまかなう必要があるかぎりは、道路公社になると思っていました。ただし、公団のような特殊法人組織は、時間が経つと組織問題が起きるのは避けがたい。上位の官庁があって、総裁は代々その官庁のＯＢがなるのでは、生え抜きの人たちは面白くないでしょう。理事でも、生え抜きからなるのは少数で、あとは国交省や財務省からきている。こういうことをしていると、職員の活動するインセンティブがなくなります。ですから、いずれ組織改革は必要だっただろうと思います。

13
BFOT（Build, Finance, Operate and Transfer）
建設・資金調達・運営を担当するが、債務償還あるいはコスト回収のための一定期間後に資産を政府に移管する方式。

14
旧国鉄の民営化
自動車の普及などにより不採算路線が増加し、さらに労使関係の悪化もあり、莫大な累積赤字を抱えた日本国有鉄道（国鉄）は、経営の改善をはかるために分割・民営化されることとなり、昭和六二年四月に鉄道事業を株式会社（ＪＲグループ）に引き継がせ、国鉄は日本国有鉄道清算事業団に移行した。

「第二の国鉄論」の誤り

道路公団民営化の議論では、公団の長期債務の大きさだけに眼を奪われ、公団をかつての破産状態の国鉄と同様にみなす「第二の国鉄」論が叫ばれましたが、あれはまったく見当違いの議論だったと思います。

旧国鉄の財務状態は[※14]、すでに昭和四六年度の決算で減価償却前赤字になっていました。鉄道輸送の収入で、必要な労働、車両、エネルギーなどの費用を払えないために借金を重ね、その金利を払うためにさらに借金をするという悪循環に陥っていました。しかも国鉄は、自らの資本施設を使って輸送サービスを提供し、そのサービスにともなって大きな赤字を発生させていたのに対し、道路公団はまったくひどい状態ではなかった。自ら輸送サービスは提供せず、輸送サービスの生産に必要な道路を有料で提供し、その料金収入で経常費をまかない、さらに、建設のための借金の当期分の金利を払い、おまけに、借金の元本返済のために積立金の積み増しができる状態にあったからです。

借入金が増えているのは、新規路線の建設を進めているためで、今後、無理して新たな道路建設を押しつけなければ、料金収入で十分に借金を返せるはずです。しかし民営化論者は、収入で十分に借金は返せる状態で、経営破綻はないということを否定するために、将来の収入を低く見積もって企業会計にしたがって試算したら赤字になると主張しました。

道路公団民営化では結局、国鉄民営化の際の上下分離論を参考にして、上下分離[※15]で料金収入からリース料を払うことになりましたが、その議論の最中に、ＪＲ東海会長の葛西敬之氏が次

写真はＪＲ西日本の誕生を祝う熱海駅の様子。

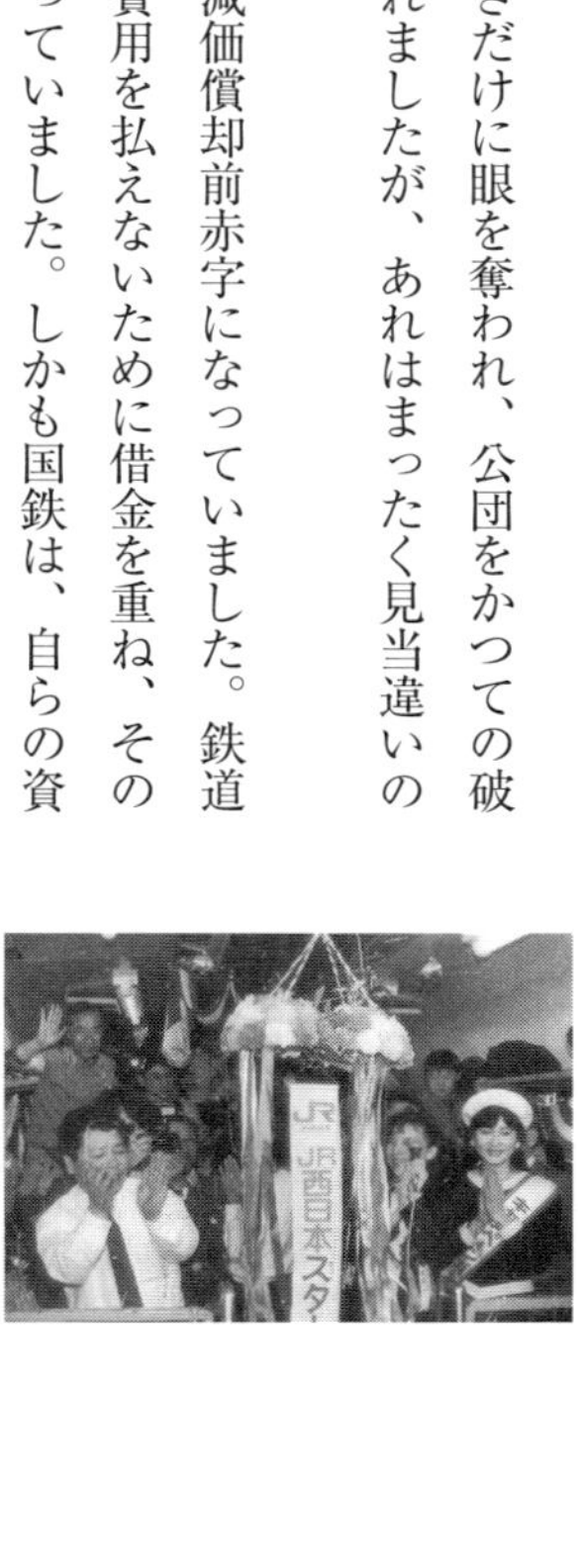

毎日新聞社提供

15　道路関係四公団民営化における上下分離
道路関係四公団の民営化では、高速道路の建設・管理・料金徴収を行う会社（東日本高速道路、首都高速道路、中日本高速道路、西日本高速道路、阪神高速道路、本四連絡高速道路の各株式会社）と、高速道路に関わる道路資産の保有・貸付け、債務の返済などを行う独立行政法人（日本高速道路保有・債務返済機構）を設立する、いわゆる上下分離方式が採用された。

のように指摘していました。

「輸送システムとして鉄道と道路をとらえた場合、鉄道輸送では、下部構造（路盤、軌道、信号システム、駅など）と上部構造（車両、列車の運行）が不可避的に一体化されており、上下が一元的、統合的に保有・運用されて初めて効率的に機能する。国鉄の民営化による効率化効果の大部分は要員の削減効果であり、四〇万人の職員を二〇万人まで削減することにより、運輸収入の八五％を占めていた人件費を、私鉄並みの三五％程度まで削減したことにあった。これは上部構造すなわち輸送・運行部門の効率化の結果である。

この点、道路システムは下部構造（道路構造物、料金徴収所、信号設備など）と上部構造（各種車両の保有、運行）が完全に分離されている。下部構造は公有、公営であるが、上部構造の輸送そのものは自家用車、トラック、バスなどを保有する個人、企業が自由に利用するオープンシステムとなっている。国鉄で効率化をもたらした運行部分は、道路では厳しい競争に置かれ、徹底的な効率化がなされている。したがって、要員数が一万人足らずの道路公団を民営化すれば、国鉄の場合と同様の効率化効果が期待できると考えるのは幻想にすぎない」（葛西敬之―日本経済新聞「経済教室」二〇〇二年九月五日）

私も同感で、上下分離といっても国鉄と道路公団では意味合いが違うのです。国鉄改革の後で、ベルリンで国際シンポジウムが開かれました。当時はまだドイツは改革を考えていた時期でしたが、「日本の国鉄改革は分割して、地域独占にしているだけだから本当の競争市場化ではない。我々は本当の競争を考えているので、同じ一つの線路の上で異なる会社が運行して競争できるようにするほうがよい」というのが、ドイツ側の見方でした。アイデアはわかるのだが、誰が「下」の軌道の責任をもつのか。鉄道を高速道路と同じように考えて上下分離して民営化したイギリスの国鉄が失敗に終わってしまったことも、我々は教訓にすべきだと思います。

「民間企業方式」は効率性の一部である利潤（生産者余剰）の最大化を図るものであるのに対し、「公団方式」は、社会的便益を最大化することが目的とされます。この違いについて、経済学の観点からもう少し説明していただけますか？

社会的便益と採算性

経済学の用語でいえば、「社会的便益」とは、高速道路を利用する人々が支払ってもよいと考える額から実際に支払う額を引いたものである「消費者余剰」と、生産者が費用を超えるモノやサービスを生産した際の超過価値である「生産者余剰」—つまり利潤—の合計額であり、その最大化が問われることになります。実際には、公団の場合は利潤が認められていないので、消費者余剰がすなわち社会的便益となります。

この消費者余剰は、当然のことながら損益計算書で示すことができません。さらに、高速道路による地域開発効果や、代替道路の混雑緩和効果といった、サービスの供給者や直接の利用者以外に与える外部経済効果なども現実の市場では評価されないため、損益計算書に示すことができません。また交通事故の発生状況[※16]を見ても、高速道路の事故は一般の道路と比べてかなり少なく、安全面でも高速道路の存在は社会に貢献しますが、民営化論者は事業採算性だけを論じ、消費者余剰やこうした外部効果の大きさにはまったく無関心でした。彼らが「国民のために」と声高に叫んでいただけに、これは不可解といわざるをえません。

本来、高速道路の整備について論ずるならば、まず生産者余剰、消費者余剰、純外部経済効果の総和としての「経済的効率」の議論があってしかるべきなのです。採算性は「企業サイドの効率」にすぎません。しかも、この採算性ですら、路線別の採算性は企業にとっての採算性を示すものではない。企業ならば、採算を既存の路線別に考えたりせずにネットワーク効果（ほかの路線にもたらす料金収入増など）を考慮したり、成長路線（開通当初は赤字でも将来は黒字になる路線）には自発的に投資したりするからです。

民営化推進委員会では、基本理念の一つとして「必要性の乏しい道路はつくらない」ことを強調しました。このこと自体は自明のことですが、「必要性」の内容・定義が問題です。委員会が「採算性」といわず「必要性」といった意図が、生産者余剰を示すにすぎない採算性だけを考えているのではないことを示すのであるならば、必要性の内容を明示すべきでした。イギリスで数年前に公表された地域政策白書の表題は、「A FAIR DEAL FOR RURAL ENGLAND」でした。貨幣で表せない価値の考慮をこのようにフェアネス（公正）の問題とするなら、高速道路サービス供給についての社会にとっての価値、すなわち「必要性」とは、先ほどの「経済

16 高速自動車国道の交通事故の発生状況
平成一三年では、高速自動車国道での事故が全道路交通事故に占める割合は、交通事故発生件数で〇・八%、死者数三・四%、負傷者数一・一%である。

的効率」と「公正」の多元的価値基準により議論されるべきなのです。

例えば、東京外郭環状道路は膨大な建設費を要し、それ自体では、採算性の確保は難しい。しかし、大都市圏の道路ネットワークとして環状道路は不可欠であり、諸外国の大都市に比べて我が国ではその整備が遅れています。環状道路によって都心を通過するだけの車を排除して交通流を合理化し、渋滞と環境汚染を緩和することが必要ですが、これなどは、採算性と経済的効率性が乖離する典型的なケースだと思います。

道路公団の負債

日本道路公団の平成一三年度の貸借対照表によれば、道路債券は一八兆七五三八億円、長期借入金が七兆三七九七億円、割賦未払金、そのほかで固定負債合計は二七兆四五七七億円でした。これに対し、政府出資金である資本金は二兆二八四九億円と、資本構成で借入金の割合が圧倒的に高く、これが公団経営の不健全性をもたらすと批判されました。しかし、この割合は資金調達上の制約の結果であり、不健全性の批判は本質的な指摘とは言えません。借入金方式でも、民間企業が行う株式発行方式でもなんら差はないのです。健全経営か、不健全経営かはむしろ、道路資産価値が多額の債務を返済し得る十分な収益力を持っているかどうかで判断されるべきです。

そして、平成一二年度の道路公団の損益計算書から試算した当期収益は三五九〇億円あります。これは道路公団方式の損益計算書をもとに民営化論者が指摘する減価償却費と除却費を計上した企業会計方式で試算した収益です。財務省が発行している雑誌『ファイナンス』平成一六年九月号に高橋洋一氏（財務総合政策研究所客員研究員）が、「ある日曜エコノミストの独り言」という欄で、「道路公団は債務超過という話だったが…」と題して、次のように書いています。「新聞報道は、道路公団改革議論が盛んに行われていた平成一四年秋頃から道路公団は債務超過と決めつけていた。はじめは六兆円、そのうち六〇〇〇億円にトーンダウンしたが、債務超過であると一貫して報道していた。少し考えればわかるが、公団の道路資産の価値は将来の通行料金収入で決まる。高い高速料金のために将来の料金収入はたっぷりあるのにどうして債務超過になるのか疑問である」。高橋氏はこうしたマスコミの債務超過報道は、民営化推進委員会が議論の資料とした学者の論文で、国民負担が七兆円と過大推計されたことと何らかの関係があると見ています。結局、平成一五年一〇月の財政学会では「この論文には誤りがある」と結論づけたそうです。

将来、もしキャピタルロス[※17]が起こった場合には、借入金方式と株式発行方式の差は、その負担・義務関係において生じます。その際に、公団を上下分離形態としてとらえるとすれば、政府と公団の双方の責任が問われることになりますが、リスク負担の大きさからみれば、投資家は民間企業方式を安全な投資対象とみなしにくいのではないでしょうか。

四〇兆円ともいわれる巨額の借金を残したままでは、後の世代に負の遺産が残ると批判されたわけですが、これはまったくおかしな議論です。これまで実施した一般国道の整備では用地費、建設費などすべて、その時々の道路利用者税で負担してきました。その負担をしてきたのは我々現世代ですから、負担をぜんぶ後世に付けるという議論は、実はおかしい。

17 キャピタルロス (capital loss)
購入時の単価よりも売却時の単価が低いことによる損失（償還差損）。一方、購入時の単価よりも売却時の単価が高いことによる利益（償還差益）はキャピタルゲイン（capital gain）という。

私は早くから、高速道路の整備のお金が足りないなら、まず、道路公債を発行して、資金を調達し、後年利用者税である道路特定財源で返済すればいいと言ってきました。これはつまり、道路利用者が負担するということです。道路公団に特定財源からお金が行っても、一般の税金―一般財源―でやっていると思われている。「あれは我々の税金だ」と非難するのは、ちょっと筋違いだと思います。道路利用者が負担しているのです。

民営化議論で強調された「国民負担の最小化」も、国民負担の内容があいまいでした。国民とは、高速道路の利用者、高速道路を使わない道路利用者、地域住民、全国民のうち、さらに現世代と将来世代の双方にわたる国民のうち、誰の負担をいうのでしょうか。主張している文脈からは「国費の支出」の最小化を意味していたようです。しかし、すでに出来上がっている道路の建設費や、そのための債務の総額は決まっていますから、国の負担を減らしたとしても、利用者などの負担を暗黙のうちに増やすことになるだけです。不採算だが、社会的に必要として採択された路線の費用については、やはり、国費として負担すべきものは負担する必要があると思います。例えば、アクセスの要件を満たすため、あるいは災害に備えるためのリダンダンシー（迂回路などの代替手段）による支出は、道路利用者だけでなく国民全体として負担すべきものです。

「親方日の丸」の特殊法人は非効率ですが、民営化されれば経営効率化によって料金が下がると言われています。本当にそうでしょうか?

高速道路サービスの料金弾力性

民間企業は、技術革新を積極的に取り入れて新しい商品・サービスを開発し、生産コストを低下させ、価格を引き下げて販売収入を増大させ、利潤の増大を図ります。これが経営効率のよい民間企業の典型的な姿です。このメカニズムが高速道路の場合にも働くのかはなはだ疑問です。なぜならば、高速道路サービスを含む道路の市場は競争的ではないからです。高速道路サービスの需要の料金弾力性は[※18]「1」より小さいとされています。経済学の常識では、需要の料金弾力性が「1」より小さければ、料金の引き下げは収入減をもたらすだけです。そのため、利潤を追求する民間企業の行動原理としては、料金の引き下げ自体が矛盾を含んでいることになります。今回の道路公団民営化では、リース料を払って高速道路サービスを有料で提供するわけですから、利潤を増大させるにはリース料を低くするか、料金をある程度まで上げることが近道ですから、思うように料金の値下げは進められないのではないでしょうか。

また、料金の範囲内で経費節減に努めて利潤を増やそうとしても、利潤制限によって、利潤が増えたとたんに料金引き下げが求められるのであれば、新会社としては経費節減に努力するよりも、「正常利潤」を超えない程度まで経費をかけて、料金引き下げの要求が出る一歩手前で無難に経営するほうを選ぶでしょう。結局、認められている事業の範囲が限られて、そのなか

18 需要の料金弾力性
需要の料金の変化に対する反応を示す指標で、需要量の変化率(%)÷料金の変化率(%)で表わす。「1」より小さいと料金上昇率より需要の減少率が小さいので料金収入は増加し、「1」より大きいと料金収入は減少する。

だけで事業戦略を立て、経営をやらなくてはいけないとなると、企業経営者はみな視野狭窄症になってしまいます。これでは、かつての独占的市場において利潤規制をはじめ種々の規制に縛られ、動きの鈍くなった民間鉄道事業者と似た状況になると思います。

ですから、道路公団は民営化しなくても、公団経営についての規制を緩和すればよかったのではないかというのが私の持論です。きちんと収入があって、借金を返していけるのに、あえて民間会社にする必要があるのか、そこが最大の疑問です。今回の議論の背景には、道路公団のファミリー企業の問題がありましたが、本来、そうした収益的なサービスなども、道路公団の子会社にして、その収益を借入金の返済に充てれば問題はなかったはずです。それを公団という特殊法人については利益を生ずる事業を経営してはいけないと制約を課したので、ファミリー企業の問題が起きた。そこを改善すべきだったのです。

今回の民営化論でおかしいのは、民営といい、規制ではないといいながら、実際にやることはまず料金を一割下げさせろという点です。民間会社の立場からすれば、これはひどい干渉でしかない。初めから被規制企業では、真の意味での健全経営が図れるとは思えません。目的が特殊法人の民営化として設定されたので、高速道路の整備・運営をより効率化するという本来の視点がかえって希薄になってしまったように思います。効率経営をターゲットとするなら、道路公団が社会的責任を自覚して、コスト節減やサービスの改善、利用者増大策の採用などに努めるよう、経営に関わる規制を緩めて経営効率化のインセンティブを与えれば、十分に機能する可能性があったと思います。

ちなみに、民営化されると透明化が進むと言われていますが、ＪＲは民営化されて透明化が後退してしまいました。国鉄時代に比べ、経営に関わる統計的資料の開示がはるかに減っているのです。例えば国土交通省が発行している『都市交通年報』には、さまざまな駅の上り下り別発着通過人員が出ていますが、民鉄はすべて出しているのに対し、ＪＲだけは一部空欄です。国鉄時代は、これらの統計資料はじめ監査報告などすべて発表されていました。

天下の公道を「私」すべからず

今回の道路公団民営化問題の根底には、重要な公共サービスを果たして民営化してもいいのかという問題があります。この点についてどうお考えですか?

社会資本整備のあるべき姿

高速道路はもともと全国民の利益に関わるもっとも基幹的な社会資本であり、国民のライフラインとしての機能も持っています。例えば地震や火事の際の避難路として、あるいは救援物資の補給路としても欠くことができません。阪神・淡路大震災の際に、阪神高速道路が倒壊し、国道二号線と国道四三号線が通行できなくなったとき、中国自動車道がこれらの道路の代替機能を果たしました。道路の重要性が改めて認識され、有事に備え、相互に代替的機能を持つ道路のリダンダンシーの必要性が叫ばれたほどでした。中越地震では、関越道が通行できなくなったときに、東京から被災地へ行くのに福島県の磐越自動車道が代替機能を果たしました。昨年の台風で四国が被害を受け、瀬戸内海側の道路が通行できなくなったときは本四連絡橋が活用されました。

このように重要な社会資本を民間企業の私有財産にしてしまい、道路整備の判断基準を市場性（採算性）に求め、その責任を会社経営者に委ねてしまっていいのでしょうか。私は基本的に反対です。なぜなら、道路は単にそこを走る人々に利便を与えるだけでなく、地域社会に直接、間接に寄与する外部経済効果や、国民のライフラインとしての役割もあり、むしろこれらのほうが重要だと思うからです。こうした外部効果は、料金収入でなく、税収増加というかたちでしか回収できません。したがって道路整備の意思決定は本来、国家戦略にもとづく国の判断により決定されるべきなのです。そして、その資金は利用料金と税収の双方を組み合わせたかたちで供給されるのが、本来の姿だと思います。

しかし、道路公団民営化の議論では、この点についてはほとんど議論されませんでした。最初から採算だけで考えたところで、すでに方向が間違っていました。道路公団の議論がおかしくなったのは、効率化のインセンティブが儲けること以外にないという考え方が出てきてからで、民営化さえすればすべてよしとなってしまった。つまり、人間は、自分の利益になること以外には一所懸命にならない、例え無償でも社会のために何かよいことをしようと考える人間はいないという考え方です。

本来、公的サービスとは、「公」が責任を持って、効率化が必要なところだけ「民」に出して、より効率化をはかるというのが基本だと思います。公的サービスのなかには民でやったほうがいいものもありますが、市場にまかせるとモラルハザードが起きて失敗するものもある。そこをよく見極めてやらないと、公共サービスの私有化の強行は、将来に禍根を残すだけになります。

私は、今度の道路公団民営化にともなって、国が新直轄方式を導入して国費で高速道路をつくることができるようにしたことで救われたと考えています。これによって地方は、採算性だけにとらわれる必要がなくなったからです。実は、高速道路をどのような財源でつくるのか、高規格幹線道路を議論した昭和六〇年代のあたりで思考転換をはかったほうがよかったのではないかと思っています。思考転換とは、採算のとれない高速道路は「国」がつくるべきだということを、はっきりさせておくべきだったということです。いわゆる横断道は自然条件が厳しく、しかも交通量もそれほどないため、採算性はよくないことはわかっていましたから。それができなかったために、採算性の低い道路については、下の土地（用地）の部分は国費や地方費で買い、上の道路施設は道路公団がつくる複雑な合併施工方式になってしまった。今にして思えば、これは我々の反省材料です。

公共サービスのあるべき姿

公共サービスを「私」にまかせるか、「国」が行うべきかは大きな問題です。それは道路に限らず、医療や介護などの世界でも同じです。例えば今、高齢者介護などは私的に提供されていますが、それが儲けを優先してやるとなると、サービスを受ける人がもっとも幸福になるようなサービスを提供するかといったら、そうはならないのではないか。なぜかというと、今日では介護のレベルを決めるケアマネージャー[※19]は、介護サービスを提供する会社の職員というケースが多いからです。サービスのレベルを決める人と、サービスを提供する人が同じ会社の職員で、要介護者相手に適正なサービスを決められるのかという問題です。介護保険導入のときに、ドイツと同じように在宅で介護している家族がいれば、その家族の人にも介護料を支払うという案が出ましたが、私は絶対反対だった。一般的に考えて、もし寝たり起きたりの肉親がいれば、「今日は認定に来るから、どうみてもひどい状態だという格好で寝ていて起きるな」というのではないか。本来なら、「官」が予防的な支援との組み合わせでサービス内容を考え、公正に認定して、「あなたの場合は少し頑張って、こういうこともやったらいいでしょう」と決めれば一番いいわけです。今の介護保険が信用できないのは、介護サービスを提供している民間の社長が、「二〇二五年には五〇兆円産業ですよ」などと平気で口にすることです。国民の税金と保険料を、そういう人たちの儲けのために使ってほしくないものです。

では、官がうまくできたかというと、できなかったわけです。官の公務員意識が希薄になっている面もあるから、そこは難しいところです。しかし、阪神・淡路大震災のときには、郵便は翌日から配達を始めました。しかも避難している人も探し当てて、お見舞いの現金書留を渡している。自分たちも被災者の一人であるにもかかわらずです。それを見て、ペリカン便と佐川急便が確か一週間か一〇日ぐらい遅れて始めました。ヤマト運輸は確か四週間遅れて、よう

19　ケアマネージャー
援助のすべての過程において、利用者と社会資源の結び付けや関係機関・施設との連携など、生活困難な利用者が必要とする保険・医療・福祉サービスの調整を図る（ケアマネージメント）役割を持つ援助者のこと。

やく受け付けを再開しました。官はコストがかかる、効率が悪い、画一的だと言われる。そこで民にするというわけだが、すべてそう割り切れるのかどうか、しっかり考えたほうがいい。公共サービスを民がやるときに、社会のために働く、奉仕するという精神がなくていいのかという気がします。

道路公団の民営化では、高速道路が震災など災害にあったときに、その修復は誰がやるのかという問題があります。公がやることとは、国土のネットワークの整備ですから、危機に陥ったときに国がどういう手立てを考えるのか。国は災害の修復などを民営会社にまかせるのか。民営会社がすぐにやらないときは、そのまま放っておくわけにはいかないでしょう。ＪＲの場合はよほど被害がひどいときに国が関わる仕組みがあります。

公共サービスについては官でやる、民でやる、その折衷でやる、といろいろな形態が考えられますが、結局、成功するかどうかは、その制度に携わる人たちのものの考え方と行動如何による。それさえよければ民だろうと官だろうと、あまり変わらないはずです。民でやっても、そんなに儲けなくてもいいと、ある程度の収入が確保できればいいというのであれば問題ないわけです。いろいろな形態があって、いずれも問題点を持っているなかで、私はかつての規制下にあった独占事業のようなかたちが結局は、いちばん無難なのではないかと思います。多少は規制を受ける、勝手に運賃を上げたりできない民間鉄道のような形態です。それでも必ず無駄は起きるでしょうが、形態として現実にはそれが理想で、あとは無駄をどう省くかという発想で知恵を絞ればいいのではないか。そうすると結局、設立当初の道路公団に近い形態になります。

去年の秋に、アメリカの経済学者スティグリッツ※20が、『人間が幸福になる経済とは』という本を出しましたが、彼はそのなかでこう言っています。「最近の民営化や規制緩和はどうもおかしい。初めの頃の規制緩和は、それによって社会が、あるいは国民がどんなプラスを享受できるのかがわかった。航空の場合でも規制緩和すれば、もう少し安くみんなが使えるようになるだろうということで、緩和していろいろと問題はあったものの、以前よりはみんなが使いやすくなった。しかし、最近の規制緩和は単に利権がどこかとどこかの間で移動するだけの話で、それが国民、社会にプラスになっていないものが多い」と言っています。この指摘は正しいと思います。小泉首相の「民間にできることは、民間にまかせる」という基本方針は、「民間がするほうが国民にとってよいものは、民間にまかせる」でなければならない。社会の仕組みを変革していくなかで、我々はこのことを肝に銘じておく必要があります。

20　ジョセフ・スティグリッツ (Joseph E. Stiglitz)
コロンビア大学教授。クリントン政権下の大統領の経済諮問委員会委員長、世界銀行の上席副総裁および主任エコノミストを歴任。二〇〇一年に「情報の経済学」における業績によりノーベル経済学賞を受賞。

最後になりますが、今後進むであろう地方分権化の流れに照らして、交通政策のあり方についてご意見がありましたらお願いいたします。

道路計画について国と地方の関係でいえば、幹線道路では国防などの観点もありますから、やはり国が考えるべきです。それ以外は地方が、つまりより地元の利用者に近いところで考えたほうがいいというものは、当然地方が主体性を発揮すべきだと思います。それが大勢だと思いますが、課題もあります。道路も住宅を建てるのと似ていて、普通の人がこういう住宅が欲しいといって自分で設計しても、後で使いにくくなる。やはり専門家が設計するかたちにしないといけない。分権で問題なのは、専門的な能力を持った人材が地方にはまだ少ないことです。バスの規制緩和が決まったときに、私がこれからは補助は国が直接やるのではなく、地方に委ねて、その地方でもっともいいかたちでやれるように使ってもいいと言ったら、ある県の職員が、「国のほうで基準を作ってくれ」と言ってきました。住民や下部機関からいろいろ文句を言われたときに、「いや、これは国の決めた基準だから」と責任転嫁したいからでしょう。地元が分権改革前の意識のままでは、これからいったいどうなるのかと心配になりました。そうしたなかで知事が動き出しています。例えば、ある県知事が国土交通省にきた後で私に会ったとき「先生、しばらく国道の予算をつけないでください。とても裏負担が大変で」と話していました。そうしたことが国にはっきり言えて、どのような計画と予算でするのかということを表立って議論ができるような状態にならないといけない。国と地方の両方で、もっと意識改革を進めていく必要があると思います。

第三章 分権のゆくえと地方再生

森田　朗

東京大学公共政策大学院院長　IATSS会員

東京大学法学部卒業。東京大学大学院法学政治学研究科教授。平成16年より現職。地方分権改革推進会議委員、地方分権推進委員会参与などを歴任。専門分野は行政学。主な著書は『地方分権と自治体改革』『分権と自治のデザイン』など。

森田氏は、地方分権改革推進会議のメンバーとして地方分権のあり方について多くの発言をされてきた。とくに地方自治体の行政能力（ローカルガバナンス）が地方の将来を決めるという論点から、権限移譲などは、今日高いレベルにある自治体の能力に応じて行わなければならないと主張されている。道路を含む交通をどこまで地方自治体にまかせるべきなのか、そこで必要な行政能力とは何かといった観点から、交通社会のあり方について幅広く語っていただいた。

地方分権改革の方向性

地方再生に貢献する交通のあり方を考える上で、地方分権改革の動きと、今後の方向性に対する理解は欠かすことができないと思っています。まず、その分権改革がどのように進んできたのか、これまでの経緯をお話しいただけますか。

都市部から農村部への富の配分

はじめに地方分権改革のアウトラインをお話しして、それから今、注目されている三位一体改革[※1]について触れたいと思います。まず、日本は明治以来、限られた範囲でしか地方自治を認めてきませんでした。一言でいえば、中央集権体制下でナショナルガバメントがすべてをコントロールするかたちで統治を行ってきたのです。中央集権における統治とは、地域に住んでいる人たちにとっては重要な、それぞれの歴史的な経緯や、地域を運営する方法などを全国画一的に、一つのかたちに集約していくものでした。

1
三位一体改革
①国から地方への補助金の削減②地方が自由に使える財源を充実させるための税源移譲③財源不足を補うために自治体に交付される地方交付税の見直し、の三つを一体で進める税財政改革。

明治時代になぜ中央集権体制が採用されたのか。それは何をねらったものであり、どういう効果があったかということを考えなくてはいけません。富国強兵という大きな目標のもと、強兵もさることながら富国を考えた場合、国内にある天然資源や資本、さらに労働力という人的な資源を限られたところに、今でいえば特区のようなところに集中投下することがもっとも効率的に富を蓄える方法でした。明治時代では北九州の八幡製鉄所が典型ですが、戦後では四大工業地帯への資源の集中です。資源を集めて集中投下するために全国一律の制度で、国がすべてシナリオを書いて、そのとおりに地方は動きなさい、地方は勝手なことをしてはいけませんということです。そのとき、地方によっては豊かなところと貧しいところがありますから、貧しいところにはお金の面倒は見るという、一定の財政的な処置をして、それで中央の言うことを聞けというのが日本のシステムでした。これによって日本は明治時代、かなりの成長をとげました。戦争で方向を間違えて挫折しましたが、戦後また立ち直って同じパターンで発展してきたわけです。

ここで一つのポイントになるのは、資源の集中によって効率的に富を生みだす方法です。東南アジア諸国や今の中国などでも取り入れていますが、日本の場合は都市部が稼ぎだした富をまさに「国土の均衡ある発展」を目指して、農村部にも配分するという還元の仕組みがあったことです。したがって、都市部が成長し、生活水準が上がっていくと、それにある程度は遅れますが、農村部も発展していくわけです。フィリピンやタイ、インドネシアなどの東南アジア諸国では、そして中国でもそうですが、都市部だけが猛烈に発展して、農村部が取り残されてしまう。都市部に農村部から膨大な人が流れ込んできて、スラムをつくり、成長のブレーキになるわけです。日本の場合は都市部で生みだされた富を全国一律に農村部に上手に配分していく集権的な仕組みがあって、都市部も農村部も成長管理が比較的、うまくいったことが、高度成長の要因だと思います。

高度成長社会から成熟社会へ

これを財政面から見ると、都市部は発展して富を稼ぐ。そこから税金を払う。自らの都市を運営する税金、地方税を一〇〇%まかなった上に、さらに多くの税金を国税として払って、それを地方交付税[※2]や補助金というかたちで地方に配分し、国全体のバランスをとる。それで国全体として経済的には豊かになってきたわけです。この仕組みを続けるには、永遠に右肩上がりの成長パターンで進んでいくことが前提になります。

ところで、一九八〇年代あたりから、我が国のいろいろな社会指標がほぼ先進国並みになってきました。高度成長のときにはまさに高速道路をつくる、学校を鉄筋コンクリートにする、どこにいても医者にかかれるように無医村をなくす、といったベーシックなナショナルミニマムの達成が大きな目的だったわけですが、それがほぼ充足された。一方で高齢化も進んできて、いろいろな意味で成熟社会になると、高度成長と均衡ある発展の仕組みによって、今度は何を目標に何をつくるのかが問題になりました。地方からも、これからは環境を保護したいとか、もっとまちを活性化したいとか、いろいろ異なる要求が出てきたわけです。こうした動きをどのようにとらえるかということから、地方分権が出てきたのです。地方が決めたら、それでい

2 地方交付税
国税（所得税、法人税、酒税、たばこ税など）の一部を、すべての自治体が必要な財源を確保できるように、都道府県や市町村の間で再配分する制度。すべての自治体が、等しくかつ適切な水準で自主的に行政サービスを行うために必要な経費について、国税の一定割合を総額として、その行うべき事務を遂行できるよう、一定の基準により国が交付する税（交付金）である。地方交付税は一般財源とされ、その使い道に制限がない。ちなみに、いわゆる補助金は特定財源とされ、その使い道は制限されている。

いのではないかという考え方です。人々が身近な地域社会の運営に参加してものごとを決めることは、民主主義の考え方からいっても望ましいから、分権はいいことだと考える。ベーシックなものが一応整った以上、そこから先はそれぞれの地域が自分で決めてもいいという、そうした動きが出てきたわけです。

高度成長時代の政治的仕組み

今までの仕組みでうまくいった最後の例がバブルのときです。このときはベーシックなものもつくるし、もっと欲しければいくらでもお金を出すし、借金してでもつくりなさいということで、ふるさと創生資金[※3]一億円などの補助金制度によって大盤振る舞いをしてお金を配りました。高度成長時代には、先行投資として税金だけでなく、借金をしてインフラ整備をしました。それによってさらに成長が続けば借金の返済は容易になる。しかもインフレーションになると、返済額の実質価値が減ってくる。昭和四〇年代にあったことですが、毎年経済成長率が一〇％以上あって、給料がどんどん上がる。ところが所得税は累進課税で、給料が額面で増えると税率が上がるわけですが、それを政府は毎年減税したわけです。一つ下の税率に下げていく。そうすると可処分所得が増え、個人消費が増えて経済は成長し、生活は豊かになり、さらに税収は増えて、しかも税金が下がるように見える。今では信じがたいようなハッピーな時代がかつてはあったわけです。

高度成長の右肩上がりのとき、都市で稼いだお金を地方に配分し、道路などの社会基盤整備

3　ふるさと創生資金
昭和六三年、竹下首相の所信表明演説で明らかにされた「自ら考え自ら行う地域づくり」構想のもと、全市町村に一億円の地方交付税を交付。原則、地方自治体にその使途がまかせられ、さまざまなアイデアが話題になった。

の政治過程に介在して権力を維持してきたのが自由民主党ですが、一九八〇年代の半ばぐらいから、だんだんそのメカニズムが効かなくなって、自民党の権力基盤が危うくなってきます。そして一九九〇年代に入ってバブルがはじけ、平成五年の宮沢内閣のときに自民党の長期一党優位政権が崩壊した。そして細川内閣[※4]が成立し、三八年続いた自民党政権の時代が終わった。

平成五年の大きな出来事の一つは、選挙制度が変わって小選挙区になったことです。これは一票の価値を都会でも地方でも同じようにする人口に比例した選挙区の設置ですから、今までの農村部の過剰代表に対して、都市部の代表が相対的に多くなったことで、農村と都市の関係を今までと違ったものにした。都市で生みだした富を農村に配分できたのは農村部の代議士の力が強かったからですが、その構造が変わってきたわけです。

もう一つは、地方分権の動きが大きくなって、国会で「地方分権推進」の決議がなされたことです。国権の最高機関である国会が自分たちの権力の一部を縮小する決議をしたわけですから、画期的なことだと思います。そして、平成七年に地方分権推進法が制定され、同法にもとづいて地方分権推進委員会が設立され、日本の中央集権的な制度の改革に取り組むことになりました。これは当初、五年任期で平成一二年の夏に幕を閉じるはずだったが、やることがまだ残っているということで一年延長になり、平成一三年の夏まで続きました。

地方分権推進委員会は地方分権一括法によって、関連する四七五本もの法律をまとめて改正するという、まさに分権改革にふさわしい大改革を行いました。このポイントは二つあります。一つは、地方の自立性を高めるために、機関委任事務制度を廃止したことです。国の事務でも、地方がある範囲内で自分で決められるようにしました。もう一つは、地方を中央省庁がコント

4 細川内閣
平成五年七月、自民党分裂により宮沢内閣不信任案が成立し行った総選挙で、細川護熙氏率いる日本新党が躍進。新生党、新党さきがけ、社会党、公明党、民社党、社会民主連合、参院民主改革連合の八党派による非自民連立政権が戦後初めて誕生。ここに五五年体制が終了した。

ロールする仕組みとして存在していた補助金改革への着手です。補助金とは一定の政策目的のために国から地方自治体などへ交付されるお金ですが、よく言われるように、その使用に関して面積や、天井の高さや、明るさなど、国が画一的に細かい基準を定めていったために、地方が何か事業をやろうとしたときに大きな障害になっていたわけです。

この補助金を何とかしないかぎり、いくら地方が権限を持つようになったとはいっても、実質的には補助金を通した国の関与があって、地方の自己決定、自己責任が確保できないことになる。これは地方分権推進委員会のときから言われてきたことです。しかし、地方分権推進委員会は機関委任事務制度の廃止と、法律を改正することで五年近くを費やして余力がなくなったということと、その制度改革のときの各省との抗争のなかで、各省が権限については譲るが金の話はいっさい譲れないという強硬な姿勢を示して、非常に強く抵抗し、財源改革、財政制度改革についてはほとんど進まなかったわけです。それに、経済の状況も変わってきました。分権改革に取り組んだ一九九〇年代の前半はまだ、バブルの反動で落ち込んでいたが、そのうちに回復してくるだろうと見られていた。しかし、一九九〇年代の半ばから、明らかに日本の経済構造が変わった。そこから地方の財政制度を変えて、地方の自立性を高めるような仕組みを作ることに、大きな制約が出てきました。

税収に匹敵する借金財政

地方分権に関してのお金をめぐる制度の改革が「三位一体改革」ですが、その前提として国と地方の仕事の関係を見ると、国が四、地方がほぼ六の割合で分担しています。例えば、教育費は全体のパブリックセクターの歳出のうちの一三・五％になります。そのうち学校教育と社会教育を合わせ、約八五％が地方の役割として支出され、国は残りを出している。道路は国土開発に入りますが、国土開発・保全・災害復旧費をあわせると一七・三％で、そのうちの七割は地方の負担、三割が国の直轄の仕事になっています。（資料１「国と地方の役割分担（平成一四年度決算）」）

よく、国と地方との役割分担と言われますが、厳密に役割分担できるかといえば、国と地方の関係は入り組んでいて、複雑でなかなか難しい。実際には、完全に地方だけでやっている部分はそれほど多くなく、完全に国がやっている仕事は防衛、国防と年金だけです。

その次に、日本の財政の事情はというと、バブル経済がはじけたあと、日本の経済構造が変わり、税収が減ってきました。しかし、まだ高度成長のときのように借金して先行投資すれば、それが景気を回復させ、将来富を生むという仕組みから抜けられずに、道路を含めてどんどん借金をして公共事業を行った。その結果、使うお金と収入との間の乖離がだんだん大きくなってきました。平成一四年度のデータを見ると、国民が払っている税金は地方税、国税合わせても八〇兆円に届きません。国税がそのうち五八％、地方税が四二％です。しかし、仕事の割合は国と地方で四対六と逆転しているため、国から地方へそれに応じた税金が、地方交付税というかたちで配分されています。（資料２「国・地方間の財源配分」）

問題は国民が払っている税金は八〇兆円弱ですが、行政が国民へのサービスとしてやっている仕事は国と地方を合わせて一五一兆円あることです。その不足分は国債発行などで借金をしています。例えば、地方の歳出の九三・四兆円は、国民の租税すべてを合わせても賄いきれませ

資料１

国と地方の役割分担（平成14年度決算）

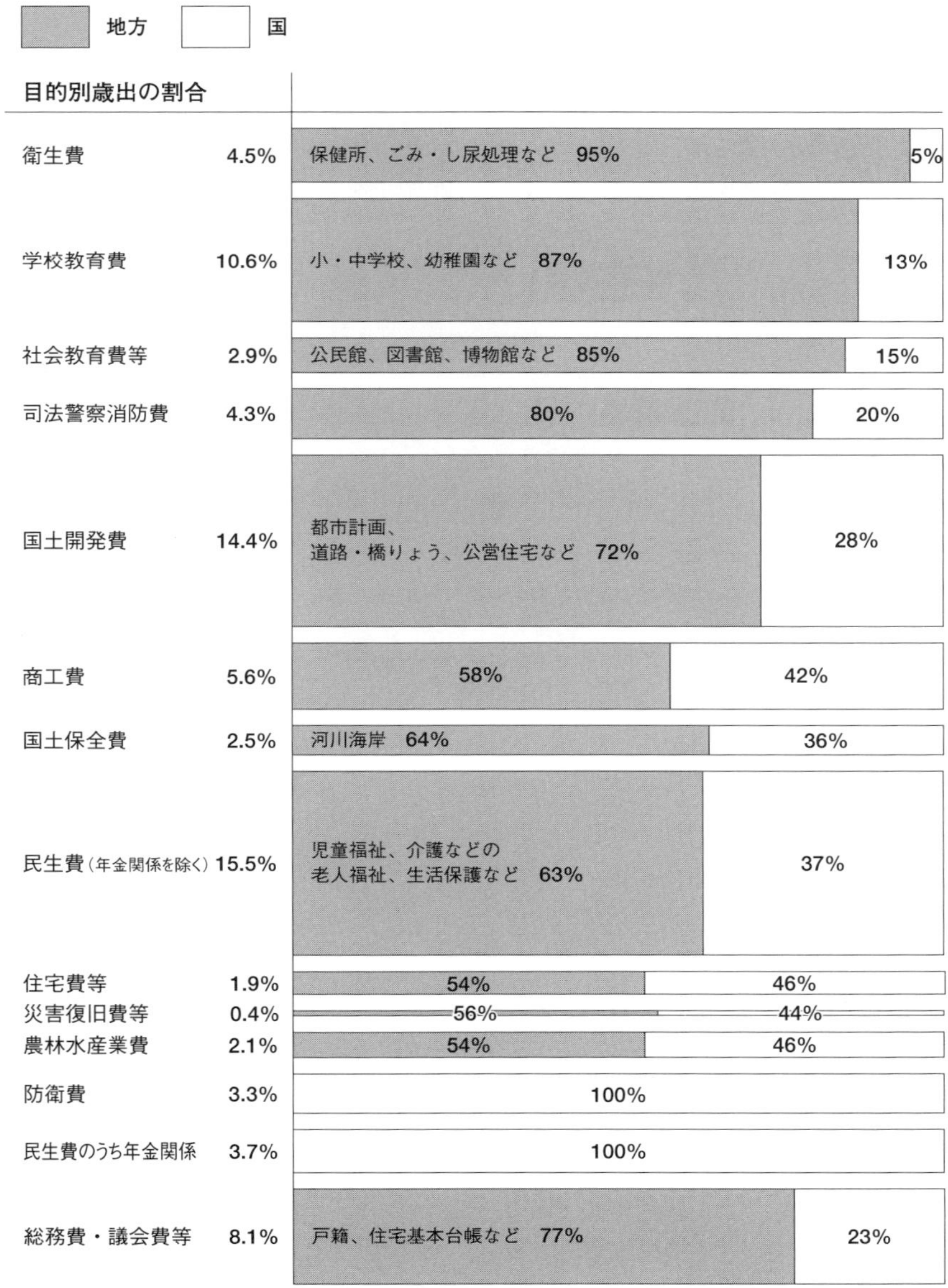

（総務省「平成16年版ー地方財政白書ビジュアル版（平成14年度決算）」より）

資料 2

国・地方間の財源配分

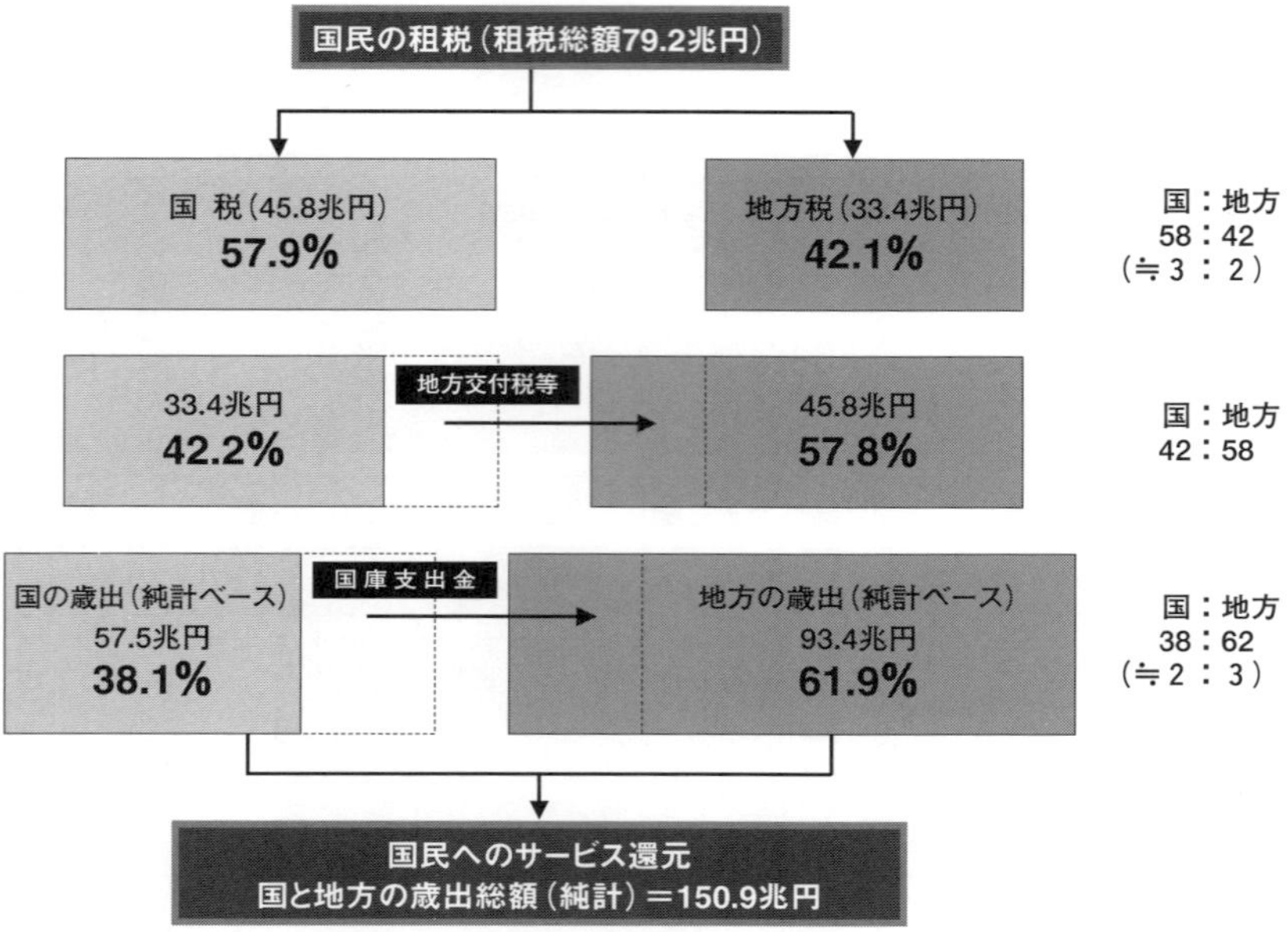

（総務省「平成16年版―地方財政白書ビジュアル版（平成14年度決算）」より）

ん。税収に匹敵するほどの借金をしているという状況のなかで、国と地方のお金のやりとりが大きな問題になっているということです。

大半の自治体は歳出に見合う税収を得られず、借金をしていますが、その借金の多くは将来交付税によって、国が払うことになっています。国への借金の転嫁をどうするか、税源の配分をどうするかという以前に、国と地方とで借金がどんどん増えているこの状態を何とかしないと、我が国は破綻してしまいます。しかも高齢化にともなう社会保障負担で、歳出がさらに増えてくる。それに対して租税は景気がよくなれば増えるが、長期的なトレンドで見た場合、それほど増えない。法人税をあまり高くすると、法人がみんな外国に行ってしまいます。結局、日本に住んでいる人に所得税か消費税を払ってもらうしかありませんが、少子化で将来税金を払う人がどんどん減っていきますから、このままでは私たちの老後は暗くなる。そうならないために、今、何をすべきなのかということです。

避けられない国・地方の歳出削減

その意味で、国と地方の問題も単に国から地方へ税源移譲するとか、地方財政の自立性を高めるというだけの話ではなくなり、国・地方を合わせた歳出削減か、あるいは増税が避けられないという事態をどうするかが大きな問題になっているわけです。累積している借金が八〇〇兆円ぐらいで、日本のＧＮＰが五〇〇兆円弱とすれば、行政改革でどうにかなる話ではない。さらに毎年三〇兆円を超える国債を発行しないと予算が組めない状態なのに、国債が売れるというのは私の知っている経済学では説明できない事態です。しかも、地方の歳出を減らすために補助金や交付税を減らすという話になっています。まだ大丈夫だと言う人もいますが、私にはそのような考え方がよく理解できません。

地方分権の観点からは、補助金をやめて税源移譲したほうがよいということになりますが、補助金を減らした部分を、ほかのかたちで地方にまわしていたのでは、膨大な借金状態は改善しないわけです。当然のことながら補助金も減らし、地方で使うお金も減らし、国で使うお金も減らさなくてはいけない。その一つとして、国では、郵政事業の民営化で国の負担を減らすことに取り組んでいるわけです。ただ、地方としては補助金を減らして、全体の歳出を減らしても、行政として多くの仕事をやらざるをえない。とくに社会保障関係の国民健康保険や介護保険は、日常的な国民生活に関わることですから、減らすことは政治的にもなかなか難しい。

では、法律上定められた地方税ということで、税源が移譲されれば、自治体は収入をかなり確保できるだろうという話になります。地方分権の考え方のなかには、アメリカの自治体の受益と負担の関係がモデルとしてあります。アメリカでよく見られるように、豊かな人たちが住む郊外の高級住宅街は非常にまちがきれいで、治安もよいが、そのかわり税金が高い。他方、税金は安いが、まちが汚くて治安が悪いところもある。こうした受益に応じた負担の仕組みから、所得階層が地域社会の形成に結び付いてくる。それが財政運営に財政規律をもたらすと同時に、いちばん望ましいかたちで受益と負担のバランスがとれるという考え方です。しかし日本の場合、受益に応じて税金を払ってくれるかというと、そうはいきませんので、とにかく地方に安定した財源を確保する必要から税源移譲が理想的だと言われるようになってきたわけです。

ところが、いわゆる東京が一人勝ちするという東京問題があるからなかなかうまくいかない。東京をはじめとする大都市部は、たいへん豊かで人口も多いし、一人あたりの所得も高い。そういうところへ税源移譲すると、今まで以上に税金が入ってさらに豊かになっていきます。一方、例えば、高知県や島根県は、どれくらい自分の税収で歳出が賄えるかを示す指標である財政力指数[※5]が、〇・二台です。つまり歳出のごく一部しか自前の税収がない。人口は島根県が七〇万人、高知県が八〇数万人で、一人あたりの所得も高くない。税源を移譲しても税収がそれほど増えずに、仕事は減らないので、税金だけをベースにして行政サービスを行うことはとうてい不可能です。

税源移譲によって、あまり税収が増えないところと、税収が増えて今より豊かになる大都市部との格差が広がるのに対して、国土の均衡ある発展という考えのもと、同じように財源を保障しようとすると、全体で必要とされるお金が増えてしまいます。この財政難にそれはできないとなれば、少ないところは我慢してもらうしかない。我慢できればいいが、同じ国民でありながら、たまたまどこに住んでいるかによって格差がつくのはおかしいとなります。もちろん、それなら豊かなところへ移ればいいという経済の理論もありますが、そう簡単にはいきません。

税源移譲は地方分権のために望ましい。しかし、税源移譲しつつ、今の収支の状況で歳出を削減していくと格差が大きくなり過ぎて、小さな自治体は存続できなくなります。では、小さいところもある程度支えながら、しかも歳出をトータルで減らそうとすると、小さな規模ならともかく、税源移譲は一定規模以上はできなくなります。そこで一種のトリレンマ[※6]状況が生じてしまうのです。税源移譲して、地方自治を推進しながら、なおかつ財源を保障しようとする

5 財政力指数
市町村など自治体の財政力の強弱を示す指数で、地方交付税を計算するときの指標となる。市町村税、譲与税などの一般財源歳入（納付が見込まれる税金の七五%、基準財政収入額）を、一般財源の標準的な歳出（基準財政需要額）で割った値が財政力指数となる。指数が高いほど裕福な団体とされる。財政力指数＝基準財政収入額÷基準財政需要額（三カ年平均）

6 トリレンマ（trilemma）
ジレンマ（二律背反）があちらを立てればこちらが立たずといったように二つの選言肢を有しているのに対し、三つの選言肢を持つものをいう。三すくみの状況。

と、財政全体がパンクしてしまいますから、増税をするか、しないならば破綻しかないわけです。今、ここからどのように抜け出していくかという問題を一所懸命に議論しているところなのです。ただし、国も自治体も自分に都合の悪いことは言いたくないものですから、なかなか抜け出せないのが現状です。

地方共同税の可能性

税源移譲をそれほど大きな規模でできないとすると、貧しい自治体の財源を保障する交付税制度が必要になります。しかし、交付税の財源を増税や今以上の借金でまかなうこともできないとすると、その閉塞状態を脱する一つのアイデアとして、入るところと出るところでバランスがとれるように、交付税制度をサステイナブルな仕組みに変えていくという方法があります。今は国が国の仕事をするための財布と、個々の自治体が自分で持っている財布に分かれていますが、その二つの財布の中間に地方自治体全体でバランスをとるための財布を作るという発想です。これは地方分権改革推進会議で提案された地方共同税という考え方で、一定の税目はそこに移して、そこに集まった税収を、一定のルールに応じて各自治体に配分していく。そして、もし配分額が不足したらその税の税率を上げて収出のバランスをとるという仕組みです。共同税のポイントは国の財布との出入りをしないことです。出入りをするとどうしても国が関与してきますから、そこは分けてしまう。つまり、ここで交付税対象税目の税収のなかで財政調整をするということです。これが税制の仕組みとしてできるのかという議論もあるし、財務省や総務省は自分の権限がなくなるわけですから反対するでしょうが、こうした発想をベースにして閉塞状態から脱することも検討されてよいと思います。

省庁の間でも、財務省、総務省、そのほかの省庁で、それぞれ補助金の削減について、意見が対立していますね。

歳出削減のなかの税源移譲

総務省は前身が旧自治省ですから、一応地方自治体の味方で、地方を縛っている補助金をやめて交付税にして、一般財源で自由に使えるようにしようと考えています。一方、財務省は、財政赤字を減らすために歳出の削減を譲らない。要するに総務省も財務省も、補助金を減らすことには基本的に賛成ですが、同床異夢であって、理由は違っています。補助金は国が二分の一もしくは三分の一出して、残りの半分あるいは三分の二を地方が出すわけですが、財務省は、その財源保障もいらないぐらいのことを言っている。総務省の考えでは、補助金を削減した場合、基本的に地方が仕事をしている以上は、その財源を確保しなくてならないので、交付税という一般財源、あるいは税源移譲で補う。ほかの各省は、自分たちの補助金によって仕事量を確保したい。

この二つの対立軸のほかに、さらにもう一つの局面があって、財務省と各省が連合している面があります。補助金を減らし、交付税にしていくとなると、各省は自分たちがコントロールできる補助金がなくなるし、財務省にとっては財政再建の役に立たない。あまり上品ではない言い方をすると、「なんで俺たちの補助金を取って、総務省の補助金にするのだ」ということになります。一方、税源移譲は地方分権のシンボルですから、小泉首相は、昨年（平成十六年）は三兆円の税源移譲をやれと大枠を示した。これを受けて歳出の総額を削減し、税源移譲と補助金の削減をどのようにしていくかという議論をしていくなかで、交付税をいかに減らすかという話になってきました。これはたいへん難しい問題で、問題の性質からいって話し合ってもなかなか解答は出てこない。どこかを切り捨てるか、どこかが我慢するしかないのです。そこで小泉首相は、三兆円の所得税を移譲する代わりに、どの補助金を切ればよいかは、地方が考えて提案するようにしむけた。それで昨夏の全国知事会は大変なことになりました。補助金を減らして税源移譲すると、自治体間に格差が出てくる。補助金で支えられている自治体はどうするか、自分たちで考え、調整しなさいという話になったわけです。

補助金の内訳に見る削減への障壁

多くの地方自治体は補助金に依存していますが、国から自立して行政を行うためにそれを削減し、税源移譲する必要があるわけです。では、補助金が現在どうなっているか、どこを削減できるか。地方への補助負担金は、平成一六年度の予算ベースでは（資料3「地方向け補助金等」）特

資料３

地方向け補助金等

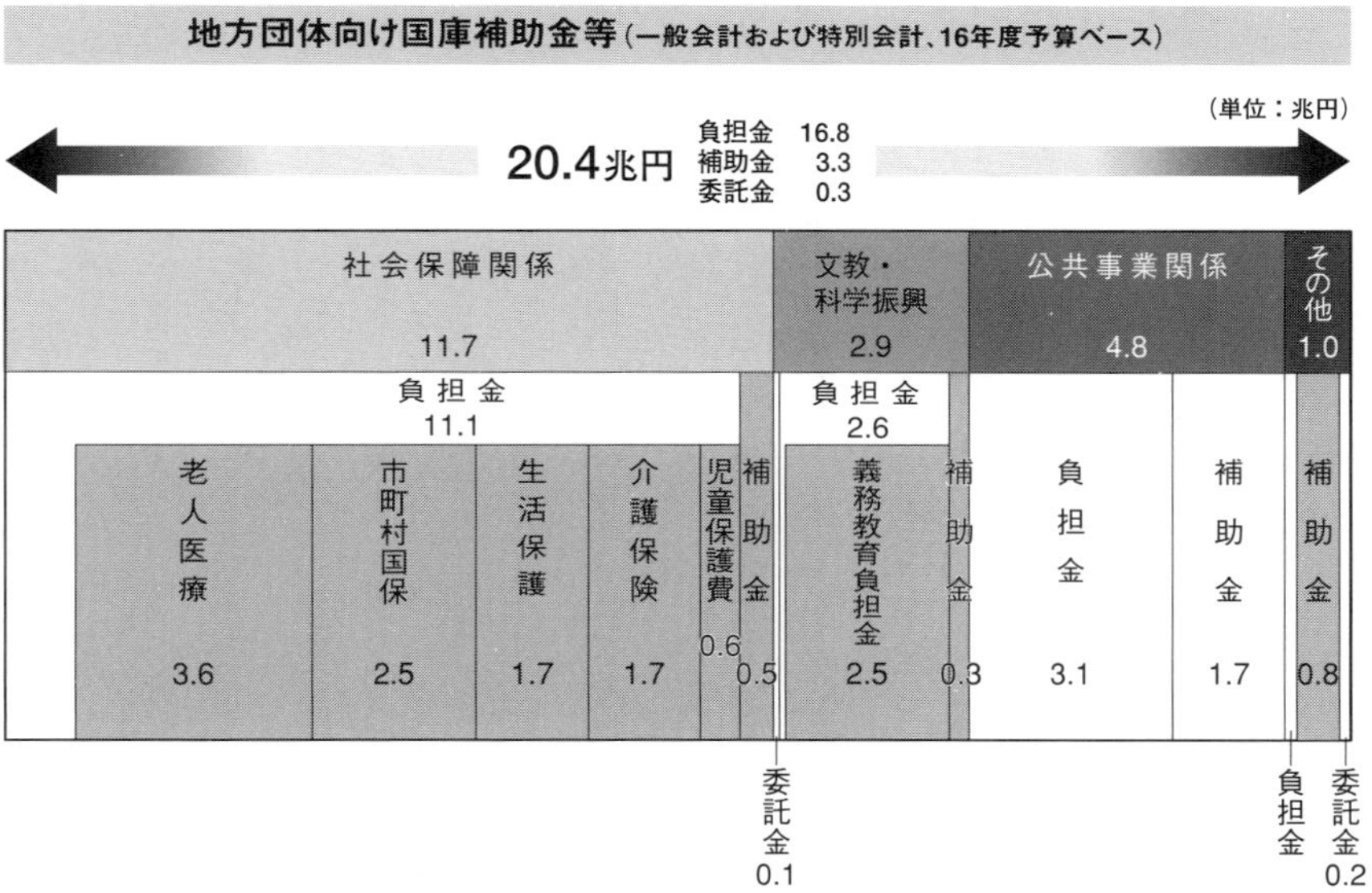

（総務省「平成16年版ー地方財政白書ビジュアル版（平成14年度決算）」より）

別会計と一般会計合わせて国から地方へ二〇・四兆円出ています。このうち、半分の一一・七兆円を占めるのが社会保障です。補助金削減の焦点になった文教・科学振興が二・九兆円。道路に関わってくる公共事業が四・八兆円で、そのほかが一兆円となっています。このなかで負担金とは、社会保障費や義務教育費のように国の制度で、国と地方がともに責任を負う仕事だが地方が実施している仕事について、国が応分の負担をするというものです。補助金は、地方が実施する政策で、各省庁が望ましいと考え、奨励するものについて、半分あるいは三分の一出すというものです。委託金は国政選挙の実施などを地方にお願いするときのものです。

この負担金と委託金が合計で一七兆円以上あります。公共事業関係でいえば、地方に一部の負担を求めている国道や国の直轄事業の分がそれにあたります。文教・科学のうち義務教育負担金は、小・中学校の教師の給料の半分を国がみて、残る半分は都道府県が負担している。この削減が話題になりましたが、実質的な問題でいえば、社会保障関係が重大です。老人医療、国民健康保険、生活保護、介護保険、児童保護費を合わせて一〇・一兆円あります。いずれも国の制度や生活保護のように憲法で保障されているもので、社会保障関係の負担金は手をつけにくいということになります。

これに対し狭義の補助金は三・三兆円です。社会保障関係で〇・五兆円、文教・科学振興で〇・三兆円、公共事業が大きくて一・七兆円。そのほかの補助金が〇・八兆円。要するに公共事業の補助金が半分を占めていますから、そこで道路の補助金はどうするのかという話になります。一方で、義務教育の負担金をなんとかしようという話になっています。そこで全国知事会が悩みながら、最後は多数決で決めたのが、中学校の先生の給料分、〇・八五兆円分だけを税源移譲

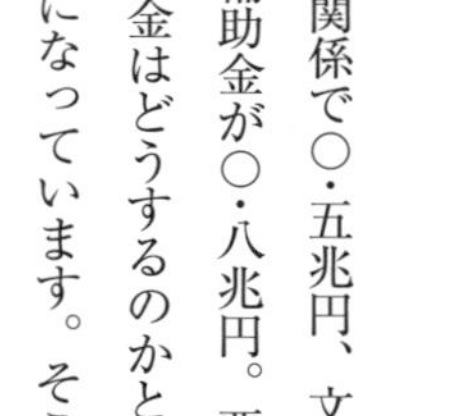
補助金削減案を検討する全国知事会

共同通信社提供

して、あとは公共事業関係の半分ぐらいと、そのほか補助金を切って三兆円にしようという話です。しかし、義務教育費を削減して一般財源化したら、教育以外に使う県が出てくるだろうと文部科学省と自民党の文教族が反対し、また反対する都県もあって、結局、先日まとめられた政府・与党の基本方針[※7]では、来年秋まで結論を先延ばしにしました。

分権改革と道路行政

分権改革を推進する上で、道路政策はどのように考えられているのでしょうか？また、道路公団民営化の問題についてもご意見をお聞かせください。

地方の活性化につながらなくなった道路整備

道路は社会的なインフラのベースであって、道路の充実は優先すべき事項だと思いますが、非常に厳しい財政状況のなかで、今のような手法で道路をつくっていいのかが、問われていると思います。とくに高速道路は、借金をしてつくって、いわゆる償還方式とプール制をもとに

7　政府・与党の基本方針
平成一六年一一月一八日に政府・与党が決定した「三位一体の改革に関する基本的枠組み」。義務教育制度について「その根幹を維持し、国の責任を引き続き堅持する」とし、費用負担などの問題は「平成一七年秋までに中央教育審議会において結論を得る」とされた。

利用料金で返していく仕組みがもはや限界にきているのではないか。道路整備にかかるコストと借金の償還部分をどのように見込むかについては、将来の利用率、交通量に左右されるわけですが、これは将来の経済成長、人口動向に関わります。これまでは右肩上がりの推計のもとに計画を立ててきましたが、バブルがはじけて以降は上がらなくなり、止まってしまった。

人口減少はある程度予測されていましたが、一九九〇年代に予測できないようなかたちで産業構造の変化が起こってしまった。以前なら道路をつくってインフラを整備すれば、工場立地が進んで地域経済が発展したが、バブルの頃から地価の高騰、高賃金などによるコストの上昇によって、製造業そのものが海外へ逃避して、産業の空洞化が起こってきた。企業は為替レートを見つつヘッジしながら、有利なところで生産をしていくことが当たり前になってきた。そのため今では、原材料や製品を積んだトラックがたくさん走るというような道路の役割が低下してきているのです。そうした状況にもかかわらず、すでに決めた計画だから、そのとおりにつくるというのは問題ではないかという声が強かったのに、道路公団の民営化議論に話がすり替わってしまった。

ただし、皮肉な言い方をすれば、一九九〇年代後半の道路などへの公共投資が、将来への真の意味でのインフラ投資として機能してきたかといえば、そうは言えないと思います。日本経済が非常に落ち込んで、とくに農村部で疲弊したものですから、むしろ、地域にお金を注いで地域経済を支え、地域で雇用をつくりだすことが目的になっていった。日本から抜け出すことのできない建設業や農業などにお金を回したのです。結局、建設業を通して産業を維持しながら地域経済を動かしていく仕組みになってくると、道路やほかのインフラをいかに利用するかよりも、つくること自体が自己目的化します。実際、それを建設するために働いている人が現金収入を得て、消費をし、外で食事をし、地元でお金を使って、それで税金が入るという構造の維持が目的になっていました。しかも地方は、国が保障することを前提に膨大な借金をして、道路を建設したり、道路だけでは足りませんから、ワールドカップがあれば、後のことは考えずにサッカー場をつくるなど、公共施設をたくさんつくってしまいました。いかにお金を使うこと自体が目的であったかは、後のメンテナンス経費の予算措置がされていなかったことに如実に表れていると思います。

しかし、それらの公共投資にもかかわらず、地方経済の活性化が起こらないことが一九九〇年代の末になってわかり、幻想から目が覚めた。気が付いたときには、膨大な借金の山が残っていた。そのときに税源移譲が出てきたものですから、問題が非常に難しくなってきたのです。

高速道路の建設についても、道路公団を民営化し、上下分離してその枠のなかで建設することになったが、基本的にそれでは非常に難しいため、国費を投入して税金でつくる新直轄方式が出てきました。私も国費でつくるのがいいと思いますが、その場合には、予算の枠のなかでしかできませんから、はっきり言いまして、毎年できる道路の総量、事業量はかなり抑えられることになると思います。

公共投資の未来予測という点でいえば、道路だけでなく、地下鉄にしても、最初の計画では独立採算でペイする、儲かると考えてつくるわけです。将来を考えるとありえない需要予測をして、結局赤字だから税金で補填するということになる。例えば、ある都市のモノレール事業の場合、下の道路が混んで、バスが渋滞で進まないという理由でつくられましたが、既存の道路の上に構造物をつくる都合上、あわせて下の道路も整備したところ渋滞がなくなった。そして、スムーズに走れるようになると、バス会社が競争して一〇〇円のワンコインバスを一〇分に一本走らせるようにしたので、地上二〇mまで上がって、一五分に一本でバスより料金の高いモノレールに乗る人がいなくなった。モノレールをつくるときの需要予測を見ると、郊外に団地が増えて、通勤者がどんどん増えてくると、やはり下の道路だけではさばけないというものでした。しかし、確かに団地に人はたくさん住んでいますが、これからは、多くの人がリタイアし、都会へ通勤しなくなってくるのです。それにもかかわらず、将来も団地からの需要が伸び続けるという前提でペイする、という資金計画になっている。右肩上がりの時代には、近い将来地価が下がり続けるといったことは、なかなか予測できなかったかもしれないが、人口の増加がピークアウトすることは、出生率の低下傾向を見ていれば、二〇年ぐらい前から予測できたはずです。いずれそれが起こることがわかっていて、それを見込まないでつくるということは問題だと思います。

道路政策について、国と地方の役割分担をどのように考えたらいいのでしょう。例えば、国は全国的な視点で高速道路ネットワークを考える。地方はそのネットワークにつながる下の部分を、地域の状況なり個性を考えて整備する。その場合、高速道路以外では、国の役割はほぼ終わったと考えるべきなのでしょうか?

国と地方の役割分担を明確に

全国的なネットワークは国が責任を持つべきだと思います。そのときに、幹線のネットワークができても、地方の周辺部からすればそこへのアクセス道路がなければ、いくら幹線のインターチェンジをつくっても意味がない。そこで、アクセス道路をつくろうとしても地方にはお金がないから、国が何とか手配しましょうとなる。逆にいえば、アクセス道路をつくることによって、本体の幹線が通ることの恩恵も受けることになるから、本体の幹線の建設についても、地方が一部負担しろという話になり、そこで国と地方の関係が複雑になってくるわけです。私は、基本的な部分については国が責任を持ち、幹から先の枝は、地方にまかせたほうがいいと思います。その場合に、幹線が通ることで地域の発展に大きく関わる地方は、その計画の立案に参加できるかわりに、応分の負担をするという方法もあると思います。よく例にあげますが、東北自動車道は栃木県の真ん中を通っていますから、栃木県にとっては道路がどうあるかによって県の発展に関係します。しかし、隣の群馬県は南のほうの館林あたりを少し通るだけですから、あまり恩恵を受けないので、関心が薄いということがあります。

そこで問題になるのが、地方にまかせた場合に、地方の観点から見ると合理的だが、全国的な観点からは不合理だというような、非常に視野の狭いネットワークをつくるのではないかという問題です。そこで次に出てくるのが道州制[※8]です。都道府県の広域連合[※9]をベースにしてそのまま合併にもっていくという話もあり、道州制になれば道路の権限はすべてまかせてもいいという議論です。それでも、国の幹線道路と自治体の道路をどう結ぶかという問題は残ります。

8　道州制
現在の府県を統合し、全国を七ないし九の道および州に編成する広域行政の制度。府県の制度の行政的・財政的行き詰まりの打開案として提唱されている。

9　広域連合
さまざまな広域的ニーズに柔軟かつ効率的に対応するとともに、権限移譲の受け入れ態勢を調整するため平成七年六月から施行された制度。都道府県、市町村、特別区で設置することができ、これらの事務で広域にわたり処理することが適当であると認められるテーマに関し、広域計画を作成し、必要な連絡調整をはかり、広域行政を行う。

例えば、道路の補助金の問題でいえば、直轄道路は国が計画して建設していますが、その直轄道路の建設と維持に関して、現状では、国は都道府県に請求書だけ回して一部のお金を負担させています。その一方で、県がつくる国道や県道について、逆に国が補助金を出しています。その関係で見ると、地方は直轄道路についてお金は取られているが、自分たちで決められない。国の権限が大きくて、地方が決定権限をもっている領域が非常に狭くなっているという問題があります。そこはもっとすっきりさせなくてはいけない。どこからどこまでを直轄でつくり、管理するかという、役割分担とその経費負担の分担をもっと明確にする必要があります。

もう一つは、国道をつくるときの補助金を受ける場合に、一時間に数台しか通らないところでも国道の規格でつくらなくてはいけないという規制があることです。あるいは直轄でつくるとなると二車線にして歩道をつけるとか、幅員が一二mなくてはいけないとか。しかし、長野県の栄村がよく例に出ますが、そこまでは必要ないということで数年前から一・五車線でもいいことになった。もう少しフレキシブルに道路規格を何段階かに分けて、どれを選ぶかは地方で決められてもよいと思います。しかし、栄村のように自分たちで道普請をして道路をつくって、建設費が三分の一で済めば、補助金も減らすのかという議論や、そこを走っていたバスが道路の構造が弱かったために崖から落ちて事故が起こった場合の国の賠償がどうなるかという問題もあるわけです。こうした問題にもきちんと答えていかなくてはいけないと思います。

ただし、規格に関しては国にも理屈があって、例えば東京の学校から修学旅行で大型バスが何台も来るときに、重量もあるし、すれ違いができるように整備しておかなくてはいけない、というわけです。全国どこへ行っても同じかたちで大きな車が安心して通れるようにするためには、構造の規格統一が必要だというのが国土交通省の言い分です。

ローカルガバナンスのあるべき姿

「地方の時代」における自治体の自治能力、いわゆるローカルガバナンス※10は、今後どうあるべきだとお考えですか？

ローカルガバナンスの問題点

ガバナンスの問題は三つに大別できます。一つは、住民参加のもとで民主主義がきちんと機能しているか。二つめが、それぞれの自治体の単位で福祉施設や道路など、必要な事業を自前で推進できる能力があるか。三つめが、事業に必要なお金をどの程度自分で集められるか、ということです。我が国では、最初の自治能力は、基本的には機能していると言えます。二つめの事業の推進能力は、小さい自治体では非常に弱く、また非効率です。非効率を承知の上で国がある程度お金を配って支えてきたのが今までの仕組みで、そこを何とか変えようというのが

10
ガバナンス（governance）
統治・管理・支配の意味。とくに、政府・自治体・企業組織における自立的な管理運営のあり方を意味する。

合併の議論です。三つめの自分のところでお金を賄い、自立したかたちでガバナンスが成り立つかという問題は、かなり大きな都市以外では不可能です。ガバナンスのレベルをどこで考えるかによって、答えもいくつか出てくると思います。

基本的に、お金については全国的な調整の仕組みをつくる。そうした上で、少なくとも事業の規模と質に関しては、ある程度きちんと、効率的にできるようにするには、小さいところにどうやってスケールメリットを働かせるかという問題であり、方向は合併となります。これに関しても北海道のような広大なところを合併して効率化できるのかという議論が出てきます。なかなか言いにくいことですが、人口が減少している山間部に点在して住むよりも、山から下りて、集まって住んでいただいたほうが、福祉サービスなどはより充実すると思いますが、実際には、個人のしあわせ感は、それぞれであって、なかなかそうはいかないわけです。

合併でスケールメリットを追うあまり、小さいところが切り捨てになるとか、結果的には地域の個性や独立性が奪われるという考え方もあります。効率性のみで合併を進めてもいいのでしょうか?

農村部の人口減少と高齢化

確かにそうした考え方があります。ただし、小さなスケールで機能していた時代と今の時代とはかなり違っています。昔は、村のなかで朝から晩まで暮らしている人が村人のうちの大半であるのが普通でした。今はこれほどモータリゼーションが進んでいるので、それこそふだんでも車で一日数十キロ動くわけで、生活圏や行動圏が自治体の範囲を超えているわけです。ほとんどの人が、広域的にサービスを消費したり、仕事をする時代に、自治体は小さな単位でなくてはいけないのか、ということになります。土地につながっているという意味で、そこに郷愁があり、なんらかの連帯性はあるのでしょうが、実際の生活範囲はもっと広がっているわけです。

かつての昭和の大合併と言われた戦後の合併の場合には、地方の行政のいちばんお金がかかる事業は学校をつくることと、その維持でした。そこで自治体の規模を最低で中学校が一つ維持できる八〇〇〇人にするかたちで合併が行われました。しかし今では、行政の仕事も教育だけでなく、社会福祉から、廃棄物処理を含めた環境保全まで、事業がきわめて多様化しています。廃棄物処理などはダイオキシン問題の発生以来、自区内処理ということ自体が非現実的な話になっていて、そうした事業を小規模の自治体でどこまでできるのかが問われるわけです。もちろん広域連合のようなかたちで、いくつかの近隣自治体が共同で事業を行うこともありえますが、なかなかうまく運営できない。そうすると、むしろ合併で一つになったほうが、効率的にできるのではないかということになる。

そして、いちばん決定的なことは、主に農村部における人口減少と高齢化です。現実の問題として、人口減少でコミュニティが維持できなくなってきています。分権の問題を考えるには、日本の地方が今、どういう状況になっていて、これからどうなるかということをきちんと把握する必要があると思います。

もはや、そこまでいっているかという事例をあげますと、この夏学生を連れて、東北地方の山間部にある人口二〇〇〇人ぐらいの小さなまちに調査に行きました。そこは、高齢化率が三〇%を超えています。地方の小さな自治体の産業あるいは就業先は、農林業と建設業がやたらと多くて、それから役場と農協関連が多少ある、というのが一般的ですが、このまちの町民のいちばんの所得源は年金でした。お年寄りが年金をもらって生活し、地域で消費し、地域経済を支えている。ですから、年金が減ってくると、地域経済がもたなくなる。こうしたところで地域振興や活性化をどう考えればいいのか。このままいけば、こうした自治体がますます増えてくることは確実です。

しかも高齢化社会には高度な福祉を行わなければならない。これに対して効率、非効率を考えずに、今のかたちで成り立たせることは非常に難しい。極端な事例ですが、中国地方のある離島で、離島振興のためにいろいろなお金が入って公共施設はたくさんあるが、人口が減り続けて七〇〇人ぐらいになり、かつ高齢化が進んでいるなかで、今、どのような施設が必要かとうかがったところ、火葬場だと言われたことがあります。船で何分か行った島に火葬場はあるが、やはりうちの島にもほしいと。それでは、これまで海を渡って火葬をしに行っていたのかというと、そうではなくて、先祖代々山の上に埋葬してきた。土地はまだいっぱいあるが、高齢化が進んで棺桶を山の上まで担いでいって、穴を掘る労力の調達が大変になってきた。もうそこまで高齢化がきているのです。そうした場合に、そこで火葬場でつくってあげるべきか…。むしろ問題なのは、そうなる前の状態で、後期高齢者が増えてきたときに、彼らのケアをどうするかということです。

ですから、効率性だけで合併と言っているわけではなくて、冷静に議論をすれば、やはり高齢者介護や、高度医療をどのように維持していくかを考えるると、現状のようなサービスを必要とするのであれば、山から下りてきてもらうことを真剣に考えざるをえないのではないでしょうか。例えば四国のある県では、昭和の大合併の前に一つの村だったところが、合併後は小さな集落となり、今は人口ゼロというところが数十あります。九州や四国、山陰、東北などでも、そういうところがあるでしょう。人口が減少し、高齢化が進む現実のなかで、年をとって病気になったときにどうするかという話が最後にくるわけです。これが日本のいちばんの課題ではないでしょうか。

地方でできることは地方で行うほうが原則的にいいことだと言われますが、人の行動範囲が広がったときに、一律に地方でやればよくなると言えるのでしょうか？

分権と効率性

地方のことは地方で、自分たちが参加して決めるということは、中央の政府官僚機構が入って決めることが民主主義の点からよくないという考え方であり、これは政治学的な分権と言えます。それと同床異夢ですが、経済学的なというか、行政改革論的な分権論があります。例のエージェンシーの理論[※11]や、ニューパブリックマネージメント[※12]、いわゆるNPMにつながる考え方ですが、部分的最適化を図ったほうがトータルには効率化が進むという考え方です。地方から中央へ行って決めて、中央からまた地方へ戻って実施するよりも、地域で決められることはそこで決めて実施したほうが効率的だし、消費者のニーズにも沿うというわけです。そして、地方にまかせて地方同士が競争することで、それぞれが力をつけていく。したがって、分権は行革に貢献するが、反面、貢献しない分権には問題があり、集権的な仕組みのほうが効率的なものは集権にすべきだという考え方があります。これは、政治学的な分権論者と正面から対立するわけです。

公共サービスを展開するための圏域の考え方についてはどうですか？　地域ごとに異なる事情があり、また、サービス分野によっても適正規模が異なると思いますが…。

11 エージェンシーの理論
さまざまな取引において存在する関係を依頼人（プリンシパル）と代理人（エージェント）との間での権限の委託・受託関係ととらえたとき、プリンシパルはエージェントを常に監視できないことから情報の非対称性が生じる。ここに発生するモラルハザードを抑えようとさまざまな制度が生じていると考える理論。エージェンシー関係にある例としては弁護士と依頼人、経営者と株主、労働者と管理者、納税者と政府、政治家と有権者などがあげられる。中央と地方の政府間関係においては、集権的システムでは、地方の監視コストが監視によって得られるメリットよりも多くなる可能性があるため、分権化したほうが、中央からみて多少地方にモラルハザードが発生したとしても、全体としては効率的になるという考え方。

行政分野ごとの自治の制度

　地域ごとに適正規模があって、全国一律、同じような規模で展開できるわけではないということは、ほぼ理解されています。また、行政のファンクションごとに、交通や環境、社会福祉、教育など、それぞれに適正規模があり、そこをどうするかということも重要な問題です。アメリカの場合は、ミュニシパリティ[※13]という包括的な地方自治体がありますが、それ以外にスクール・ディストリクトなど、個別の行政分野ごとの自治体もあって、これもアメリカの定義ではガバメントです。そして、利用料なのか会費なのか、よくわかりませんが、課税ができるところもある。課税権である以上、強制徴収が可能な権限をもっているわけです。日本も、例えば首都圏の交通網をそうした自治制度の仕組みを作って整備することを考えてもいいのかもしれません。そのためには、代表を選んだり、一定の権限の範囲内で意思決定ができる仕組みを作る。また、道路建設と管理に必要な経費も調達できる権限をもつことができるようにする。それを具体化させるのに、もっとも適しているといわれるのが河川管理でしょう。この分野では、上流、下流合わせて、流域ぜんぶを一つの単位にして管理運営するという発想が出ています。

　そうした包括的なものをつくると内部が複雑になるという問題もありますが、河川のような場合は統合したほうがいいのではないかと思います。この場合、一部事務組合[※14]でやるという意見もありますが、今は設置を認められていなくて、広域連合になっています。広域連合にはいろいろな形態があり、法律上は、それぞれの連合に所属する自治体の住民が直接選挙で議会と首長を選び、課税権を持つこともできます。しかし、まだそこまでの制度を採用しているとこ

12 ニューパブリックマネージメント（new public management）
住民を行政サービスの顧客ととらえ、行政部門への民間的経営手法の導入をはかる、新しい行政手法で、近年諸外国で採用され、一定の成果をあげている。

13 ミュニシパリティ（municipality）
基礎自治体のこと。とくに、アメリカ合衆国の基礎自治体。日本の市町村と異なり、住民の設立行為によって設置される。そのため、政策、財源も自主的に決定され、運営される。

14 一部事務組合
同一の事務を持ち寄って共同処理する特別地方公共団体。ゴミ処理や消防などの事務を中心に広く活用されている。

ろはなく、一部事務組合のように、それぞれの自治体の議員や首長が出てきて理事会を作って運営しているのが現状です。そこで批判されるのが、運営の無責任と非効率です。それなら選挙で議員と首長を選出するかというと、一般の意見は、今でさえ選挙が多過ぎると思っているのに、さらにもう一つやることには踏み切れないというところです。これがベストというものはないのですが、やはり、一国多制度というか、地域に応じて選択する道をもう少し認めたらいいとは思います。

地方の決定権や選択範囲を広げていこう、道路の問題でも、もっと口を出せるようにしようと言われましたが、地方はそれだけの能力を持っているのでしょうか？

向上する地方の自治能力

能力はかなり持っていますし、今は持っていなくても、持たせようと思えばかなり持てると思います。ただし、今までそんなことを考えなくていい、という仕組みのなかで仕事をしてきた人に、いきなり考えろといっても無理です。これまでの地方公務員には、国が出してくるプランや指示を忠実に解釈して実行できる人材が求められていましたが、分権改革で国からの指示を尊重しなくてもいいことになり、また、指示だけでは現場の課題に対応できないことから、これからは自分たちで課題を見つけて、分析し、いろいろなツールを使って解決策を考え、それに反対する住民運動とか、議会を説得するような人材が求められるようになるでしょう。つまり、政策にかかわる能力を持った人材が行政の担い手になっていくということです。ですから、これからの地方公務員は自分の頭で考えないといけないし、自治体のガバナンスを高めるには、考える人を養成してくださいということです。

ガバナンスの強化は、別の視点でいえば、道州制という構想が出たときに、国土交通省とか農林水産省には地方の出先機関、とくに管区のほうにかなりの人員を配置していますから、その職員を、地方公務員にすればいいという考え方もあります。そのとき、国の仕事は調整役になるわけです。

また、公務員制度を改革して優秀な人材を外部から引っ張ってくるなど、設計能力や管理能力はアウトソーシングしてもいい。こうしたことは欧米ですでにやっていることで、これからは地方行政の分野でも人材の流動化がもっと進むと思います。自治体のガバナンス能力を高めることは、必要とされる質の高い人材をいかにリクルートするかにかかっています。分権とは、そうした人材を集めていい政策をしていく自治体と、そうでない自治体との格差が出てくるということでもあるわけです。

例えば、最近注目されている志木市、多治見市、ニセコ町といった自治体の首長を支えているブレーンの職員の方は、とても優秀です。福祉関係などで、国に新しい政策の知恵がなくなってくると、思い切って新しい政策に取り組んでいる自治体に、国のほうから「それを教えろ」と言ってくるそうです。そこで、いい施策だと思ったら、翌年度の省の政策として打ち出すようなケースが増えていきます。こうしたことが積み重ねられていくと、確実に地方の能力も上がってくると思います。

そのためには、やはり公務員制度の弾力化が必要です。外部からの中途採用など流動化を進めると、これまでの終身雇用を前提とした仕組みを変えていかざるをえなくなります。いずれにしても、人材の流動化は公務員制度の根幹に関わることで、政治的な中立性とか守秘義務、民間企業からの隔離といった公権力の行使に関わる問題をどうするかというややこしい話に答えを出していく必要があります。一つの考え方は、公権力を行使する意思決定にあたる人は限られていますから、そうした公務員と現業の人や学校の先生、公立病院の医師や看護士といった人たちを同じ公務員法で一律に扱うことが問題で、別の制度に分けることが必要です。

ガバナンスということでは、地方自治体も変わりつつありますが、民間企業の経営者から見ると、地方自治体の多くはまだ危機感が足りないと言います。最後は国が何とかしてくれるという気持ちがあって、ギリギリのところで知恵を出していないと。今の財政事情を見ていると、ないものはないということで、国のほうが財源の手当てをつけないでやれといったものに対しては、プロ野球の選手会ではありませんが、地方が団結してストライキをするぐらいの雰囲気になると変わってくるのではないかと思います。

オープンな議論が不可欠

要するに、道路でも、福祉でも、財政的な効率化や個別の課題など、一つの観点から見て、それぞれに答えを出して、それを合わせるかたちで調整していくと、簡単には解けない方程式になってしまいます。どういう基準で何を選択し、何を切り捨てるか、あるいは全体のバランスからどこを削って、どこを増やすかという議論をもっとオープンにすべきです。それがなぜできないかというと、二つの障害があります。

一つは、省庁の縦割りです。これが全体像を非常に見えにくくしています。分権で国と地方の対立が言われますが、それ以上に財務省と総務省の亀裂が深いし、省同士の対立が強い。各省にはそれぞれの盛衰がかかっていますし、これまでも族議員を立ててさんざん戦ってきましたから、力量もあるわけです。そういう百戦錬磨の役人たちが戦ったときに、最終的にどこで決着するかといったら、地方にツケを回して、とりあえず自分たちはどこも痛みがないように解決策を出します。これをどのように突破するかという議論を、オープンな場でもっと徹底的に行う必要があるということです。

もう一つはマスメディアの問題です。ともすると、メディアは善と悪の二元論になりがちで、「こういうことを言うのはいいやつ、それに反対するのは悪いやつ」と、悪いやつを叩いて潰せば、世の中すべてよくなるという論調で記事を書きますから、国民の側が惑わされる。省庁の縄張り意識は大きな問題ですが、とりあえず霞が関の役人を悪者にするバッシングが非常に強くなっていることも、議論を歪めていると思います。誰かを、みんなで悪者にしてしまえば世の中がよくなるというのは幻想です。これは我々も含めてしかるべき人たちが、勇気を出して声をあげていくことが必要です。マスメディアのそういった特質を踏まえて、それに左右されることなく、国民がオープンに議論していくことが重要だと思います。

第四章 分権時代の道路行政と制度改革

成田頼明

横浜国立大学名誉教授　IATSS評議員

東京大学法学部法律学科卒業。日本エネルギー法研究所理事長。平成元年より現職。内閣法制局事務官および参事官、地方制度調査会委員などを歴任。専門分野は法律学。主な著書は『現代行政法』『分権改革の法システム』など。

成田氏は、地方分権推進委員会のメンバーとして、分権改革の理念と手法、方向性を示すとともに、関係法令の改正をはじめとする諸制度の抜本的な改革に長年尽力された。また、道路審議会委員として道路政策の推進に関わられたご経験もあり、道路行政全般に幅広い知識と見識をお持ちである。こうしたご経験から、分権改革の一環として今後見直すべき道路整備、都市計画などの制度的課題とともに、改革の方向性を語っていただいた。

道路行政の何が課題か

日本は戦後の荒廃から復興し、経済発展していく課程で道路を規格化し、量的な整備を充実させてきました。この段階までは、国中心の道路整備は非常にうまく機能してきたと思います。それが現在、どのような理由から、どのような課題に突きあたっているのでしょうか?

日本の道路政策の限界

道路の問題は、道路自体の整備問題のほかに、交通政策や環境の問題、あるいは農村、山村といった過疎地へのアクセスの問題など、地方の住民生活と密着したインフラであるだけに、実にさまざまな問題を抱えています。また、農水省が管轄する農道や林道などの問題もあります。これらは国交省とは管轄が異なり、これまではお互いにすり合わせをしないまま勝手につくってきた。しかも双方とも、政治の力で整備された部分が少なくないため、無駄な投資があったということだと思います。

もちろんこうした点については、制度的な観点から見直すべきとの声はありましたが、これまではなかなか現実的な動きに結びつかなかった。しかし、現在のように財政が厳しい時代になると、国としてこれ以上、地域の道路に補助金や負担金というかたちで金をまわす余地がなくなってきた。そこで、戦後半世紀の道路の制度体系と道路づくりの仕組みを、小手先の見直しや政治力学ではなく、抜本的に見直す必要にせまられている、というのが今の状況ではないでしょうか。

日本では昭和三〇年代中頃から高度経済成長に入り、車が一気に普及してきたために、道路整備を最優先の課題として進めてきました。ちょうど私が学生時代のころは、熱海に行くにしても、神奈川県のほうは舗装されているが、静岡県に入ったとたんホコリが舞うような道になる、そういう時代でした。そのころに比べると今はほとんど立派に舗装され、道路全体の整備状況も画期的によくなった。ただそれは、政治の力や一部の業界の力などによって、公共事業に対して景気対策として国から金がバラまかれた結果という一面もあったわけで、その批判が現在の道路公団の問題などに集約されてきたのだと思います。

その元凶は、道路整備特別会計[※1]（道路特会）にあったのではないか。道路特会とは揮発油税などをプールし、道路整備事業以外には使わせないようにした特別会計です。したがって、高速道路の整備から町村道に至るまで、ぜんぶこの金を使い、国主導の計画にしたがって次々と整備してきたわけです。一方、当時の農林省が中心となり、農林業の発展のためにと普通の道路だけでなく、林道や農道をつくり始めました。はじめは道幅の狭いチマチマしたものだった

1 **道路整備特別会計（道路特会）**
昭和三三年に設定された国の特別会計で揮発油収入額の全額と石油ガス税収入額の二分の一が道路整備に関する事業に充当されてきた。

が、次第にスーパー農道、スーパー林道などという国道と見紛うものができてくるようになる。しかも、それが在来の道路法上の国道や県道との接続をあまり考慮せずにつくってしまったために、同じ場所に国道と農道が並行して走るようなことになってきた。これは無駄以外のなにものでもないとなったわけです。

日本の道路計画法制についても、これまでの経緯を確認しておきたいと思います。日本では戦後、どのような法律が、どのような目的で整備されていったのでしょうか?

道路関連諸法の流れと役割

道路整備の計画について申しますと、モータリゼーションの時代が到来したことで、国策として緊急に道路整備計画をつくり、その財源を保障するために、昭和二三年に道路整備緊急措置法という法律ができました。この法律によって、道路整備五箇年計画というものがつくられたわけです。この計画は、建設大臣が原案をつくり、閣議で決定されることになっており、一般道路事業、有料道路事業、地方単独事業のそれぞれについて投資額や箇所づけがなされ、これにしたがって国・都道府県・市町村がそれぞれに道路整備事業を進めるというものでした。道路整備の財源については、揮発油収入額の全額と石油ガス税収入額の二分の一が、道路整備

2
道路法
道路に関する基本法。道路の意義、種別、管理主体お

費の特定財源として充当されることになりました。この道路整備五箇年計画は、その後五年ごとに改訂されて、つい最近まで続きました。

道路には、道路の基本的な法である道路法[※2]上、高速自動車国道、一般国道、都道府県道、市町村道という区分がありますが、まず、高速自動車国道についていえば、高速自動車国道法によって定められた予定路線と、国土開発幹線自動車道建設法[※3]によって定められた予定路線のなかから、政令で定めたものとされています。これらの予定路線はあくまでも予定であって、次々と事業化が行われるというものではありません。また、高速自動車国道は建設大臣が建設・管理することにはなっていますが、別に道路整備特別措置法[※4]により、建設大臣の施行命令によって、日本道路公団が建設・管理し、料金を徴収する道路とされています。この施行命令が発せられると、道路公団は工事実施計画書を作成して建設大臣の認可を受け、建設工事を始めることになるわけです。これらの予定路線は、建前上は自動車交通の将来像や国土計画・国土像を考慮したものになっているのですが、国会議員の入っている審議会で決定されるために、どうしても政治が大きく介入しますし、建設大臣の施行命令にも政治が大きな影響力をもっていたのです。

一般国道は、高速自動車国道と並んで、全国的な道路網をつくりあげているものですが、道路法五条一項の要件を備える道路で、その路線を政令で指定することとされています。国道の新設・改築は、原則として建設大臣が行い、管理者も建設大臣なのですが、指定区間に限って建設大臣が自ら管理し、それ以外の部分は知事と指定都市の市長が機関委任事務として管理していました。

よび路線の指定・認定から廃止に至るまでの手続きを明示。公共空間としての道路の目的外使用に係る占用許可についての諸規定を設けるとともに、道路管理に必要な費用負担区分が定められている。（昭和二七年法律第一八〇号）

3　国土開発幹線自動車道建設法
P49参照。

4　道路整備特別措置法
道路の整備を促進し交通の利便を増進するために、通行または利用についての料金を徴収することができる有料道路制度を道路法の特則として認め、有料道路の新設、改築、そのほかの管理および料金の徴収等に関し、所要の規定が定められている。（昭和三一年法律第七号）この法律は、平成一六年になり大幅改正され、平成一八年から施行の予定。道路公団民営化にともなうもの。

地方自治体の道路である都道府県道と市町村道については、知事または市町村がそれぞれに路線を設定することになっていますが、それぞれの議会の議決が必要です。道路法では、このように自治体の道路については、都道府県や市町村が独自・自立的に路線を認定して新設・改築ができるように見えますが、財源の面では国の補助金に依存せざるをえませんので、先に指摘した道路五箇年計画に箇所づけや事業費がのせられないと、具体的な新設や改築の工事ができないわけです。

こうしたこれまでの道路計画法制の流れは、分権改革、構造改革、三位一体改革[※5]による国の補助金整理、五箇年計画制度の大幅見直し、道路公団の民営化などによって大きく変わり、また変わろうとしているところです。

5 三位一体改革
P82参照。

今のお話をうかがっていても、日本の道路整備の進め方には、どこか一本筋が通っていないような印象があります。例えば、ドイツなどと比較すると、どのような違いがあるのでしょうか?

議員が選挙区に道路を持ってくることはスキャンダル

ドイツには国土全体をにらんだ国土整備計画があり、連邦政府は基本的な方針だけを決め、これに対して州が具体的に、州単位のかなり大きな総合的計画を決めることになっています。州レベルの道路、学校、廃棄物処理といった個別の分野ごとの計画は州政府が決め、さらに州のなかの一定のリージョンを単位にして、これらを図面におとした土地利用の計画をつくり、最後に都市におりて、市町村単位の都市計画に組み込まれるという仕組みになっています。しかし、連邦の高速道路計画、新幹線道路計画などのプロジェクトは、連邦政府が決めます。日本の高速道路にあたるアウトバーンについても、連邦の運輸省で一元的な計画をつくり、整備事業も連邦自体が進めています。（資料1「ドイツのアウトバーン」）

ドイツの場合、政治家が自分の選挙区に高速道路や鉄道を持ってくるようなことはありません。それはスキャンダルであり、そんなことをすれば次の選挙で当選できなくなるからです。国民の意識からして、日本とは違っているわけです。どこに高速道路をもってくるかについては、本来高度な政治の判断があるべきで、その政治というのは、日本でいうところの政治屋ではなくて真のステーツマンとしての連邦や州の大臣や議員が、国益全体をにらんで判断しなければならない。ドイツではそういう考え方が定着しており、ここが日本とはいちばん異なる点です。

ところが、今の日本の議論は、道路の公益性を度外視して、いかにして赤字を解消するか、儲かるようにするにはどうしたらいいかといった採算性の話ばかりになっている。本来なら国土計画の基本を、国権の最高機関である国会で十分に討議し、科学的で合理的な判断を下すべきなのです。そして、その判断が的確になされるようにさまざまな材料を揃えて、判断を公正に保っていけるようにするのが省庁の役割だと思うのですが、今、日本で国土計画の話を持ち

資料１

ドイツのアウトバーン

ドイツとオーストリアにまたがる自動車専用の世界初の高速道路ネットワーク（全長約1万2,000km）。第二次世界大戦に備え1933年、ヒトラーが建設着手。原則として速度制限がなく無料として知られていたが、2005年より12ｔ以上のトラックの通行が有料化された。通行料は平均１kmにつき最低0.124ユーロ（約17円）。ドイツの厳しい財政事情や国内に流入する外国の車に対して道路の維持費を負担させようとするねらいがある。

朝日新聞社提供

アウトバーン利用券を買うために長い列をつくるトラック運転手

出したりすると、古い時代の発想だということで、相手にもされない。これは根本を誤っていると思います。

高速道路整備については、まず全国総合開発計画[※6]（全総）などがあって、国のグランドデザインにのっとって計画を立ててきたと思います。日本でも一応は国土計画と道路政策をリンクさせてきたはずですが、議論が不徹底だったのでしょうか？

機能しない日本の国土計画

国土全体のグランドデザインは確かに全総計画として五次にわたってつくられてきましたし、これを受けるかたちで、国土開発幹線自動車道の建設基本計画、高速自動車国道整備計画、道路整備五箇年計画などがつくられることになっていました。しかし、全総計画と高速道路計画の所管庁が別になっていたので縦割り行政になり、実際には有機的に結合していませんでした。建設省がつくった道路事業の計画を全総計画のなかにそのまま書き込むというかたちで、辻つまを合わせているに過ぎなかったわけです。

確かに計画という名前の文書はたくさんあります。ただ計画全体を貫く理念というか、計画相互間の整合性をとるための調整は有効に働かず、縦割りの個々の事業計画だけが突出して優

6　全国総合開発計画（全総）
国土総合開発法（昭和二五年法律第二〇五号）にもとづく国土総合開発計画のうち、国が全国の区域について作成する総合開発計画のこと。昭和三七年に策定されたた全国総合開発計画にはじまり、現行の「二一世紀の国土のグランドデザイン」を含めて五次にわたって策定されている。この制度は近く大幅に見直される予定。

位にあったといえます。本来なら道路の計画を考える際には、国土のあり方全体との関係で、ほかの交通手段との機能分担やバランスも考慮すべきなのですが、新幹線と高速道路と空港が並列するようなことになってしまいました。

いちばんの原因は、やはり役所の縦割り行政です。道路、空港、鉄道、港湾などの整備をするとなると、いろいろな省庁や部署が関係してきますが、建設省や運輸省がそれぞれ独自に動き、調整機能がまったく働かないのです。いちおう国土庁が企画調整を行っていましたが、現実にはぜんぜん機能しませんでした。こうした状況は地方公共団体についても同様です。例えば、横浜港や神戸港の場合、横浜市・神戸市が港湾を管理し、都市計画も実施していますが、それぞれの部局同士は、ほとんど独立していてバラバラです。

国レベルでは、平成一二年に大きな省庁再編があり、旧国土庁、建設省、運輸省は国土交通省にひとまとめにされ、かつての縦割り行政がかたちの上では一本化されることになりましたが、法律ごとの局別の縦割り所管と事業の独立性は、いくらか改善されたとはいえ、完全に解消されたわけではありません。国土計画については、今、国土総合開発法や国土利用計画法[※7]による計画自体も、存亡の瀬戸際に立たされているようですが、仮にかたちをかえてこれらの計画が残るとしても、問題はあります。国土審議会[※8]が内閣府に置かれることにでもなれば、総理の指導力次第で調整できないことはないと思いますが、今は国土交通省に置かれているため、他省庁との調整が難しいのです。これとは別に、社会資本整備審議会[※9]がありますが、これは道路、鉄道、港湾、空港、河川などの旧審議会をかたちの上で一本化したものに過ぎません。ですから省庁再編はできても、根本の制度が変わらないと、縦割りの弊害をなくすことは難しい

7 国土利用計画法
土地の投機的な取引や地価の高騰、乱開発を未然に防止し、遊休土地の有効利用の促進を目的とした法律。規制区域の土地について、土地の権利を移転する場合は、都道府県知事の許可を必要とするなど、土地取引に関する措置などを定めている。この法律にもとづき国土利用計画、土地利用基本計画などが策定されている。(昭和四九年法律第九二号)

8 国土審議会
国土交通大臣の諮問に応じて、国土の利用、開発、保全に関する基本的な政策について調査・審議する機関。

9 社会資本整備審議会
国土交通大臣の諮問に応じて、不動産業、宅地、建築、建築士、官公庁施設に関する重要事項を調査・審議する機関。

と思います。

では、中央集権システムのなかで、なぜ分散的ともいえる縦割り行政になってしまったのか。それは当時の仕組みのなかで、それぞれの部門が競争しながら、全体として効率化をはかっていったからでしょう。つまり、自分たちの政策は自分たちでつくって、お互いに干渉しないというかたちで成果を競い合い、それが戦後の日本の発展の原動力でもあったのです。ですが、そういうなかで自分の縄張りに他省庁が割り込んできたり、介入してきたりすると、文句は言うけれども、よそがやっていることにはまったく無関心でした。さらに、各省庁の公共事業の背後には族議員がついていますから、族議員が強い力をもっている官庁は強くなり、そうでないところは弱くなる。こうしてそれぞれが、自己完結的にやってきたその結果が、今の縦割り行政なのです。

集権システムで国土発展を目指した日本

一言でいえば、日本は一貫して集権システムで国土の発展を目指してきたといえます。日本が戦災の荒野から立ち上がり、高度成長期になって新事業が次々と展開されてくるなかで、さらに飛躍的な発展を遂げるためには、指揮系統をぜんぶ航空母艦の艦橋のようにコンパクトに集中すべきだという、日本列島航空母艦論がかつてありました。司令室から一本で艦内の隅々に司令が届いて、瞬時に同じ方向を向くといったような、集権・集中のメリットが強調されたものです。一方で、経済界は国際競争に勝ち抜くために、それぞれの産業規模をなるべく大きな規模のものにすべきだという方向で進めてきました。こうしたシステムが戦後三〇年、四〇年と続いてきたといえます。もともと集権化というのは、目的は違いますが、戦前からずっと日本では支持されてきました。戦前は、富国強兵・殖産興業を目的とした中央集権化が進み、戦後は高度経済成長を遂げるために、殖産興業としての集権体制が残ったのです。

国土政策についていえば、戦後日本を復興させるために、終戦直後の時代には傾斜生産方式[※10]によって、石炭や水力発電を重点的、傾斜的に整備していきました。昭和二五年にはそのもととなる国土総合開発法[※11]を成立させ、国土総合開発計画を作って実行していく流れが確立されました。当初は電源開発中心の資源開発構想でしたが、次の時代には、池田勇人内閣の所得倍増計画の一環として、拠点開発構想[※12]に移っていった。これは重厚長大産業を既存の工業地帯以外の臨海部などの地域に展開しようという政策で、これによって新産業都市や工業整備特別地域などが指定されました。そして、その次に出てきたのが田中角栄内閣の日本列島改造構想[※13]です。

一方、そのあたりから、経済の高度成長の歪みがいろいろ出はじめ、国土の均衡をはかるべきとして、社会開発という考え方が入ってきました。歪みが初めて顕在化したのは公害問題で、昭和三〇年代後半のことです。こうした環境の視点が国土政策に入ってきたことは、大きなターニングポイントだったと思います。それまでのように拡大発展だけを目指して計画し、実行するという行政のあり方が問われることになったからです。しかも、この問題ついては単独の省庁では対応できないため、当時の通産省と厚生省が中心になって公害対策基本法[※14]をつくり、やがて環境庁を誕生させたわけです。

そして一九九〇年代に入ると、国土政策についても市場原理または市場主義的な発想が入っ

10 傾斜生産方式
昭和二〇年の終戦後、旧通産省の指導のもと、石炭生産の拡大、鉄鋼の増産といった基幹産業に重点的に資材や資金を投入して、日本経済の復興を目指した方式のこと。

11 国土総合開発法
日本で初めての国土開発に関する基本法。国土の自然的条件を考慮して、経済、社会、文化などに関する施策の総合的見地から、国土を総合的に利用し、開発、保全、産業立地の適正化を図り、社会福祉の向上に資することを目的とした法律。この法律にもとづき国土の総合開発計画が策定されている。（昭和二五年法律第二〇五号）

12 拠点開発構想
昭和三七年の第一次全国総合開発計画で、地域の均衡ある発展を基本目標とし、「拠点開発方式」という大

てくるようになりました。これは要するに、民間がいろいろなことをやればいい、不効率な行政は撤退すればいい、という考え方です。そういう状況では、国土計画などはナチスの統制主義的な発想だと思われるようになりました。国は国土政策から身を引いて、地方や民間にまかせ、必要最小限のことをやればいいという考え方です。そうしたなかで、計画というものは、無用どころか有害なものだという見方が広がってしまったのです。

計画とは本来、「公」が担うべきものです。それが成り立ちにくいというのは、日本で「公」の概念が希薄になってきているからでしょうか？　あるいは、これまでと違う新たな「公」の考え方が求められているのでしょうか？

真の意味での「公」

戦前はすべてが「公」でした。今はその裏返しで、公共性の概念を壊すことに一生懸命になっている。公共事業一つとっても、従来の公共性の意味あいが否定される傾向があります。とくに最近は、米国的な発想をする学者が多いようで、とりわけ経済学者はアメリカ的な考え方を直に取り入れて、市場原理、競争原理と効率性ばかりを強調する。そこからまた新しい歪みが出てきているように思います。

都市への人口や産業の一極集中を防止して、地域格差をなくそうとする開発方式を打ち出した。

13
日本列島改造構想
昭和四七年、第三次佐藤内閣の通産大臣だった田中角栄が日刊工業新聞社にて刊行した著書『日本列島改造論』により掲げた構想。「大都市と地方開発を同時に進め、高能率で均衡の取れた国土を建設する」「人とカネとものの流れを巨大都市から地方に逆流させる〝地方分散〟を推進することにした」とあるように、日本列島を新幹線や高速道路などの高速交通網でつなぎ、地方との格差をなくして日本全体を均衡に経済成長させようというものだった。開発を見込み地価高騰やインフレが加速した。

14
公害対策基本法
国民の健康で文化的な生活を確保する上で公害の防止がきわめて重要なことから、

ここでいう「公共」とは、戦前の国家中心的な意味での公共とは異なります。市場原理や民間では対応しきれない分野があり、そうした領域について公共性の概念をきちんと認識する必要がある、ということです。その点で道路は、公共性が高いと思う。例えば災害時の対応でもそうですし、救急医療の面でも、高齢化が進めば進むほど、救急車で短時間に過疎地から病院まで患者を運ぶニーズなどが高くなります。地方では、もう道路なしには生活が成り立たないのです。そうした視点からも道路の必要性を検討すべきで、採算性や効率性だけで考えて、道路整備がすべてムダだというような議論をするのはおかしいのです。

「共」という新しいあり方

要は、今まで公共の名のもとにいい加減なことをやってきたことが問題なのです。本当の「公」を守るためにはどういう仕組みをつくり、どう運用するかを考えるべきなのに、そういう本質的なところになかなか話が行かない。今までは、公共サービスはすべて「官」が一方的に取り仕切り、利用者のニーズや地域のニーズを十分に満たすことができませんでした。これは公共分野はすべて行政が独占すべきだ、という考え方からくる弊害です。しかし最近、それでうまくいかない分野がいろいろ出てきた。そこで官と民の中間にあって、この二つを結び付ける「共」という考え方が出てきています。例えばボランティアやＮＰＯ、企業と行政が一緒になった事業組織などがそうで、今ではさまざまな団体が、官でも民でもない「共」として公共サービスの重要な担い手となっています。

事業者、国および地方自治体の公害の防止に関する責務を明らかにし、公害防止の施策の基本となる事項を定めたもの。（昭和四二年法律一三二号）平成五年、この法律は環境基本法に取り込まれることによって廃止された。

例えば、国際交流や文化財の保護もそうだし、道路や河川の管理などでもボランティアの活躍が目立ってきた。さらに最近は、住民が自主的に河川や海岸の環境を保全する運動なども広がっています。渡り鳥の保護にしても、環境省の役人がいくら張り切って見張っていてもだめで、渡り鳥に餌をやったり、自然を傷つける人を止めたりする住民や住民団体が現地にいるからできるわけです。このほかにも、都市の密集市街地の再開発などで、行政だけでは住民の反発を招くケースが多いなか、民間のコーディネーターやプランナーが仲立ちして、行政と住民の間を橋渡しし、非常にうまくいっている例がある。今後はこうした「共」のパワーを、公共の仕事にどんどん拡げていくべきだと思います。

そして、それを確実に根付かせていくには「情報公開」「公正透明」「説明責任」「住民参加」といった新しいソフトの仕組みが入ってこないといけない。行政もそうですが、これらを徹底させることが住民の信頼を勝ちえる唯一の道なのです。一方、行政の側では、これからこうした新しい力をどのように育て、支援していくかが重要なテーマになります。行政があまり支援しすぎてもよくない。それでは行政の手先になってしまいますから。中立性が問われるのです。そのあたりのバランスをどう働かせるかが課題だと思います。

住民ニーズを汲み上げる仕組みを

もう一つ、これからの公共サービスで重要なのは、いかにして地域の住民ニーズを汲み上げていくかということです。道路についていえば、地元選出の代議士のところに働きかけて国から補助金をとってきてもらうという話ではなく、本当に地域の人たちが道路を欲しがっているのか、どういう理由で、どんな道路を欲しがっているのかを探らないといけない。また、どれが優先されるべきかも正しく判断されなくてはなりません。要は、そういった地域住民のニーズや意向を汲み上げ、具体的な政策にしっかりと反映させる仕組みが必要なのです。

県道や国道についても、単に数が増えればそれでいいのではなく、その周辺で生活する人々の生活道路に有機的に結びつけ、利用価値の高いネットワークをつくっていく必要があります。生活密着のニーズに応えていくべきなのですが、これは国の役人にはわからない。県や市町村が住民の声に耳を傾け、ここに道路がどうしてもいるとなった場合は、優先的に整備していくようにすべきだと思います。

例えば、ヨーロッパの都市計画では、必ず代替案を用意することになっていて、それを住民参加で協議しています。そこでは、それぞれの案にどういうメリットがあり、どういうデメリットがあるのかをよく説明して詰めていく。そこからまた、新しい案が生まれてくることもあります。日本の場合は、すでに用意された政策に賛成か反対かを問うだけで、住民との対話を通じて計画をつくり上げていくという発想がない。これでは住民参加とはいえないわけで、ヨーロッパの方法なども見習うべきだと思います。

もう一つ付け加えておくと、日本の役所はまだ、住民への説得や説明の技術がきわめて低い。データを持ってきて漫然と示すだけで、わかりやすく説明することができないのです。誰もが理解できるような言葉で説明し、それに対して住民から質問が出れば、もっとかみ砕いてわかりやすく説明する、そういう技術を磨いていく必要があります。また、そういうプロセスを経て調整をすれば、一人だけ「俺は反対だ」といって譲らない人がいても、逆に住民の力で抑えることができるようになる。行政側が、「それは住民エゴだ」といっても通じない場合が多いのですが、話し合いのもとで全体の合意が形成されれば、そういう極端に個人的な意見は、はじかれていくわけです。こうしたやり方は、パブリック・インボルブメント（住民や公衆を巻き込んで決めてゆく方法）といって、近年は日本でも首都圏の圏央高速道路などで取り入れられています。

地方分権と道路行政

地方分権改革の進展により、道路を含めた地方の整備計画も大きく変わっていくと思います。現在の諸制度にはどのような課題があり、どのように変えていくべきなのか、制度改革の観点からお話しいただけますか？

対流構造をいかにつくり出すか

最初に分権全体のことについて触れておきます。

歴史的に見れば、地方分権改革は、明治維新や第二次大戦後の戦後改革に次ぐ日本の行政制度の大きな変革であり、一〇年ちょっと前には空論といわれたような変革が矢継ぎ早に実現し、あるいは実現されようとしていることは間違いない。しかし、それは長い歴史のものさしで測っての話であって、行政に関わる諸制度の細部はもちろん、そこに携わる人たちの意識がこうした流れを受け止める体質に変わってきているかというと、なかなかそうはいえないと思います。

分権は時代の流れであり、基本的には継続されていくと思いますが、まだまだ変革すべき課題は山積みになっているといえます。とくに最近の動きを見ると、あまりいい方向に進んでいるようには見えません。というのは、今の政府は、分権の問題を構造改革の一つのテーマとしてとらえているようで、三位一体改革への取り組みなどを見ても、分権の理念から外れているところがあるからです。私は、この改革をうまく成し遂げ、地方の財政上の自立性と政策の裁量性を広げないかぎり、地方分権は完結しないと思っているだけに、かなり心配な面があります。

では、分権のキーワードとは何か。それは国と地方が「対等・協力」の関係を築くことです。これを地方の側から見ると、地方自治体は国との協力関係は保ちながらも、国に依存せずに自己責任でそれぞれの地域の政策を自ら決め、実行していくということです。そのために必要な財源は、国から移譲してもらって自主財源を充実する。地域の行政を運営するにあたっては、公正・透明に、住民が参加し、そして住民に対する説明責任を果たしていく。これが基本原則です。

地方分権を謳いあげた77年前の政党ポスター　Column

昭和3年2月10日、大正デモクラシーの成果として第1回普通選挙が行われた。当時の二大政党の一つ、立憲政友会の選挙ポスターには「地方に財源を与ふれば完全な発達は自然に来る。地方分権　丈夫なものよ　ひとりあるきで発てんす」とあり、中央から地方へ税源を移譲することこそが地方を発展させるのだとアピールしている。今の時代の三位一体改革にも通じる考えが叫ばれていたのである。

こうした主張は、このときが初めてではなく、明治10年、福沢諭吉が『分権論』で地方への権力分散を論じ、大正13年、『東洋経済新報社』の主幹を務めていた石橋湛山（第55代首相）は、社説で分権の必要性について論陣をはっている。

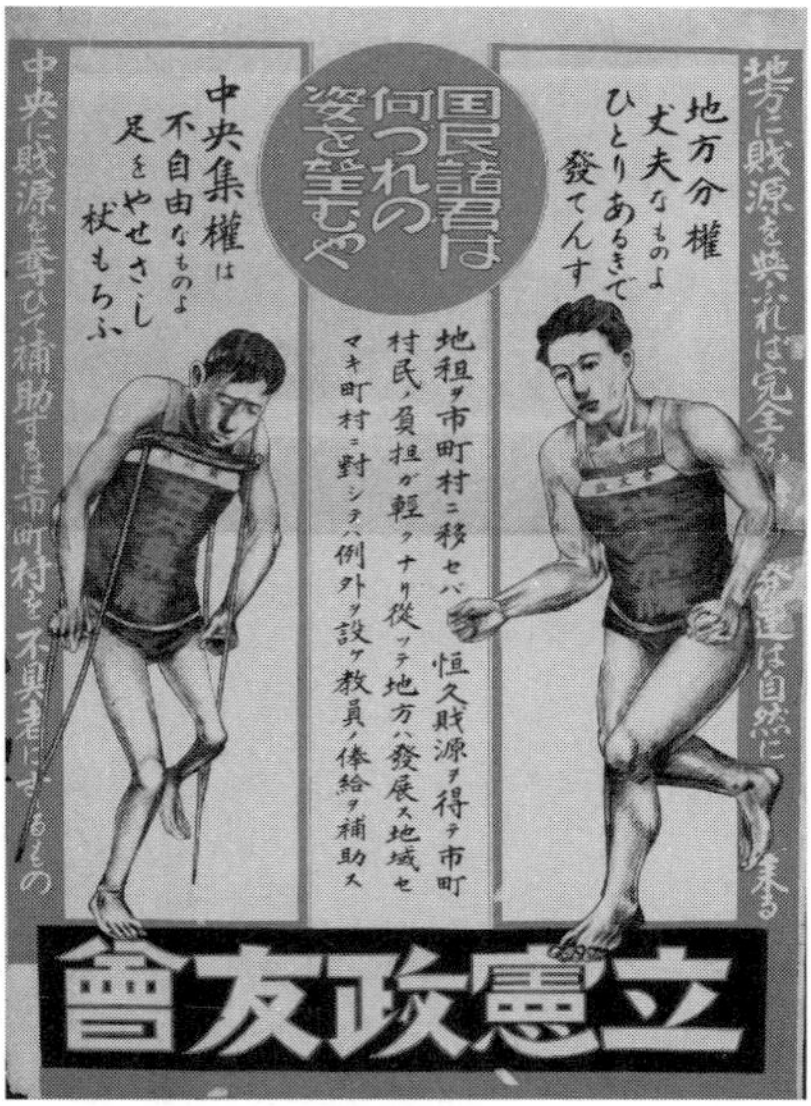

（ポスターは法政大学大原社会問題研究所所蔵）

そして、理想をいえば、国と地方で役割分担を明確にしながらも、そこに対流構造があることが望ましい。道路などの公共資本の整備についても、国土の中枢都市を結ぶ基幹的な高速道路の整備は、国の役割だから国が決める。地方は口出しするな、というのではなく、地域の意見も吸い上げていく。さらに国土の全体構造をにらんで各部門別の計画と有機的に結び付けていく。そういう状況をつくり出す必要があります。

今まで地方が国土計画の策定に参加する機会は、ほとんどないに等しい状況でした。自治体と協議するとか、意見を聞くと書かれている法令は山ほどありますが、国が補助金などを握っているので自治体側は強いことは言えず、結局陳情になってしまう。協議というものは本来、対等の立場でお互いに言いたいことを言い合って決めていくことです。それが日本の場合には、上下の関係で上から下へおろしていく構造になっている。この状況を変えないと、社会資本整備はもちろんのこと、医療、福祉、教育などすべての分野でものごとはうまくいかないと思います。

ただ、今の日本の状況や国の省庁組織を見ると、対等・対流というのはまだまだ理想論でしかありません。分権は人々の意識の改革に支えられなければ魂が入らないと私は考えますので、まだ相当時間がかかると思います。

「権限」と「財源」の移譲について

国から地方への権限移譲についていえば、九〇年代後半に分権改革を検討し、平成一二年に施行された地方分権推進一括法によって骨格は大きく変わりました。地方が実施する事務の多くは自治事務になり、機関委任事務制度は廃止されました。（資料2「機関委任事務」）国の限定された関与が残る法定受託事務は、必要最小限に抑えることになり、そういう面では、かなり対等性が確保できるようになったと思います。ただし、権限の移譲はある程度進んだものの、まだ国が直轄で押さえている地域の仕事がいろいろあります。例えば交通の分野でいえば、鉄道やバス、トラックなどの許認可権や事業監督権は、国土交通大臣や地方運輸局が押さえていて、知事も市町村長も口出しができない。分権推進の動きのなかでは、このような中央省庁が握っている権限を自治体に移譲させることも検討されましたが、関係省庁の抵抗がきわめて強く、結局見送られたのです。交通分野にかぎらず、電力供給事業・電気通信事業なども国の官庁が直接握っているという点では同様であり、これらのなかには地域の暮らしに身近な公共・公益事業も少なからず含まれているだけに、このまま放置しておくべきではないと思います。

財源の移譲については、三位一体改革の議論が現在進行中なので、これがどう落ち着くかを見ないとなんとも言えない。したがって、道路整備を含めた公共部門にこれがどう反映されるかは、いまだに不透明のままです。ただ、公共事業についていえば、道路建設自体はもう戦後半世紀もやってきたので、かなり整備が進んでいる。今後は維持管理の段階に入ると思うが、これもまた相当に金がかかるということが一つあります。さらに、二〇〇四年一〇月の新潟県中越地震[※15]もそうですが、地震や水害などに見舞われたときの復旧工事の費用をどうするか。地方の金だけではなかなかやっていけないという事情があり、いろいろ議論されていますが、国と地方での、こうした振り分けも難しい問題です。

15
新潟県中越地震
平成一六年一〇月二三日一七時五六分に新潟県中越地方を中心に発生した地震。マグニチュード六・八で、新潟県の川口町では最大震度七を観測した。

機関委任事務

地方分権一括法の核となったのは地方自治法の大改正である。この法律によって、475本の個別法が一括改正されるという国会の歴史の中でも先例のない立法措置がとられた。その目玉となったのは機関委任事務制度の廃止であった。機関委任事務とは、国の仕事を法律・制令の定めるところによって、住民の公選によって選ばれた知事・市町村長などに処理させることとし、各中央省庁の主務大臣はそれぞれの仕事の上級官庁として指揮・監督するというもの。この制度を全廃し、最終的には、地方公共団体が処理する自治事務（55%）と、本来は国の役割だが地方公共団体が処理する法定受託事務（45%）に区分され、まちづくりなど住民生活に身近な事務の多くが自治事務となるなど、地方公共団体の自主権の確立は大きく進展した。

さらに、平成15年からは地方分権改革の第2ステージとして、地方公共団体の財政自主権の拡充、強化を図ることを目指した三位一体改革（税財源改革）が動き出した。これは、①国から地方への補助金の削減、②税財源の地方への移譲、③地方交付税の見直しを一体化して進めるもので、税財源移譲額は平成18年までに2兆4,010億円とされている。しかし、補助金の具体的な削減作業は平成18年までの予算編成に委ねるなど、今はまだ不透明な部分が多く、今後のさらなる議論の高まりと改革の加速が期待されている。

機関委任事務の廃止と事務の再配分

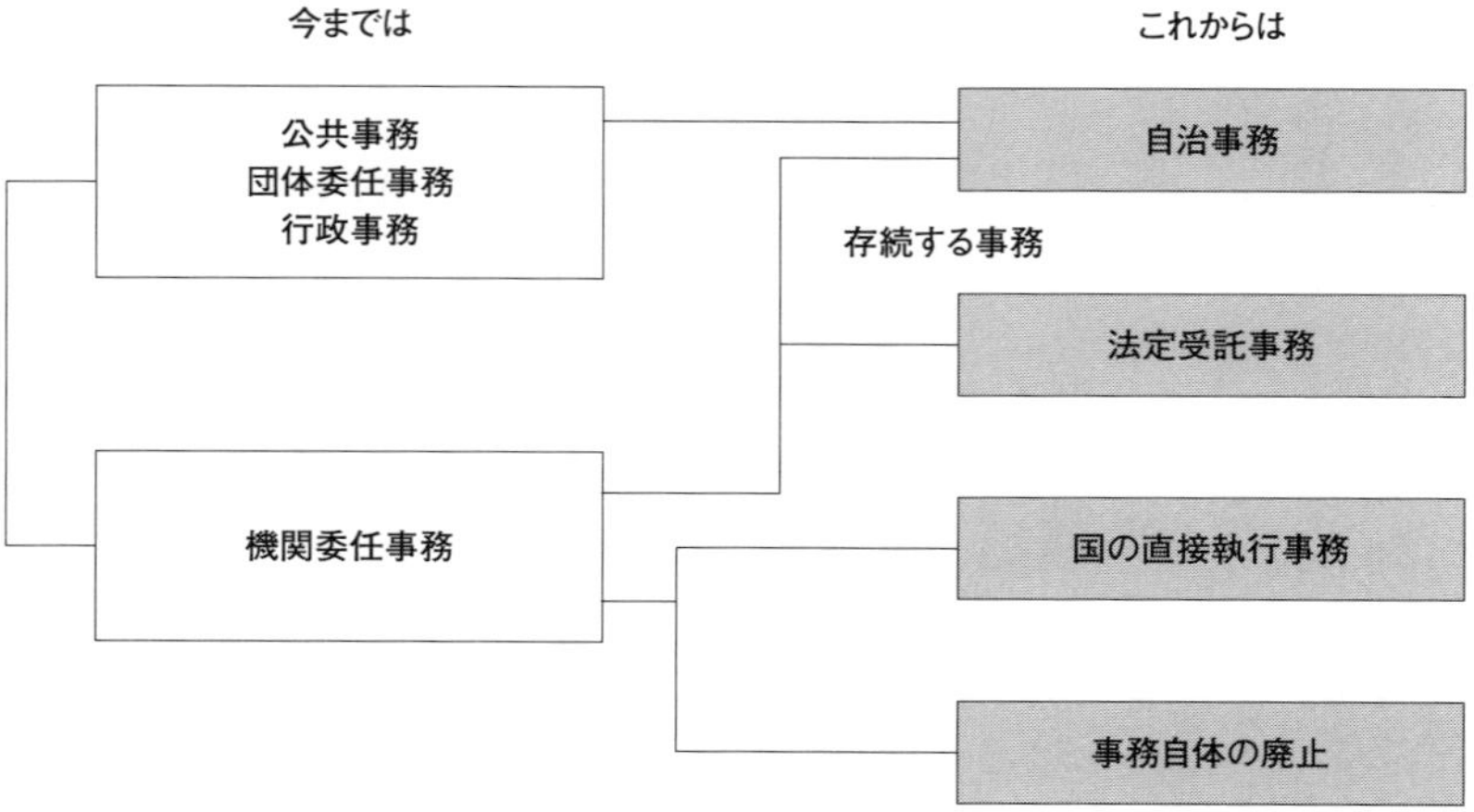

「条例」の可能性と限界

権限の移譲にともない、条例の位置づけも変わりつつあります。今までは機関委任事務については条例がつくれなかったわけですが、分権改革によって今は、自治事務に限らず法定受託事務でも条例をつくっていいことになった。まちづくりの分野などでは、特定の問題について住民投票で決めるような条例をつくるなど、新しい進展が見られます。こうした動きは市民の行政への意識を高めますから、いい傾向だと思います。

しかし、条例が万能な法規かというとそうではない。憲法には「法律の範囲内において」と書いてありますし、地方自治法でも「条例は法令に違反してはならない」とあるように、法律でカチッと定めてしまえば、条例が出てくる幕はなくなります。条例は守備範囲が狭く、限定的な効力しかないのです。理想をいえば、憲法の段階でもう少し条例制定権の強化をする必要があるかと思いますが、これを見直すとなると、憲法自体を改正するしかない。

ただ憲法改正までいかなくても、例えば、個々の法令をある程度、融通のきくかたちにしておく方法もあります。現に都市計画には、美観地区※16や風致地区※17といった制度がありますが、中身は全部条例に丸投げしている。丸投げというと語弊があるかもしれませんが、個々の条例にその内容をどうするかを広く地域の裁量にまかせているわけです。本当はこういう姿が望ましいわけで、こういう融通のきく法令が増えたほうがいいのですが、実際には逆の傾向が強まっている。国が法令を通して地方を統制しようとして、最近の法令では細部まで規制してしまう場合が多いのです。これは分権の思想と逆行する動きであり、どう対処していくかは今後の大

16 美観地区
市街地の美観を維持するため指定される地区。同地区内における建築物の敷地、構造または建築設備に関する制限で美観保持のために必要なものは地方公共団体の条例で定められる。（都市計画法九条二〇項、建築基準法六八条）なお、景観法の施行にともない都市計画法と建築基準法が一部改正され、美観地区は廃止された。

17 風致地区
都市の風致を維持するために定められる地区。建築物の建築、宅地の造成、木竹の伐採などの行為は都道府県の条例で規制される。（都市計画法九条二一項、五八条）

きな課題です。

　では、地方の側から、しばりの強すぎる法令について異議申し立てを行う方法はないのか。これについては今、意見具申などのかたちで方法を制度化していくという話が出てきています。さらに司法の判定に持ち込むという方法も検討されるべきです。地方がつくった条例が、法律に違反するかどうかが議論になった場合、裁判所で判定を受けるという仕組みが今後は必要ではないか。そうしないと、せっかく条例をつくっても、東京都の外形標準課税[※18]（いわゆる銀行税）のように課税が終わった後で最後になって裁判所で覆され、あと始末のツケがまわってくることもあるわけです。

　以前は、ある条例が国の法令に違反するかどうかについて疑問がある場合には、旧自治省が事前に相談にのったり指導をすることがありました。しかし今は、総務省は不当な国の関与は控えるという建て前から、こういう相談に乗ったり指導はしていません。ですから、裁判所に判断を求めるのが筋なのですが、裁判所は、本来の仕事だけでも負担が重いため、法律上の争訟に含まれないこのような仕事は引き受けられない、と消極的です。

18
外形標準課税
資本金や人件費など所得以外の基準で法人事業税をかけること。平成一六年から全国一律、全業種を対象にこの税制が実施された。東京都は、外形標準課税という名目のもとに、平成一二年に資本金五兆円以上の大銀行に対して、所得ではなく業務粗利益に三%の法人事業税を課する旨の条例を制定した。しかし、銀行側が提訴し、裁判所で争われた結果、この課税条例は違法であると判決され、東京都は敗訴した。

都市計画などを考えた場合に、いちおう都市計画法で、区域区分などいろいろやっていますが、あまり実効性がありません。拘束力も日本の都市計画法はずいぶん低く、それがまちづくりにおいてマイナスに働いている面があると思いますが、いかがですか？

日本の都市計画法の課題

おっしゃるとおりです。日本では都市計画法の地域地区制などの拘束力はずいぶんと低い。これと連動した建築基準法もザル法だと言われています。また、例えば、建築協定という制度があって、協定区域内の建築について、建物の構造や用途、形態などについて区域の人たちの同意と、行政側の認可を取りつけることを定めた制度ですが、工事の着手前に建築基準法などに照らして確認を行う建築確認と連動していないため、拘束力の面ではかなり弱いものになっています。

また、土地の利用に関わる規制と、上ものの建築規制がバラバラになっているという問題もある。これについては昭和五五年に、土地と上ものの公共施設を一体化して規制できるようにした地区計画という制度ができて、これを活用する例もかなり増えてきています。しかし、都市計画のなかでは、まだ例外的な位置付けにとどまっていて、十分に定着していないのが現状です。

本来、都市計画とは、まちづくりに関わるいろいろな政策やニーズを時代の要請に応じて空間的なプランとして取り込み、調整をとりながら進めていく総合的な土地利用計画であるべきです。しかし、日本ではそうなっていない。都市計画というと歴史的に、街路、公園、下水道などのインフラ整備だけを対象にしてきたということがあって、土地利用の総合性や、上ものとしての住宅などについては、長い間度外視されてきました。

今では少しは改善されてきてはいますが、規制緩和と民間の力を活用した都市再生政策によって、東京湾の湾岸に高層の建物を無秩序に建てて、ヒートアイランド現象の原因になったり景観を損なったりと、日本ではおかしなことを平気でやっている。ドイツやスイスなどでは、風の通り道にはそれを遮る高層建築を建ててはいけないという規制があって、こうしたことはおこりえない。また、六本木の再開発を見ても、大きな高層建築物ができるのはいいのですが、周りの道路はほとんどそのままで、交通渋滞を生んでいる。まちの景観に至っては、世界の大都市のなかでも東京は最悪で、景観法[※19]を今から施行しても遅すぎる。経済効率だけを狙うから、そんなことになってしまうわけで、トータルな都市計画がないことが問題なのです。一方自治体のほうはといえば、大型の建築物ができると固定資産税が収入として入りますので、ホクホクになる。自治体の首長は公選制だと任期四年ですから、その先のことまであまり考えないわけです。外国では都市計画で失敗すると、あれは何代目の市長の誤りだとなって歴史に残ってしまうので、慎重にならざるをえないわけです。日本でも、都市計画の本来の役割というものを、もう少し真剣に考えないといけない時期にきているのではないでしょうか。

19 景観法
都市、農山漁村などにおける良好な景観の形成を促進するため、景観計画の策定、景観計画区域、景観地区などの規制や制度を定める法律。（平成一六年法律第一一〇号）

根底にあるのは私有財産制の思想

私は、日本でこうした問題をなかなか解決できないのは、その根底に私有財産制[※20]を絶対視する思想があるからだと考えています。日本では、私有財産が市場において価値を持っているかぎり、みだりに私権を奪うことはできない。これが障害になって、これまで規制力を発揮できなかったのです。最近では消防法の改正や都市計画の一部手直しなどにより、以前なら建築基準法上、既存不適格といって新しい規制をすべて免れていた建物にも、改修命令を出せる制度が登場しましたが、まだ部分的な見直しに過ぎない。私有財産の過度の尊重が、基本的には自分の土地の上に何をつくろうと自由だという「建築自由の思想」を生み出してきたのです。

建築基準法には、災害危険区域[※21]という制度もありますが、住宅建築の禁止や制限という規制力があるだけに、その指定が難しい。指定する側は、所有権の制限にともなって補償の責任を負うことになるため、指定を躊躇するわけです。そのため、土砂崩れで亡くなる人が後を絶たないという事態が繰り返されてしまうのです。

私は、土地の所有は当然のこととして認めるとしても、その利用については公共性の制約をもっと強めるほうがいいのではないか、何かを建てるにしても、公共という視点から一定の我慢をしてもらう義務のようなものがあってもいいと考えます。バブルで地価が高騰したときに、土地基本法[※22]という法律が成立し、土地の公共性や計画にしたがった利用を強調するとともに、国土利用計画法の土地取引の届出制や監視を厳しくし、地価上昇を抑えることができるようになりました。当時いろいろな議論がありましたが、法制化されたわけです。「公」が「私」を制

20　私有財産制
財産の私有を保障する制度のこと。

21　災害危険区域
地滑り、がけ崩れなど災害の恐れがあり、災害防止に膨大な費用がかかるため住宅などが建てられない区域。建築基準法にもとづき、各地方自治体が条例で指定し、細かい内容を定めることになっている。

22　土地基本法
土地についての基本理念を定め、国、地方公共団体、事業者、国民の責務を明らかにするとともに、土地に関する施策の基本となる事項を定めることにより適正な土地利用の確保をはかりつつ正常な需給関係と適正な地価の形成をはかるための土地対策を総合的に推進し、国民生活の安定向上と国民経済の健全な発展に寄与することを目的とした法律（平成元年法律第八四号）

限した一つの例といえます。ところがその後、バブルがはじけて地価が下がりはじめると機能しなくなり、土地利用の公共性まで一緒にはじけ飛んでしまったのです。分権の問題からは少し外れますが、日本の法制度にはまだこうした課題がいろいろと残っており、これからこれらの問題をどうしていくかが大きなカギになってくるでしょう。

行政の事業評価と政策評価

時代の変化が激しいなか、道路整備や都市計画などを推進するにあたり、チェック機能をきちんと働かせていく必要があると思います。どのような評価システムがあるべきなのでしょうか?

歴史を生かす失敗学

道路をはじめとするいろいろな政策と計画を立てるには、狭い視点からだけでなく、空間・時間、さらには将来を見据えた戦略的な視点から総合的に考えることが大切です。それにはまず、政策に関わる人たちが、これまで辿ってきた政策の歴史をもっと勉強しないといけない。過去の歴史を先輩たちの業績だとして敬意を表するだけでなく、とくに失敗例を拾い出して、その失敗を繰り返さないようにすることが、とりわけ重要なことだと思います。日本では、戦後半世紀の短い期間の歴史さえよく知らない人が多い上、その方面の研究者も十分でないのが実態です。

ヨーロッパやアメリカには、行政や政策の歴史をいろいろな角度から検証する研究機関があり、学者や専門職員が、さまざまな資料を集めてフォローアップしています。日本でも、官庁が出す白書などはありますが、自分に都合のいいことばかり書いていて、悪いことはほとんど書かない。客観的な過去の政策評価はないに等しい状態です。地方でも、個人で郷土史研究をしている専門家はいても、○○省、○○県、○○市、○○町の何年史といったものはありますが、単なる事実を並べた歴史資料であり、もう少し高い立場から今までの事業や政策の展開と結果を記録し、過去の事例から学ぶことはないかを検証する視点で書かれたものはありません。

事業評価から政策評価へ

近年は省庁再編をきっかけとして行政機関の政策評価法[※23]ができ、すべての行政機関に政策評価が義務づけられました。やっとこの制度が本格化してきたのですが、個別省庁の政策や事業評価と並んで、政府全体の総合的な視点による政策評価が重要です。行政サービスの範囲は昔と比べて圧倒的に広がっている。とくに最近の高齢社会においては、福祉一つとっても、介護

23　政策評価法
正式名称「行政機関が行う政策の評価に関する法律」。政策評価に関する基本的事項などを定めることにより、各省庁が自らの行う政策を評価し、その結果を政策に反映・公表して、効率的な行政の推進と国民への説明責任を果たすことを義務づけた法律。（平成一三年法律第八六号）

や医療だけでなく、関連する範囲は広がりをもっています。そういったものを評価するときに、近視眼的に個々の政策や事業の評価をするだけでなく、福祉政策全体で、最終的に地域の生活の質がどれだけ向上したのか、といった視点から評価・検証することが重要です。道路についても同様で、道路だけを単独で評価するのではなく、道路を取り巻くいろいろな問題や政策について、交通や国土といった幅広い視点から多面的に評価することです。

こうした政策評価は、国だけでなく地域レベルでも取り入れられています。これがきちんと根付いてくると地方行政のあり方も変化するものと思います。人口二〇万人以上の自治体であれば、ある程度はできるでしょうし、人口五〇万人以上の大都市や県になるとまず問題なく実施できます。しかし、町村レベルになると、日常業務に追われ、役場の職員が毎日一人で五本ぐらいの電話を取って仕事をして、かかりきりになっている状況ですから、なかなか難しいかもしれない。

いくつかの町村が共同して、民間のコンサルタントなどに頼む方法も考えられますが、町村だとかなり閉鎖性が強いので、消防などお互いの利益になることはやるでしょうが、自分が批判されるような行政評価を他人にやってもらうことは、相当に抵抗感があると思います。また、評価にばかり固執すると、みんな評価屋になってしまい、肝心の日常的な行政が置き去りになってしまう可能性もある。これだと意味をなさなくなります。

こうした課題はありますが、いずれにせよ、今後は市町村合併が進み、市町村の情報を集約しやすくなることは確かなので、ぜひ本腰を入れて、行政の評価・検証システムをきちんと確立していくべきだと思います。

フレキシブルな計画の見直しを

計画というものは、もともと将来を見通して立てるものですが、現在のように変化が激しい時代には、将来を見通すことは難しくなってきています。時間的な変化の速さ、技術の進歩、価値観の多様化など、これまで以上に考慮すべき要素がたくさん生じてきています。国土の姿も、社会経済的な実態が変わるごとに変わっています。ところが、行政は一度計画をつくると、なかなか変更しないという悪い癖がある。計画というものは、状況が変われば、それに合わせて柔軟に変更していくべきものです。五年か一〇年に一度ぐらいのスパンでフォローアップと見直しをはかり、要らないものは計画から落としてやめてしまう、どうしても必要なものは足していく、といった見直しを行っていくことが重要です。

逆に見直しをはかった結果、その必要性を再認識する場合もありえます。例えば、道路整備でいえば、今の東名はもう限界にきています。静岡県の由比の海沿いに高速道路も新幹線も在来線も集中していますが、あそこが災害などでやられてしまうと、交通・物流がすべてストップしてしまう。そういうことをよく考えると、第二東名の完成を急ぐべきだということになるかもしれません。

北海道では、かなり前から「時のアセスメント」[※24]という取り組みを行っています。時の経過により変化する状況に合わせて、当初計画した施策を一定期間ごとに点検・評価する。その上で現実に合わせて、柔軟に見直しをはかり、時代に合わなくなったものは廃止するというものです。これは常識からいって当たり前のことですが、その当たり前のことが、これまでは行政

24
時のアセスメント
平成九年、時代の変化を踏まえた施策の再評価として北海道が「時のアセスメント」実施要綱を制定。時の経過によって変化する社会状況や住民の要望を見据え、施策に対する当初の役割や効果について、改めて点検・評価するとしている。

の面子にこだわるあまり、できなかったわけです。こういう考え方は、国の政策評価法をつくる一つのきっかけになり、今では国でも、時代に合わなくなった事業は、すでに途中まで出来上がっているものでも凍結したり、中止したりする事例が出てきています。事前のアセスメントと事後の評価がきちんとできるようになれば、日本の公共事業はよい方向に大きく変わっていくのではないでしょうか。

最後になりましたが、これから本当の意味での「地方の時代」を築いていくために、何が重要になるのか、ご意見をいただけますでしょうか?

分権には国民の覚悟がいる

「分権」とは、国が持っている権限と財源を地方に移譲することであり、それは地方にとってみれば手段にしか過ぎません。では目的は何かというと、地方が「自治」を確立することであり、自立型社会を実現することです。三割自治といわれていた状況は、かなり改善されつつありますが、将来は、一〇〇%とまではいかなくとも、七〇、八〇%と少しずつ自立性を高めていき、そのなかで住民も一緒になって地域のあり方を考え、自分たちの手で自治を確立する方向へと進んでいくべきなのですが、今の分権の議論では、こうした発想がまだ不十分です。これでは意味をなさないわけで、今後はこうした根本のところを、国も、地方も、さらに国民全体も再認識しておく必要があるのではないかと思います。

もう一つ言えることは、「地方の時代」とは、地方同士が競争する時代でもあるということです。日本ではこれまで、国土の均衡ある発展というキーワードのもとで、どの地方も住民は、同レベルの公共サービスが受けられることを前提にした、全国一律的な国づくりを進めてきました。しかし、これから分権が進めば、当然の結果として地域間でさまざまな格差が生じます。そこのところは国民の側にも覚悟がいると思います。しかし、これは裏を返せば、これからは各地域が全国一律ではなく、どうやって個性と独自性を発揮していくかということでもあります。それぞれの地域の独自性や個性が何で、どうしたらそれを伸ばせるか、そこをしっかりと考えて地域づくりを進めていくことが、今後はますます重要になると思います。

第五章 地方の役割・国の役割

片山善博

鳥取県知事

東京大学法学部卒業。自治省入省後、同省府県税課長、鳥取県総務部長などを歴任。平成11年鳥取県知事に当選。現在2期目。

片山氏は、平成11年に鳥取県知事に就任以来、徹底した現場主義と情報公開を基本に、独自の手法で地方行政改革を推進。道路行政においても、県庁所在地に高速道路がない唯一の県知事として、岩手、岐阜、三重などの知事とともに「これからの高速道路を考える地方委員会」を結成し、地方からの提言を積極的に展開されてきた。実際に地方行政に携わる立場から、少子高齢化をにらんだ地域づくりについての方向性と取り組み、道路整備も含めた国と地方の今後の役割分担について語っていただいた。

現場とズレている国の道路政策

片山知事は、日頃から道路行政にも積極的な発言をされています。道路公団民営化の議論では、地方における高速道路ネットワークの重要性について主張されましたが、高速道路問題を考える上で重要なポイントはどこにあるとお考えですか?

高速道路問題の考え方

高速道路問題というのは、いろいろな論点があったはずですが、計画中の高速道路についての採算性や進捗率だけで議論され、本質的な問題を棚上げしたまま上辺だけで進んでいったことが気になります。道路の問題は本来、高速道路だけを取り上げるのではなく、我が国全体の道路体系のなかでその位置付けや役割についてトータルに議論しなければなりません。道路公団に問題があるから高速道路はすべて「悪」というのは、木を見て森を見ない話です。高速道路の整備についていえば、まず公正であること、それから公団改革という狭い範囲にとらわれ

──鳥取県──

面積三五〇七㎢、人口約六一万人、世帯数約二一万世帯、四市一五町一村から成る。(平成一七年四月現在)特産品は二〇世紀梨、カニ、イワシ、因州和紙。製造品出荷額に占める「電子・電気産業」の割合が約四七%と全国でもっとも高い。

ず、国土はどうあるべきかのグランドデザインを踏まえた議論をすべきだったと思います。

道路の価値は、効率性や採算性だけではかれません。採算がとれるかとれないかだけで判断するのなら、すべて民間にまかせて道路行政など要らないと思います。それから公正さという点でいえば、整備計画で決まっている九三四二kmが良いのか悪いのかはともかく、高速道路計画を一応作った。それを整備するとなると一挙にできないから、順番をつけてやることになった。そのときに待たされた自治体は、それだけで大きなハンディキャップを背負っている。そうした地域に対しては「よく待ってくれた」というのが公正なバランス感覚です。それを「おまえたちのところは、高速道路は不要だ」「不採算だ」「地域のエゴだ」と言われることには、大きな違和感があります。集中投資を先行的に行い、最初に道路整備したからこそ経済開発が進み、人口も増えた地域が、黙って文句も言わずに待っていた地域を見下したような態度をとるというのは、私としては容認できません。

このような不公平感が生まれるのは、日本のこれまでの道路整備の進め方にも問題があったと思います。例えばドイツの場合、国土が比較的塊になっているということもあるのですが、高速道路を国土全体に、目の粗い網としてつくることから始めています。それからだんだん網の目を小さくして、全国的にバランスのよいネットワークを形成していっています。だから、どの段階でもそれほど地域間の不均衡はなく、どこで建設をやめたとしても不公平感がでてこないはずです。

ところが、日本の場合、東名・名神のように一部の地域に集中的に路線を引き、そこを中心に道路を整備していきました。当時の経済政策との絡みで仕方のない面はあったのでしょうが、

智頭高架橋完成予想図

鳥取県提供

結果的に幹線のない日本海側の整備はどんどん遅れていったわけです。つまり、幹線を引かれた地域と引かれていない地域との格差がきわめて大きいのが現在の状況で、ここで建設をやめれば大変大きい不公平感が残ります。日本もドイツなどのように、国土計画的に見てバランスの取れた道路整備を進めていれば、ずいぶん違ったと思います。

道路公団の議論は、あれで道路への社会的な関心が高まり、かなり突っ込んだ議論がなされたこと自体は意義があったと思います。しかし、民営化されればすべて解決となるのでしょうか?

改革の要諦は透明性にあり

道路公団の改革というのは、高速道路の路線をどうこうするという以前に、まず公団の透明性と説明責任能力を高めること、それによって不正や腐敗の種を払拭することがいちばん重要だと思います。ファミリー企業に談合で仕事を回す、天下りの問題や、身内企業に優先的に仕事が入るといった馴れ合いのなかでは、事業の質と効率性の向上は図れない。それどころか、独占のなかで知らず知らずのうちに高コスト構造が澱のように溜まってしまっている。この構造を断ち切ることが道路公団改革の大きな一歩であり、それで八割方解決する問題だった。ところが、そこが手つかずのままになっています。まず取り組まなければならないのは、民営化ではなく透明化です。

政府や中央官庁はそういう透明性の確保がまったく苦手です。自分たちが不透明な存在なので、透明性ということがわからないのです。これを解決するためには、誰かがチェックするようにする、例えば外務省の機密費にしても国会議員が秘密会のようなものを作ってチェックするとか、会計検査院が、あるいは学識経験者がすべてチェックする、そういうことをすれば本当の外務省改革になるが、そこが何もできていないことが問題です。

公共投資余力が底をつきかけている現状で、これ以上高速道路をつくる必要はないとの意見もあります。この点についてはどうお考えですか？

公共事業の選択と集中

財政がこんなに厳しくなったわけですから、あらゆる事業を今までどおりできるはずがありません。やめたほうがいい事業ももちろんあります。ところが政府がやろうとしたのは、ほかにやめたほうがいい事業がたくさんあるにもかかわらず、高速道路だけをやめようとしたことです。そこが現場の感覚とまったくズレているのです。

政府は当時、あれだけ高速道路の議論が盛り上がっていたのに、並行して景気対策の補正予算として公共事業のテコ入れをやっていました。高速道路が無駄ではないかと言っている一方で、「農道や漁港をつくれ、整備しろ」と補正予算を追加して別の公共事業を押し付けてくる。これらは、我々のほうでは当初予算で充足していたにもかかわらずです。当面緊急に増額する必要がない事業を押し付ける一方で、我々が今もっとも必要としている高速道路の整備をやめるというのはおかしな話です。政府は、高速道路だけに目を付けるのではなく、すべての公共事業を見直し、優先順位を付けて選択し、地方が本当に必要としているものに集中して投資すべきなのです。

私が就任以来、鳥取県でやってきたことは、予算の構造改革です。鳥取県でいちばん財政構造を悪くしているのは、やはり公共事業でした。そこにメスを入れ、要るものと要らないものを厳格に分け、優先順位を付けました。財政当局に道路一本、河川一本ずつ現場に足を運ばせ、一件ずつすべて査定させたわけです。実際に現場を訪ねることで、新設の道路計画の隣に、すでに立派な農道があるところもあった。こうした無駄を除いていく方向で計画を見直したのです。また、予算編成の過程もすべてオープンにし、なぜこの公共事業が必要なのか、担当部署に説明をさせた。前年に対して何%予算が増えたとか、伸びたとか、従来の量的な管理から質的な管理へと変えていきました。その結果、公共事業予算を四年間でかなり縮めることができました。（資料1「鳥取県での公共事業見直し・削減」）

つまり、厳しい財政に対応するためには「選択と集中」が重要なのです。我々はそれを国よりも先に実践し、取捨選択をした結果、やはり今の我々にとっていちばん優先順位が高いもの

資料 1

鳥取県での公共事業見直し・削減

単位：百万円

	平成13年度	平成14年度	平成15年度	平成16年度
補助公共	70,751	60,669	59,152	55,223
県単独公共	39,850	34,714	24,733	26,526
補助災害	7,878	4,872	3,721	3,934
単独災害	724	280	299	192
合計	119,203	100,535	87,905	85,875

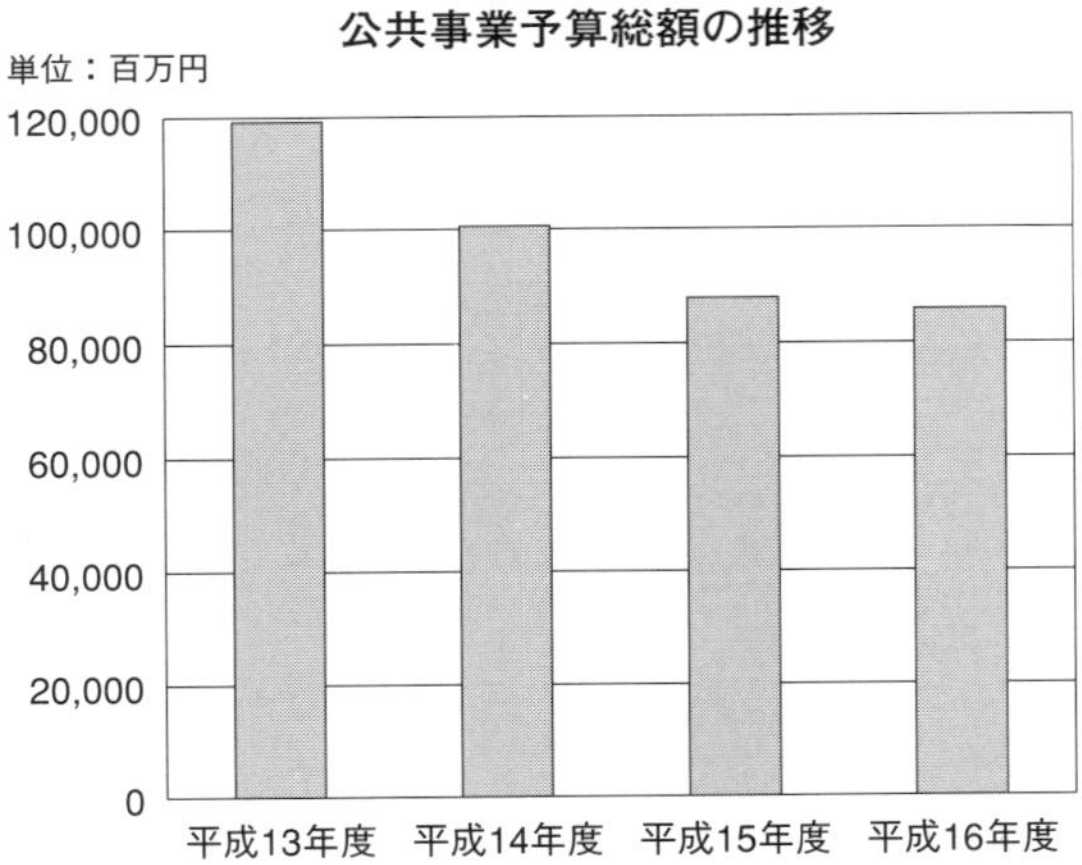

は高速道路だと主張したわけです。それを政府が一方的に高速道路だけを目のかたきにしたのは、現場とあまりにもズレがあると言わざるをえません。

今、必要な高速道路

我々が今いちばんの焦点としているのは、大阪と鳥取を結ぶ高速道路です。中国道から鳥取市までを結ぶ約六〇kmの区間[※1]ですが、今後の鳥取の発展を思えば、関西という大市場へのアクセスは不可欠です。（資料2「鳥取県の高規格幹線道路」）

関東の場合、東京に千葉、北関東、さらに山梨、静岡までもが東京圏を形成しています。東京がなぜあれほど発展しているかといえば、そういうヒンターラント[※2]（＝後背地）との間をきちんと高速道路で結んでいるからです。ところが関西圏はどうか。大阪という巨大都市とその周辺のヒンターラントを結ぶという構想は誰も考えていません。我々のところや北陸、徳島といった周辺地域と大阪とを高速道路ネットワークで結ぶことが、お互いの発展につながるはずですが、実は大阪の人たちにもこうした視点が欠けています。いろいろ話しているうちに、最近やっと理解してくれるようになりましたが。

もちろん、これは我々や大阪だけではなく、国全体の問題でもあります。なぜなら東京とは別に、大阪を中心にもう一つの軸を設け、国の発展のバランスを取っていくことは国土計画の観点からいってもきわめて重要だからです。

また、国際的な視点からもこのネットワーク構想には意義があります。かつて「裏日本」と

1 約六〇kmの区間
整備計画九三四二kmのうち、中国道から鳥取市までを結ぶ約六〇kmの区間の高速道路。民営化問題の議論の渦中で計画が凍結されそうになったが、平成一五年中国横断自動車道姫路鳥取線として佐用～大原間、智頭～鳥取間が新直轄方式にて整備されることが決定した。

2 ヒンターラント (hinter land)
港の背後にある陸地で、その港の出入荷物資の需給関係などに密接な関係のある地域。

資料2

鳥取県の高規格幹線道路

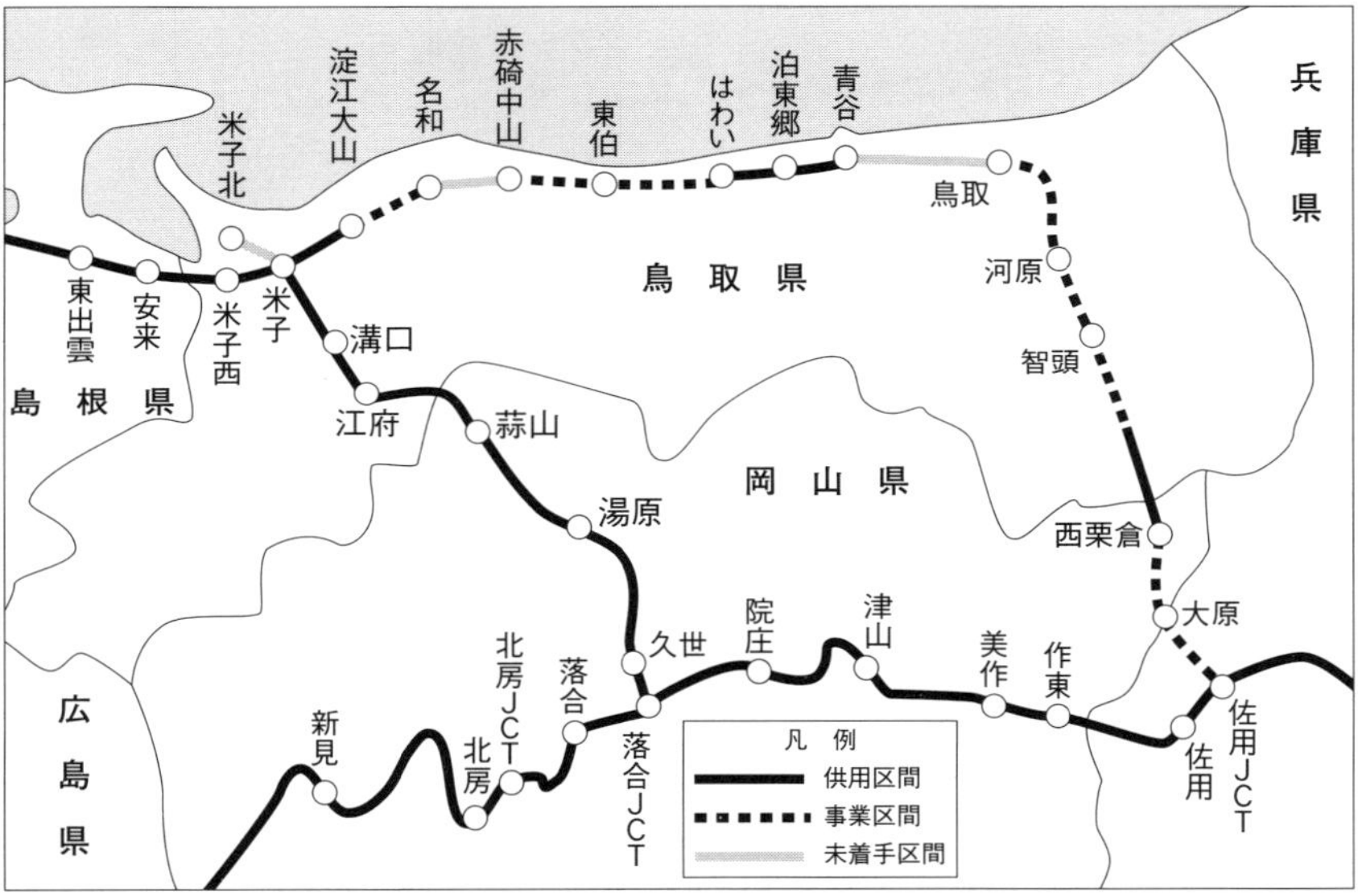

（鳥取県県土整備部資料より）

資料3

環日本海交流を支える高速道路整備状況

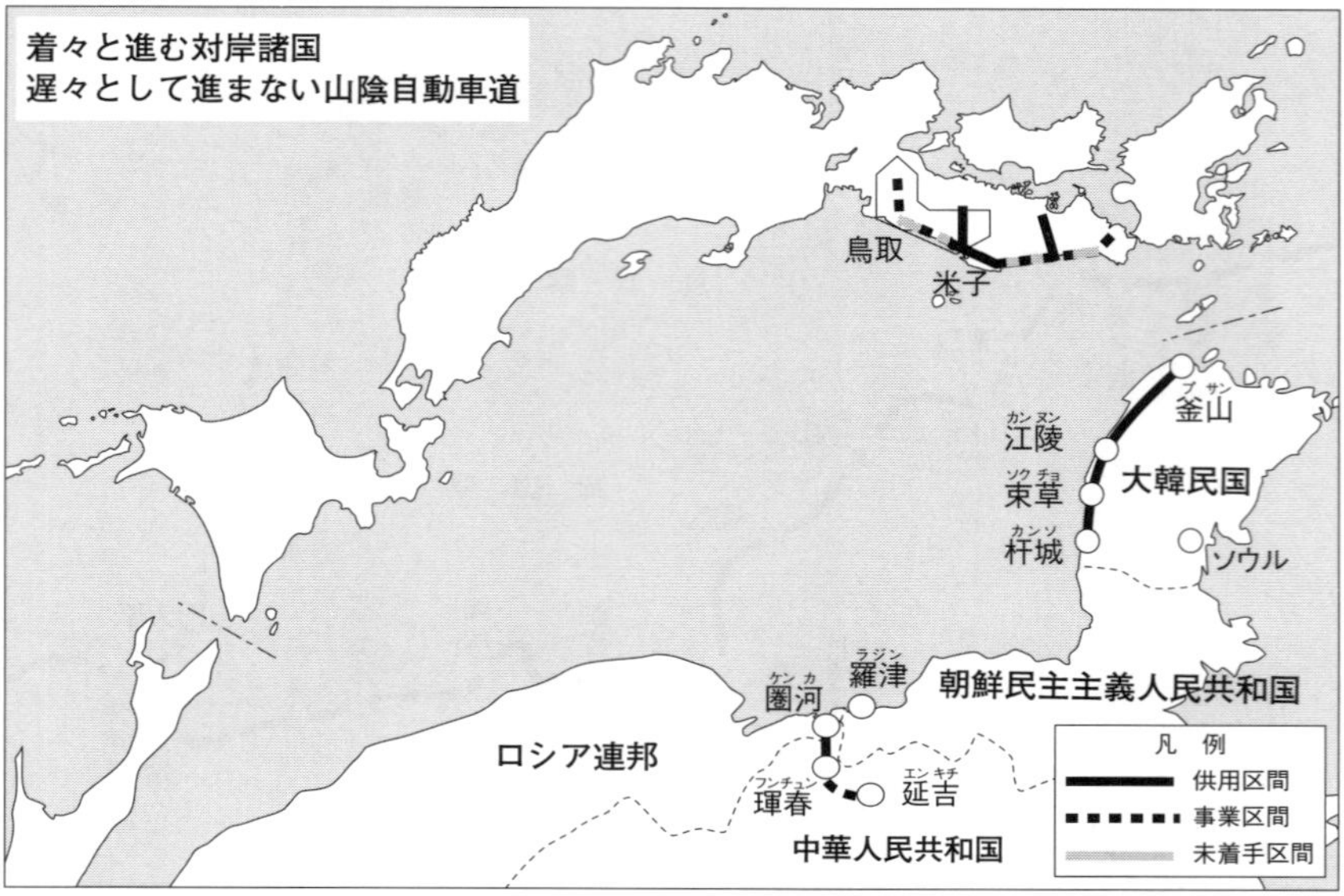

（鳥取県県土整備部資料より）

資料4

境港の対アジア・コンテナ貨物取扱量の推移

単位：TEU

	平成8年	平成9年	平成10年	平成11年	平成12年	平成13年	平成14年	平成15年
外易輸出入計	44,435	49,172	53,580	71,835	95,145	101,253	122,596	99,849
東南アジア航路	2,360	2,281	1,856	1,156	776	0	0	0
中国航路	521	757	1,130	2,108	3,700	4,697	4,563	5,283
釜山航路	832	1,164	1,470	2,994	4,408	5,732	8,124	6,016
対アジア航路計	3,713	4,202	4,456	6,258	8,884	10,429	12,687	11,299
対アジア貿易高割合	8%	9%	8%	9%	9%	10%	10%	11%

（境港管理組合資料より）

言われてきた環日本海地域では、アジア大陸との交流が盛んになってきており、例えば鳥取県にある境港でも、アジア大陸との間の貿易量は年々大きく伸びているのです。そうした変化のなかで、対岸の韓国では、ソウルから東海岸へのアクセス、東海岸自体の交通の便を良くしようと、かなりレベルの高い道路を何本も整備しています。目先の採算性ではなく、将来の国益を考えて積極的に投資しているのです。中国でも吉林省などは、北朝鮮の港を視野に入れた高速道路整備を進めており、かなり先行投資をしています。日本だけが、相変わらず部分的に儲かる儲からないの議論をやっています。「日本も国の発展を見据え、しっかりとしたグランドデザインにもとづいたネットワーク構想を考えないでいいんですか」と言いたいのです。（資料3「環日本海交流を支える高速道路整備状況」）（資料4「境港の対アジア・コンテナ貨物取扱量の推移」）

今後の道路行政において、国や県はそれぞれどのような役割を担うべきでしょうか？また、どこで役割を峻別したらよいでしょうか？

国の役割・県の役割

国と地方でもっと役割をはっきりと仕分けしたほうがいいと思います。高速道路の建設は国土開発の一環として考えるべきであり、国が計画を立て、バランスよく幹線が整備されているか、財源は全体としてうまく機能しているのかは、国の責任の範疇です。これについては、しかるべき知識と見識を持った人たちで、国益をしっかりと考えて決めたらいいと思います。一方、県道や市町村道は、限定された域内の問題なので、県や市町村が責任を持って計画し、自前の財源で行っていくべきです。「地方にまかせて、本当にできるのか」と疑う人がいますが、そんな心配は無用です。むしろ、「早く権限と財源を移譲してくれ」と言っているのに、官庁間の調整を付けられずにいつまでもグズグズしている政府に、我々のほうがあきれているのです。

我々としては、補助金が付いたから道路整備をする、補助金が付かなかったら整備を見合わせる、といったように、国の指示に左右されるのではなく、現場を見て本当に必要な道路であれば、自分たちの判断と責任で進めたいわけです。

ところが、今は、国レベルで行うべきことを地方から直轄負担金を取り、地方から召し上げる。逆に、地方がすべて行えばいいところを国が補助金を出して、現場に不要な事業すら押し付けている。誰がやるべきことなのか、決定権が曖昧になり、不健全なもたれあいの状況になっています。この状況を改善する必要があります。制度全体を見直して、きちんと役割分担の線引きをしなければと思います。（資料5「道路の種類と管理」）

資料５

道路の種類と管理

道路の名称	管理者	費用	法律
高速自動車国道	国	借入金 国からの貸付金など	道路法 高速自動車国道法
一般国道	国と都道府県で分担	国費 国庫補助金	道路法
都道府県道	都道府県	国庫補助金 地方単独費	道路法
市町村道	市町村	国庫補助金 地方単独費	道路法
農道	都道府県 市町村	国費 国庫補助金 地方単独費	土地改良法 農用地開発公団法
林道	都道府県 市町村	国費 国庫補助金 地方単独費	森林法 林業基本法 森林開発公団法

鳥取県県土整備部資料より

鳥取県提供

国道29号線（鳥取市内）

現場の目で行政を考える

鳥取県では片山知事の就任以来、県の行政改革を推進され、すでに大きな成果をあげておられます。具体的に組織や職員の意識をどのように改革していったのでしょうか?

透明性と説明責任

鳥取県では、とにかく透明性を高めることを基本にやってきました。透明性が高まれば説明責任を果たさざるをえなくなるからです。以前は、県レベルでも、やはり根回しのようなものはあったし、異論反論が表に出ないようにして政策を作っていたようです。最後は情報公開[※3]と称した広報が、決まったことだけを県民にお知らせする。プロセスがまったく不透明で、問題点も露出しませんでした。

現在は素案の段階から計画決定まで、政策を策定するプロセスをすべて公開しています。当然、さまざまな異論反論が出ますが、そのなかでなるほどと思ったら取り入れ、評判が悪かっ

3 **情報公開**
「鳥取県の開かれた県政」を進めるために、平成一一年四月から「鳥取県情報公開条例」を施行。公文書の開示のほか、県の施策の立案、執行の過程において重要な役割を果たす審議会の情報も公開している。

たらやめる。すべてが公開されているので、有力議員と称する人がこっそり介在することもなくなり、無駄遣いや不正腐敗がない、プロセスの段階から周囲に耳を傾けることで、民意との間のズレも少なくなる。その結果、かえってスムーズに事が運ぶようになりました。

最初は、県庁でも情報公開を嫌っていました。「そんなことはやめてくれ」「仕事ができなくなる」と。それに対して私は、「情報公開したほうが、あなたたちも楽になるよ」と言い続けた。また、職員が市民からの情報公開の請求が来ても、勝手に情報を黒マジックで塗りつぶして提出していたので、「非開示部分があるものは私が決裁する」と、自ら決裁をかってでました。これで一気に公開度が高まりました。

もともと官僚機構というのは、国でも地方でも、透明性とか、説明責任といったことが苦手な集団です。これを変えるにはトップが態度で示すしかない。トップが本気になれば、風穴を開けることも可能なのです。ところが、国のほうは、なかなか変わらない。総理もそういう意欲を持ち、透明性と説明責任を重視する大臣を任命したらいいと思います。本当に志を持った人、中央政府の改革をしなければいけないという意欲を持った人を配置すれば、すぐに透明性を確保できるはずです。

組織改革で無駄を排除

それから組織も、中央官庁型から現場対応型に変えつつあります。従来の県庁は、常に「本省」を見て、どこの局の何課と繋がっているというようなことばかり気にしていました。そのために、例えば道路でいえば、旧建設省系統の国道・県道は土木部、農林省系統の農道は農林部といった具合に、中央官庁の縦割りに合わせて組織を編成し、同じような整備事業をバラバラに行っていました。私が不思議に思ったのは、土木部の道路マップを見ると農道が載っていなかったことです。土木部の職員は、当然、農道があることがわからないので、「ここに路線がいるな」と道路の計画を作ろうとする。ところが、一件査定で現場を確認させると、土木部と農林部で同じ場所に重複して道路計画を立てていることがわかるわけです。

そこで、県道も農道も道路行政として一本化するために、県土整備部を新設して、現場で本当に必要な事業だけを行うようにしました。港湾と漁港、下水道と農村集落排水と合併処理浄化槽、治山と砂防も、同じように統合した。中央官庁に合わせた組織ではなく、現場に顔を向けて対応できる組織にしたことで、業務効率が上がり、無駄な事業もなくすことができたわけです。（資料6「鳥取県の組織見直し」）

しかし、相変わらず中央政府は、そういった効率化への対応が遅くて腹だたしさを覚えます。例えば米子空港にソウル便を導入するときに、政府がＣＩＱ[※4]（税関、出入国管理、検疫）を行うわけですが、管轄省庁がバラバラで、対応に苦労しました。入国管理は法務省、税関は旧大蔵省、検疫については人間は旧厚生省、動物は旧農林省といった具合で、取りまとめるのにやたらと時間がかかる。現在は一つの窓口にある程度一本化してもらっていますが、万事がこのような調子で現場とのズレが大きいのです。

4
C－Q（Customs Immigration Quarantine）
貿易手続き上必要な手続きであり、税関（Custom House、財務省）、出入国管理局（Immigration Office、法務省）、検疫所（Quarantine、厚生労働省、農林水産省）の総称。

資料6

鳥取県の組織見直し

平成14年4月より、部や課別に同じ事業を行っているものは統合するなど組織と事業の見直しを図った。(平成16年4月現在)

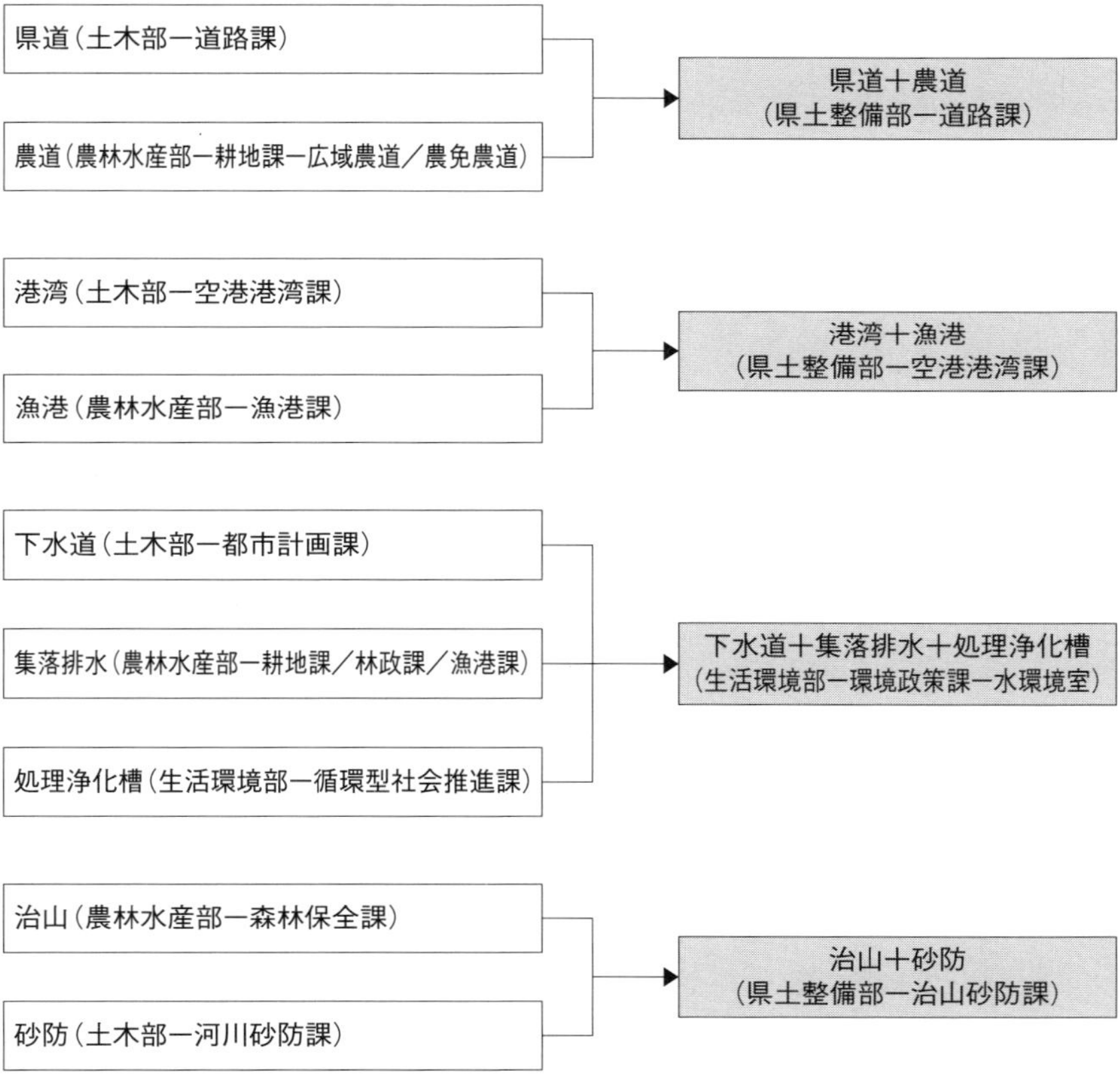

政策策定能力も短期間で向上

透明性や説明責任能力の向上、オープンな議論を通じて、職員の政策形成能力も格段に高まってきたと思います。今までは、国がルールを決める、政策を作る、そのために必要な補助金も出しましょうという仕組みのなかで、地方は、国におうかがいを立て、国に拘束されて動いてきました。その結果、地方職員に求められる能力といえば、中央政府が決めたことをもらい受けて、咀嚼することだけといってよかったのです。県職員であれば、政府が作ったものを一所懸命勉強して、右へ倣えで市町村に下ろしていく。「政府が決めたことだから」と言っておけばすべて平穏に片付く。結局、自分たちで独自に政策を考えることを怠けてきたのです。

鳥取県では、今は、国の補助金の有無にかかわらず、現場を見て本当に必要な事業を峻別して実施するようになっています。そのためには、中央政府の発してくる政策で、いいものはもちろん採用しますが、そうでないものは批判的に受け止め、地方で独自の政策を立て直す。なかには政府の力を借りないとできないものもありますが、その場合は政府を引き込み、協力を取り付ける。職員の意識が変わったことで、こうした動きがかなりできるようになってきています。また、情報公開を徹底したことによって、議会やマスコミ、住民に説明責任を果たさなければならない機会も増え、そこで鍛えられることで、職員の能力向上がさらに進むという好循環が生まれつつあります。

もちろん政策形成や計画には、職員だけでなく、外部の力も必要です。しかし、今まで地方では政策形成が行われなかったので、そういう民間の活力が東京に一極集中してしまっています。これから地方でもそういう活力が必要だし、また、そうした人材なども育っていくのではないかと思います。もう一つは「学」との連携です。鳥取県の場合は、地元の鳥取大学に依頼し、今後求められる県の産業政策ビジョンなどについて、すでにさまざまな提言をしてもらっています。国立大学が法人化したこともあり、大学のほうも動きやすくなったので、今後はこういう機会が増えると思います。行政と研究機関が連携しながら、より地域の実状にあった政策形成をしていければと思っています。

職員の意識改革も大切ですが、地域住民の一人ひとりの自助努力も地方分権には必要だと思います。その点について、鳥取県ではどういう方針で臨まれるのか、サポートの方法なども含めてお聞かせください。

県民にも自主自立の精神を養ってもらいたい

県全体をよくしていく、あるいは地域ごとによくしていくためには、地域の人たちが自助努力するモチベーションを持たないと何事も始まりません。それはまったくおっしゃるとおりだと思います。これまでは、県民の側は行政に対し、「とにかく何かしてください」「支援してください」という態度でした。行政のほうも過剰に支援することが常識化していました。例えば、農業の場合、「来年、何を作ったらいいんでしょう?」「災害で作物がだめになったので、補償してください」といった調子で、すべて行政に頼る。コルホーズ[※5]のように行政の指示を待っている状態でした。しかしこれではだめで、本当は独立自営の農民として、自分たちが農業分野の企業としての意識を持ち、市場をにらみ、生産販売していかないといけません。行政も農家が考えるべきことを肩代わりし、手取り足取りやっていてはだめな時代なのです。

鳥取県では今、農家の人たちがどんな意欲を持って、何を目指すかといった積極的な課題を引き出すための政策に転換しつつあります。そして、自ら課題を見つけ解決しよう、自助努力でもっと大きく展開しようという意欲を持った人たちには、積極的に後方支援をします。

例えばラッキョウ農家ですが、鳥取砂丘の一角にラッキョウの産地があって、「砂丘ラッキョウ」といって東京でもかなり売れています。ところが、事業拡大をしたくても耕作地が足りない、もっと増やしたいという課題を抱えていました。耕作面積の拡大のためには機械化しなければなりません。そうすると機械の入る道路に拡張しなければならない。さらに、格納庫も必要になる、と次々と課題が出てきます。それだったら行政でもある程度は支援しましょうと、補助金を付けて後押ししたところ、年間の売上一〇億円という当初のプランをたった三年で達成しました。

こうした実績を見てほかの意欲のある農家も、「うちでもやりたい」と言ってきます。ソ連時代のコルホーズに対するような支援を行政はしません、伸びる人はどんどん伸びなさい、私たちが応援します、という姿勢で臨んだら、農家の人たちから自主的に手があがり始めたわけです。従来のような過保護な支援をやめたことで、「知事は冷たい」などと言われたこともありま

5 コルホーズ（kolkhoz） 旧ソ連の大農式の共同経営による集団農場のこと。国営農場。

砂丘ラッキョウ

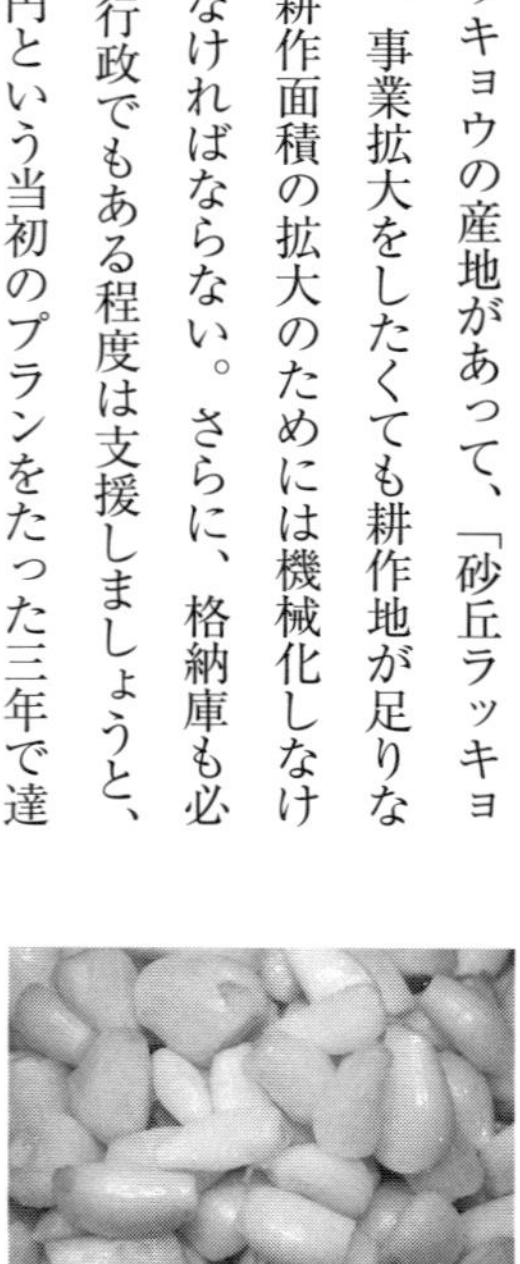

鳥取県提供

したが、私はやはり、これからの行政にはこういう姿勢が大切ではないかと考えています。

一律平等から、バランス感覚のある「公正」へ

ただし、一人ひとりが自立した起業家となると、それぞれの要求もバラバラになります。そうなると、従来のように一律の基準を設けて、「公平・平等」に支援することは不可能になります。例えば、ラッキョウ農家では機械を導入したい、白ネギ農家では水はけをよくしたい、といったようにさまざまな要求に応えていくと、当然支援の方法や規模にもバラツキが生じます。それゆえにどこまでを「公平」な支援とするか、誰もが納得できるラインはどのあたりか、絶えずバランス感覚を働かせることが重要になります。

何を必要としているのか、課題は何か、その課題を解決するヒントも含めて、真理は常に草の根、現場にあります。中央官庁を見ながら仕事をせず、現場が本当に必要とするところに、バランス感覚をもった「公正さ」で支援する。これが大切だと思います。

そうした場合、行政に対する何がしかのチェック機能が働く必要があると思います。その点についてはどうお考えですか？

議会を活性化するには

そのとおりです。行政の側が透明性、説明責任能力を高めるだけでなく、行政サービスの公平性、質の高さを保つためには議会や監査委員などによるチェックが必要です。このチェックがうまく働かないと、一様に質の悪いものになってしまいます。

本来、自治体の政策に問題があれば議会でチェックし、やめることもできるわけです。ところが日本の地方議会というのは、全国的に見てもあまりうまく機能しているとは思えません。議会の議員が住民をバランスよく代表していないこともその一因だと思います。納税者の大半は今、サラリーマンです。彼らは子育て、教育、介護といった生活に密着した課題を抱えています。しかし、住民の代表であるはずの議員のなかに、現役サラリーマンはほとんどいません。子育てに関係なく、人権問題、環境問題に関心がない、ITが苦手な高齢の男性議員の人たちで議会が構成されていたのでは、どうしても住民との間にズレが生じ、政策がズレてくるのです。私はもっと地域住民のマジョリティを代表する人が議会に参加すべきだと思います。また、今後はそれを容易にするような仕組みを立法上でも考えていくべきだと思います。

鳥取県議会は、かなりオープンで透明性の高い議論ができる場になってきています。そのためのチェック機能も良好なかたちで効いていると思います。このほかにも、日野郡という県内でもっとも高齢化と過疎化が進行しているところでは、自治法上の議会とは異なるタイプの議会を実践しています。鳥取県日野郡民会議[※6]といって、老若男女のクォーター制の下に抽選で代表者を選び、自由に議論できる仕組みにしています。サラリーマンでも、学校の先生でも参加

6 鳥取県日野郡民会議
鳥取県が条例で独自に設けた制度。老若男女のクォーター制の下に抽選で三〇人を選出し、交代制で郡内の行政について監視、建議する。選挙を行わず抽選により議員を選出しているので、老男に偏ることなく、社会を構成する老若男女でバランスよく議会を通じて行政に意見を反映できる仕組みになっている。

でき、構成員は抽選で選出されるので、いわゆる有権者を意識した「政治性」はありません。ここの議論は住民とのズレがなく、聞いていて実に気持ちがいい。本来の市町村議会にも是非参考にしてもらいたいと願っています。

地方税についておうかがいします。現在の税制度はうまく機能しているとお考えですか？

「受益」と「負担」のバランスがとれる税制を

　私は問題があると思っています。地方税は、国が決める税の体系にもとづいて全国一律に決まります。だからどこへ行っても基本的に住民税は一緒です。法人事業税などの法人所得課税についても、仕組みは東京でも、鳥取でも全国どこでも原則として同じです。税のことはすべて国が決めているため、地方でその受益と負担の関係を適正に調整することができないのです。

　普通はマーケットメカニズムが働き、たくさんお金を使うのならば、たくさんの税金が必要になる。その仕組みのなかで「税金を多く負担してまで無駄な建物はいらない」という声が出てくるほうがいいわけです。ところが、いくら箱物を建てても、現行の仕組みだと税金が上がらないため、どうせなら建てたほうがいいとなる。それで気が付いたときには、借金まみれで破綻するかもしれない事態になっているのです。本当は毎年、「これだけの仕事をすれば、これだけ税金が上がりますよ。いいですか?」という確認作業をすべきなのですが。

アメリカの場合は、これをプロパティ・タックス[※7]、オーストラリアの場合は、レイト[※8]でやっています。「来年度はこれだけ仕事をします、それをみんなの固定資産で割れば、あなたのところはいくらの税率になります、いいですね」というのがこの仕組みです。それが健全な、財政破綻を起こさない防止装置であり、納税者が行政に関心を寄せざるをえないシステムだと思います。日本は税金が変わらないから無関心のままでいて、気が付いたら、レベルの低い首長と議会とが談合して、いろいろなものをつくって、借金まみれにして抜き差しならない状況に陥っている。日本でも税制については、早急に分権型の税制になるようきちんと考え直さないといけないと思います。

その税の問題を揺るがしているのが三位一体改革ですが、これについても片山知事はいろいろと発言されています。現状をどのように評価されていますか?

改革理念が共有されていない

三位一体を評価する前に、まず私は、こうした改革は目標が明確でないといけないと思って

7
プロパティ・タックス(property tax)
アメリカの課税制度。州政府および郡、市、学校区などの地方自治体が資産税の制度を有しており、州により課税対象、税率、評価基準が異なっている。

8
レイト(rate)
オーストラリアの資産課税制度。

います。ところが今の三位一体改革は、肝心の目標が共有されていない。まずは政府内で理念を共有しなければならないのに、それがなされないまま言葉だけを共同利用している状態です。

本来、地方分権改革の理念は、日本を中央集権型から分権型の社会に変えていくことにあったはずです。そのためにはまず、権限を国から地方に移さないといけない。財源も、より住民に身近な地方自治体に移そうということで、それを税源移譲、補助金の削減、交付税の見直しの三つ一体でやりましょうというのが三位一体改革です。地方がもっと自由に財源を使えるように、なるべく国庫補助金はやめて、地方税として入ってくるかたちにしましょうというものです。

しかし、中央政府の人の考えはぜんぜん違います。しかも中央政府のなかでも、立場によって考え方が違っています。例えば財務省は、国から地方に出す補助金も交付税も削って、国の財政再建を優先したい。地方は税源移譲を望んでいるが、なるべく地方に財源をまわしたくないと考えています。一方、総務省は、地方交付税を自分のところである程度ハンドリングできるようにしておきたいというのが本音です。地方交付税は本来、地方税の不足を補うための制度であって、自治体が自由裁量で使えるはずのものですが、さまざまな理由で国から使途を特定される面がありました。それをシャットアウトするのが今回の改革のはずですが、考え方がまるで逆行しているのです。

したがって小泉総理の役割は、三位一体改革の理念をしっかり政府内に共有させ、それに反する行動を抑えるようにリーダシップを発揮し、説明責任をもって徹底させることだと思うのですが、それができていません。そういう意味では、基本のところはほとんど零点です。

かろうじて合格点の税源移譲

しかし、多少は評価できるところもあります。そこは非常にアンビバレントなものがあります。今まで政府は税源移譲を絶対にしませんでした。それが曲がりなりにも、二兆何千億円以上を所得税から住民税に移すことが決まったわけです。公言していた三兆円には達していませんが、ある程度の成果はあげたといえるでしょう。

ただし、税源移譲の代わりに削る補助金の内容については評価できません。本来、国が作るべき補助金削減対象リストを地方六団体で作るように要請され、我々の間でギリギリの調整を重ねて一本化したわけですが、その内容を尊重した形跡が見られません。義務教育費については、我々も一応リストには入れましたが、いわば野球でいう九番バッターでした。税源移譲が三兆円に達するならば、義務教育費に手をつけるのもやむなしとしたのに、結局は三兆円に達しないまま、九番バッターをクリーンナップに入れ替えてきたのです。それだけでなく、国民健康保険に関わる補助金もリストアップしてきました。我々はベンチの控えにも入れてなかったものを、無理やりクリーンナップに入れて削減の対象にしたのです。これはまったく評価できません。そういった意味で、三位一体の評価はアンビバレント。評価できる点もあるし、できない点もあるということです。

少子高齢化と地域づくり

日本ではこれから少子高齢化が進み、人口減少の時代に突入します。地方ではこれに備えた地域づくりが必要になると思いますが、鳥取県では、何か具体的な政策展開をお考えですか?

距離を縮めるＩＴ化

高齢化が進んで人口が減ると、地方は、とくに町村では過疎の問題や高齢者対応の問題が深刻になっていきます。行政もこうした点を踏まえて準備を進める必要があるのは言うまでもありません。私は、高齢化し、過疎化していく社会では、ＩＴ技術がかなり力を発揮すると考えています。

鳥取県のような小さな県では、地域のあちこちに満遍なく、総合的な機能をもった病院を配置することは不可能です。そこでＩＴを使った遠隔地医療などが重要になってきます。今、実験をやっていますが、鳥取県では遠隔地でも光ファイバーをぜんぶ敷きましたので、映像が高速度、大容量、低料金ないし無料で送れます。ですから、例えば遠隔地の診療所で診察を受け、回線を通じて都市部の総合病院のほうに映像を送って、診断してもらうこともできるようになります。

ほかにも高齢者だと役所に行きにくいという問題がある。ならば役所に来なくてもいいようなシステムにすべきで、役場と家庭をＩＴでつないで、住民票はオンラインでいつでも取れるようになるでしょう。いずれパスポートもそうなると思います。

ＩＴインフラの整備は若い人の雇用創出にも効果をあげています。去年（二〇〇四年）は企業のコールセンターを引っ張ってきました。ＩＴ分野は実力主義で厳しい面もありますが、やはり県内にインフラが整っていることが功を奏しています。もちろんこうした成果はインフラだけでなく、人材育成面も大きい。鳥取県では、高等学校、高等専門学校、大学、企業を通じたｅラーニングシステムに積極的に取り組んでいますから、ＩＴ企業などを誘致した際にすばやく対応できることも強みになっています。

情報ネットワークの整備は採算性の問題があるので、鳥取のような県ではなかなか民間企業はやってくれません。そこは行政が必需品として整備する分野だと割り切っています。今、各役場までは光ファイバーが繋がっています。さらに鳥取県ではＣＡＴＶが発達しているので、人口の八割がたをカバーするところまできています。一部まだ双方向になっていないところもありますが、これを双方向に変えれば、ぜんぶこれで大容量、高速、低料金のインターネット環境ができます。これは強みです。さまざまな公共サービスに応用できると期待しています。

ITで情報は送れますが、人やモノは送れません。交通ネットワークの整備は今後も重要になるのではありませんか？

道路は「整備」から「利用」へ

道路についていえば、今後必要となる路線はもちろん建設が必要ですが、実は道路整備自体はもうかなり進んでいる。それよりもこれからは、既存の道路をいかにうまく利用していくかが大きな課題になると思います。

しかし、国の対応はここでもズレています。国は道路をつくるとなると、補助金を付けたりしてかなり手厚く支援するが、道路を利用する政策にはいたって冷淡です。例えば、どんなことが起きているかというと、一所懸命、過疎地に道路を敷きます。ところが、ある集落では、冬場は雪掻きしないとその道路を使えない。しかし、雪掻きのお金が出せず、そのためその集落の人たちは、冬場は市街地に引越してきて生活せざるをえないと。本当に馬鹿げた話だと思います。

莫大な投資をして道路をつくっておきながら、その道路が使えない。しかし、国はそっぽを向いて、たいした支援をしない。道路建設と雪掻きのコストでは桁がまったく違うと思いますが。別に国に支援を頼むわけではないのですが、国は、道路にかける財源をもっと柔軟に使える仕組みを作るべきでしょう。結局、すべて地方の自主財源で行わなければならず、地方財政が厳しいなかで、こうしたことへの対応が遅れがちなのが現実です。

公共交通機関へのニーズが拡大

もう一つ重要なのは、バスなどの公共交通機関の整備活用です。今はマイカーの社会で便利ですが、高齢社会になってくると、車に乗ることができない人が増加します。今はどこのまちもマイカー中心に整備され、道路も車社会に便利なように整備されています。しかし、今後は車に乗らない高齢者や交通弱者が確実に増える、となると、この人たちの地域間移動が大きなテーマになるはずです。移動が不便になると地域は活力を失います。それを防ぐためにも公共交通をもっと発達させ、高齢者でも自由に動きまわれる地域づくりが重要だと思っています。

鳥取市では、市内で一〇〇円バス[※9]というのを始めています。また、過疎地でも、日南町が町営バスを五台購入して、それを低料金で順次走らせていますが、このたぐいの施策を行政がもっと後押しすべきでしょう。これまでは「補助金を出しますから民間がやってください」と言っていたわけですが、今後は、とくに鳥取県のような小さな県では民間では乗り出しにくい分野もあります。そうした場合には、行政が積極的に乗り出すべきなのです。

それから、公共交通機関の整備が必要なもう一つの理由として、都市がこれから縮小、撤退の時代に入っていくことがあげられます。今までは郊外にニュータウンをつくって、「そこからマイカーで通いなさい」という発想でした。そのせいでドーナツ化現象が起こり、地方都市の中心部は疲弊してきました。空き地が増え、「上下水道、ガス、電気付きの駐車場」だらけになっています。それでもまだ郊外へと道路を敷き、新しい導管を設置して、新しいニュータウンを建設するという動きに歯止めがかからない。これでは公共投資として無駄が多過ぎます。こ

9
一〇〇円バス
平成一六年より運行を開始した鳥取市街地の主要な施設を循環するバス「くる梨」。どの区間も運賃は一律一〇〇円。一周約三五分、平日八時～一八時(土日祝は九時～)、二〇分おきに運行している。

鳥取県提供

の流れを変えていかねばと思っています。そして、郊外に住みついた人たちを呼び戻し、まちをもう一度活性化するためには、やはりきめ細かい路線バスなどの整備が不可欠になります。二重、三重の意味で公共交通機関の充実は重要なのです。もちろん、このような公共サービスは都市部だけでなく、遠方への移動もできるように、県域全体で整備を進めていく必要があります。

そのほか鳥取県という地域性を活かした地域振興策として、どのようなことに取り組まれているのでしょうか?

自然資源を武器に、エネルギー産業を創出

最近ウォータービジネスが盛んになってきていますが、鳥取県にもウォータービジネスの企業が進出して全国展開を始めています。例えばある大手飲料メーカーが販売する水は、西日本はぜんぶ、鳥取県から供給しています。つまりそれだけ、鳥取県では水がきれいな環境が守られているということです。[※10] 自然環境のよさは、食の安全や安心に結び付きますから、これまでも食品関連産業の進出があり、そこにまた雇用が生まれています。

また、鳥取県にはエネルギー源がありません。石油も出ませんし、ガスもない。原子力発電

10　妖怪の住まうピュアな鳥取県

『ゲゲゲの鬼太郎』の作者、水木しげるは鳥取県の出身だが、実は鬼太郎はじめ妖怪は、ピュアなもので、水がきれいなところにしか住めないと言われている。また、悪霊は霊力を悪いことに使うが、妖怪は人のためになること、正しいことに使うとも。つまり、妖怪が住める地域というのは、環境がよく、人の心も美しいところとなる。片山知事は「妖怪も住めるピュアな県を目指す」と語っている。

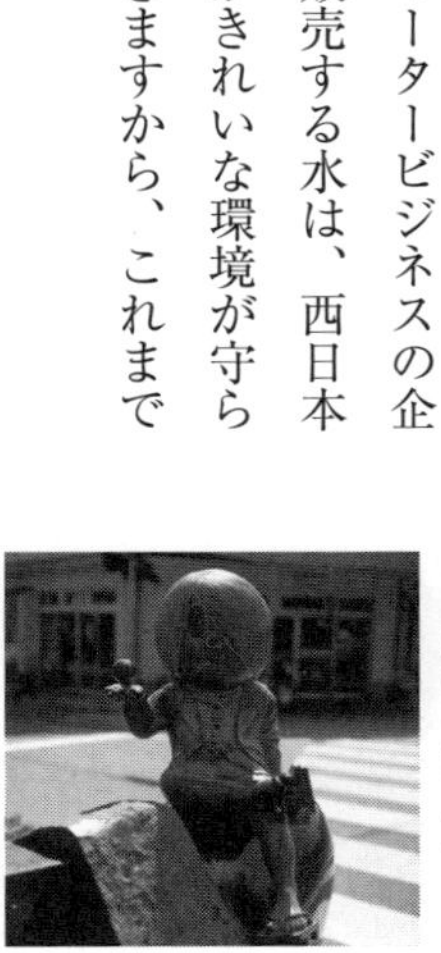

©水木プロ

所もないし、さしたる水力発電所もない。電力自給率でいえば一割ぐらいで、非常に脆弱です。これを克服するだけでなく、逆転の発想で産業振興にも結び付けられないかということで、今、取り組み始めているのが自然エネルギーの開発です。とくに力を入れているのが風力発電です。今後は民間企業にも参入してもらい、拡大展開していきたいと思っています。

自然エネルギーといえば、もう一つ注目しているのが木質バイオマス※11です。その一環として木質ペレットストーブの普及に力を入れだしたところです。臭いがぜんぜんないし、煙も灰もごくわずかで、とてもいいものです。今はまだ、県庁内に試験的に導入して試しているところですが、今後は県内で広く普及させていきたいと思い、いろいろ策を練っているところです。燃料であるペレットの生産自体は簡単ですから、ある程度のマーケットが県内にできれば、県内でのペレット生産も可能になっていくでしょう。そうなると灯油と同じぐらいにまで価格を下げられますので、業務用と家庭用で一気に普及する可能性もあると思います。まずは市町村に勧めたりしながら、病院の待合室や学校などの公共機関に導入し、補助金を付けるなどして、徐々に一般家庭でも使ってもらえるようになればと思っています。

いずれにしても、自然エネルギー産業には大きな魅力と可能性を感じます。今まではエネルギーが何もなかった鳥取県が、木質バイオマスによってちょっとしたエネルギー地帯に変わっていくことも夢ではないと思っています。

11 木質バイオマス
バイオマスは生物を利用して有用物質やエネルギーを得ること。木質バイオマスは間伐材をペレット状にして、燃料としたものをいう。写真は知事室のストーブ。

鳥取県提供

学校給食は地元産のもので　Column

鳥取県は農業県だが、食料自給率は61％。もう少し自給率を高められる可能性があるのでは、と学校給食を調べたところ、自給率が非常に低かったという。理由は、学校給食は大量につくる必要がある上に品揃えも豊富でなければならないという要請があるため、食材を他県から購入する場合が多いことにあった。しかし、せっかく近隣の農業地帯で生産しているのに、他県からの食材調達に頼ってばかりでもったいない。できるだけ地元で生産したものを使いませんかと勧めていった。また、学校の栄養士さんにも、地元生産者から何月に何が収穫できるといった情報を提供してもらい、それで献立を作ってもらうようにした。

そうしたことを重ねていくうちに、今では、学校給食の５割ほどが地元で調達されるようになっている。すると、それを聞きつけた地元の生産者のほうから、学校には何月にどこから何が入ってくるのかを聞きにくるようになり、そのリストをもとにジャガイモを作り始めて、収入を上げる人たちもでてくるなど、地元の農業振興にも一役買う結果となった。

鳥取県提供

過疎化問題の対応策の一つとして、都市部への集住を推進すべきとの意見もあります。片山知事はどうお考えですか?

国は、過疎化が進むと公共サービスを提供しにくくなる、だから都市部に集まり、コンパクトにまとまっていけ、と言います。つまり、行政の効率化をはかるために、都市部への集住を推進したほうがいいと。

しかし、過疎地を見捨て、日本全体が都市化に走ったら、国土全体が大きな不安要素を抱えることになると思います。私は基本的に、できるだけ集落は守っていくという姿勢です。なぜなら、先ほどのＩＴもそうですが、いろいろ知恵を巡らせれば、過疎地を抱えていてもある程度の行政サービスはきちんと維持できると思うからです。

過疎化しても公共サービスはできる

かつては遠方の小集落にも、それなりにきちんとサービスを提供できていました。それが今、問題になるのは、財政が破綻しているからです。その理由は、国の政策にしたがって余計なものをつくり過ぎたからです。余計なものをつくるのをやめて、ソフト中心の行政にすれば、三七万㎢の国土は、よほどの山奥は別として、十分に機能させられるはずです。それができないというのは、私は行政の怠慢だと思いますね。

私は最近、日本の歴史というものをよく考えます。歴史に照らせば、日本が今置かれている状況は非常に特殊だと思うのです。現代の日本は飽食の時代ですが、こういう状況は、日本の長い歴史のなかでは、ほんの一瞬でしょう。日本人はこれまでずっと、ささやかに、質素に暮らしてきた。もともと山がちの、平野がなくて、資源がない国ですから、質素に暮らさざるをえなかったわけです。たまたま、ひょんなことで経済発展して、大国だとか、先進国だと言われていますが、非常に脆いものです。もう少し日本人は謙虚にならないといけないと思います。

そういうことを考えると、この特殊な時期に、ちょっと過疎化したから一気に国土の構造、住まい方を変えてしまえ、というのは乱暴過ぎる気がします。なんであんな所に住んでいるんだろうと思うような山奥に、長年住んでいる人もいます。しかし、それにはそこに住む歴史の必然性があったからです。ですから、そういう人たちに、こぞって「鳥取市に出てきなさい」とか、「米子市に住みなさい」というようなことは言いたくありません。もちろん、やむをえずそうなるケースもあるでしょうが、少なくとも効率性だけを考えて、行政の勝手な都合だけで集住化を推進するのは間違っていると思います。むしろ、そうした歴史の積み重ねを軽んぜずに、それも一つの文化と考えたほうがいいです。そして、そうした地域ごとの文化を大切にする行政を目指していきたいと思います。

第六章

人口減少時代の都市再生シナリオ

大西　隆

東京大学先端科学技術研究センター教授

東京大学工学部卒業。東京大学工学部都市工学科教授を経て、平成10年より現職。国土審議会委員、産業構造審議会委員などを歴任。専門分野は国土計画・都市計画。主な著書は『逆都市化時代』『地域交通をあるく』など。

大西氏は、都市計画、とりわけ日本・アジアの都市計画に造詣が深く、最近は国土計画の議論で「ほどよいまち」の実現などを提唱されている。また、人口減少や少子高齢化が進む日本において地方都市の活性化は深刻な課題であるが、そのためには、新たな価値観にもとづく地域づくりの理念を創出し、定着させることが重要であると指摘されている。こうした観点から、ここでは分権化時代の都市計画や交通計画のあり方などについて語っていただいた。

人口減少で日本の姿が変わる

「分権時代の交通社会」を論じるとき、都市計画や地域計画から見た交通体系はどうあるべきかという議論は外せないと思います。大西先生は、新しい都市計画の方向性として「ほどよいまち」を提唱されていますが、それはどういう考え方なのでしょうか？

「逆都市化時代」が始まっている

「ほどよいまち」というのは国土審議会の「自立と連携委員会」のなかで出た言葉です。「ほどよい」という日本語には「いい加減」というニュアンスもあるので、不真面目だとか、地域の人たちが頑張っているのに適当にやれというのか、といった反対意見も出て紛糾したのですが、結果的には「持続可能なまち」という意味であり、人口はさほど多くないが機能的に優れたまちという注釈付きで収まりました。

日本の都市は今、全国的な人口減少、しかもかなりドラスティックな人口減少という問題に

都市再生―還流する田園・拡散する都市

Column

逆都市化を象徴する言葉として、大西氏は次の２つをあげている。

１つは「還流する田園」。これは、昔存在していた田園（自然）が、少しずつ都市部に戻りつつある、あるいは戻していくべきという意味。例えば東京・多摩地区などでは、現にサラリーマンを辞めて専業化した農家など専業農家は増えているし、市民農園などに参加する人も少なくない。一方で、住宅需要はそう増加していない。地価も下落傾向にあり、今後相続税が下がれば生産緑地も農地として維持できるほか、古木が茂る屋敷林なども、今後は維持しやすくなると思われる。

もう１つのキーワードは「拡散する都市」。人口が減少し、逆都市化が進行すると、これから都市は密な状態を目指すのではなく、拡散的、分散的に発展していくという意味だが、大西氏はこの状況を好意的に受け止めている。分散居住には自動車依存、エネルギー供給や上下水道などインフラ面の非効率といった欠点があるが、これらは燃料電池車や熱電供給システム（コ・ジェネレーション・システム）など、環境配慮型の技術が普及すれば解決できる可能性がある。また雇用の問題でも、情報通信を活用したテレワークなどが普及すれば、今後は拡散型の都市でも雇用の可能性が広がり、生き生きとした暮らしが実現できると大西氏は主張する。

写真は千葉県市川市塩浜地区に残る干潟「三番瀬」。いわゆる「里山」に対して、市街地に近い河川や沼地、海浜などは「里海」と呼ばれるが、これらは都会人が自然に触れることのできる数少ない場所として、きちんと保全されるべきである。市川市では長年にわたる議論の結果、この三番瀬の埋め立て計画が中止され、自然環境の再生が検討されている。この事例は今日の都市の再生、つまり新たな時代に対応した都市のあり方を考えるうえで本質的な問題を含んでいると、大西氏は指摘している。

直面しています。かつて毎年六〇万人以上の人口増加を経験した首都圏でも、最近では毎年数万人しか人口が増えていない。やがて増加数はゼロになり、減少し始めるでしょう。ましてや地方都市の人口減少は確実です。

日本の都市は時代の転換期を迎えているわけで、私はこれを「逆都市化時代」と名付けました。逆都市化とは、人口が減り、都市が縮小していくことを表した言葉ですが、そのことが都市の衰退を意味するのではありません。なぜなら、これからは都市の拡大を目指した時代には不可能だった、ゆったりと広がる川などの自然環境を取り戻し、狭小な住居から脱却し、より快適な生活空間を確保できる好機だととらえているからです。そういう積極的な意味を込めて、この言葉を使っています。

また、田園に象徴される自然が戻ってきた都市を、私は「還流する田園」と表現し、一方、郊外や地方都市でも大都市と同じような都市的な利便性を享受できるという意味で「拡散する都市」ともいっています。自然環境を回復するために埋め立てをやめたという千葉県の三番瀬などは、これまでの都市化からの転換をはかった象徴的な事例ではないでしょうか。

時代遅れの都市再生政策

これまではどんな都市でも、明日からは人口が増えるという絵を描いて都市計画を作ってきました。新規の需要を見込んで土地を開発したり、高層ビルや巨大マンションを建設したりと開発型、発展成長志向の都市開発を進めてきたわけです。しかし、それは絵空事になりつつある。これからの都市開発には保全・再利用型へのシフトという発想転換が必要です。マンションやオフィスビルの新規需要は減り、供給過剰の状態になりつつあります。そうなると、これ以上新しくビルを建設する必要はないわけで、今後は自然環境を保護したり、既存施設の維持・管理・更新に力を入れていくべきだと思います。

郊外の再生においても方向転換が迫られるでしょう。大型ニュータウンの建設や大規模な工業団地の開発ももはや必要ありません。農地や山林を生かした土地利用を積極的に進めれば、うまくすると駅や道路が整備された通勤可能な地域などは、農地に囲まれたのんびりとした住宅街に変貌する可能性すらあります。

しかし、国の持つ都市再生のイメージは、残念ながら前世紀の開発中心型の考え方をひきずったままです。国の都市再生政策には、「持続的発展が可能な社会」という提案が含まれてはいるものの、土地の流動化や道路整備関係のプロジェクトが強調されたりと、景気対策型の発想が色濃く残っています。改正された都市計画法でも容積率の移転[※1]や立体道路計画など、都市の高密度化を進める制度改正が中心でした。

日本の都市は、住宅は狭く、道路はいつも渋滞し、オープンスペースも乏しいなどの短所をもっています。人口減少、土地価格の下落傾向にある今は、これまで未解決であったこうした諸問題を解決する好機です。（資料1「三大都市圏の地価の変動率推移」）

1
容積率の移転
ほかの敷地の未利用容積率の活用を可能とする特例容積率適用区域制度が創設された。

資料1

三大都市圏の地価の変動率推移

昭和60年代のバブル崩壊後、地価は下落傾向にある。こうしたなか、「地価は上昇し続ける」といった土地神話は崩壊し、土地市場は利便性や収益性により価値が定まる、実需中心の市場へと構造的に変化してきている。

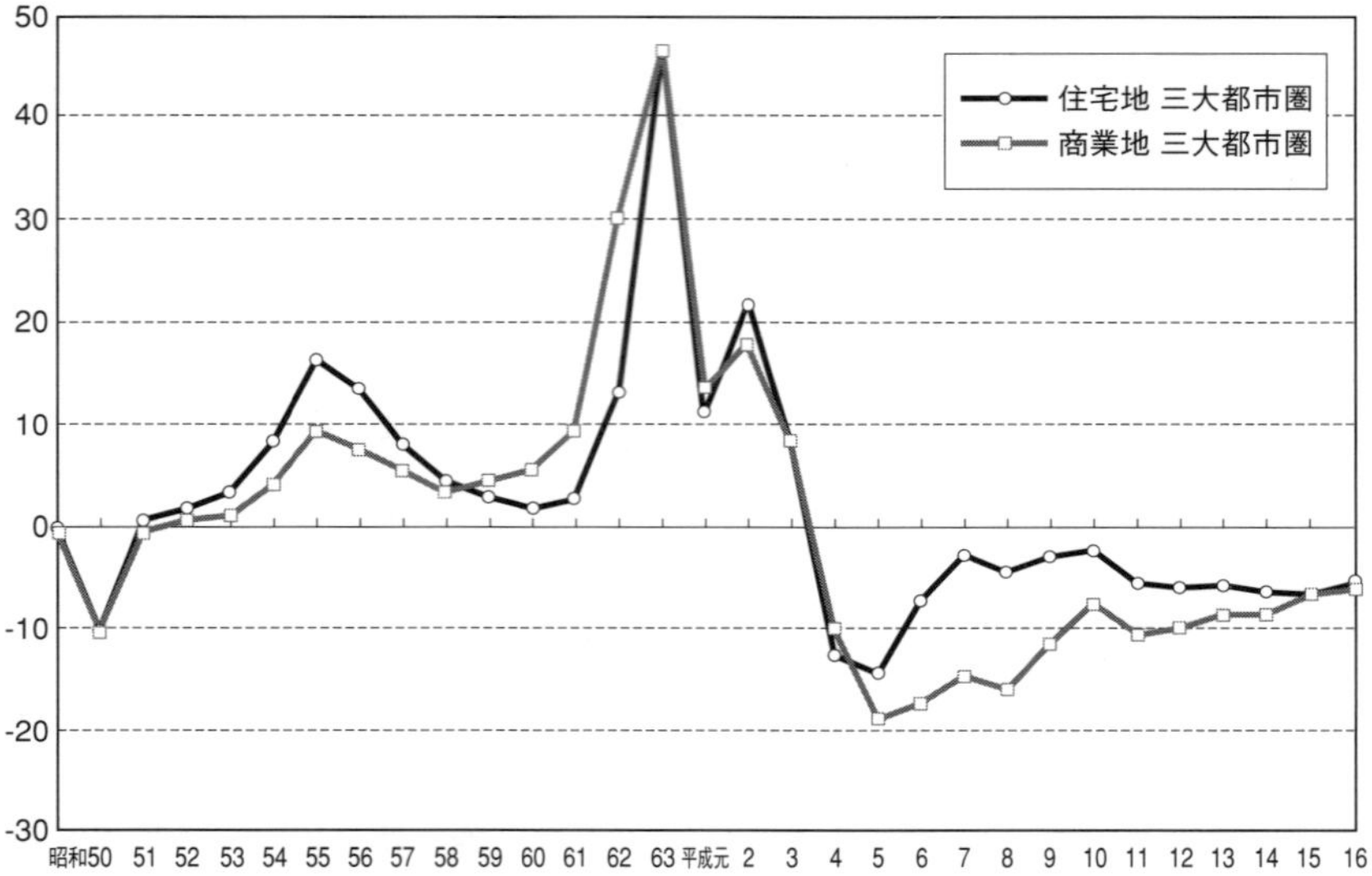

（国土交通省「地価公示」より）

逆都市化が進行すると、人口の分布が疎のまま生活圏が広域化してしまうという議論が出てくるのではないでしょうか？　むしろ「コンパクトシティ」という考え方にもとづいて、郊外に拡散していた人たちを都市の中心部に呼び寄せて、効率よく暮らしたほうがいいと提案する方もいますが…

コンパクトシティに対する疑問

私は「コンパクトシティ」[※2]という言葉に疑問を持っています。コンパクトシティとは、人口が減少していくなかでメリハリをつけよう、比較的人口密度が高い市街地と人口密度の低い農村や漁村地帯とを区別し、都市部はそれなりの人口密度で形成していこうという考え方です。結局は、狭い地面の上に大勢の人が住む形態を指しています。

でも恐らくそうはならないと思います。やはり郊外に住みたい人もいれば、地方都市に愛着を持っている人も大勢います。もちろん都会の便利さに重きをおく人もいますが、誰もが都心のマンションに住みたいと思っているわけではありません。それぞれの立場を認めていくと、なかなかコンパクトなまちにはならないと思います。

そうなると人口密度が低く、かつ拡散的に住むという、一九六〇～七〇年代に問題となった「スプロール」[※3]のようなまちになるという指摘もあります。つまり、交通手段はますます自動車依存になって公害をまき散らすとか、エネルギー供給が非効率だとか、道路も含めて施設の利用頻度が疎になって無駄が発生するなどの問題が出てくるというわけです。

2　コンパクトシティ（compact city）
アメリカのオペレーションズリサーチ学者ダンツィクとサーティにより一つの都市モデルとして一九七〇年代に提案された概念。アメリカにみられるような郊外へ拡大開発されるまちづくりに相対する概念として登場した。現在は、持続可能な都市開発の概念として注目されている。

3　スプロール（sprawl）
都市の急激な発展で、市街地が無計画に郊外に広がっていく現象。上下水道や交通機関といった社会資本の非効率化や、都市中心部の空洞化などを招く。

しかし、これらは技術の進展などによってある程度解決できます。例えば、道路の混雑問題は、人口密度が下がっていくのだからおのずと解消されていく可能性があります。排出ガスの問題は、燃料電池車をはじめとする低公害車の普及が期待できます。燃料電池車はガソリン車に比べ、CO_2の排出量が半分程度といわれ、NO_2や浮遊物質も排出されないので環境保全性が高まるのです。自動車を使い続けながら、自動車がもたらす負の影響を軽減することができます。

エネルギーの供給については、都市ではネットワークによって電気やガスが配られているので、人口密度が高いほうが確かに効率はいい。しかしこれも、例えば燃料電池を活用したコ・ジェネ[※4]などが普及すれば、自立独立型のエネルギー供給システムが可能になる。個別分散型のエネルギー供給が実現する可能性は高いと思います。

また、情報通信手段が発達すれば、テレワーク人口も増える。在宅勤務や地方での小規模オフィスが増えれば、通勤する車による渋滞も減るし、ぎゅうぎゅう詰めの通勤電車に乗って、都市中心部の高層ビルにあるオフィスまで通う必要はなくなります。

こうした技術革新、あるいはこれまでのインフラの蓄積の有効利用を前提とした居住形態を考えると、何もコンパクトにみんな集めなくてもいいという結論になります。（資料2「日本のテレワーク人口」）

4
コ・ジェネレーション・システム（co-generation system）
熱電併給。発電と同時に発生した排熱も利用して、冷暖房や給湯などの熱需要に利用するエネルギー供給システム。

資料 2

日本のテレワーク人口

テレワークとは、情報・ネットワークの利用によりオフィス以外の場所で働く労働形態のこと。通勤の必要がないことや遠隔地からの勤務などを可能にする。

週8時間以上テレワークを実施しているテレワーク人口およびテレワーカー比率

テレワーク人口			テレワーカー比率		
雇用型テレワーカー	自営型テレワーカー	合計	雇用者に占める割合	自営業者に占める割合	全体
311万人	97万人	408万人	5.7%	8.2%	6.1%

週8時間未満テレワーク実施は雇用型443万人、自営型191万人、合計634万人

443万人	191万人	634万人	8.0%	16.0%	9.5%

合計

754万人	288万人	1,042万人	13.7%	24.2%	15.6%

圏域の広がりは止められない

どこに住むか、どういう暮らしをするかは、突き詰めていくと個人の価値観の話になってしまうから難しいのですが、共通確認として、これまでのような拡大発展志向では、将来の地域展望ができない、とまず自覚する必要があると思います。

人口が減少し、都市が縮小してくると、それまでの「都市」にあったはずの施設がなくなり、まちの利便性が失われることもあるわけで、そうなると今まで一つの都市のなかでできたことができなくなり、圏域の広がり、生活圏の広がりが出てくるでしょう。ある圏域で施設を共有する、さまざまな活動を交流させる必要性も出てくると思います。一つの生活圏は三〇万人程度だとすると、「ほどよいまち」は、従来の生活圏の地理的範囲よりは広くなるのではないでしょうか。場合によっては県境を越えていくことも考えられます。施設を整備する場合も、従来に比べ広い範囲でお互いが行き来する、あるいはそれぞれの施設を利用し合うことも考えるべきでしょう。こうした発想は、今後の都市計画で重要になるのではないかと思います。

しかし、みんなの頭がそういう風に切り替わっていなくて、それぞれの地域、現在の市町村をベースにもっと整備をして欲しい、公共投資をして欲しいと思っている人もいます。とくに地方は公共事業に対する依存度が高いですから、国から予算を取ってきて、事業をやるのが元気な姿だという意見になります。こうした発想を続けていると、今に大変な状況になると思います。転機はとっくにきているのに、自治体なども今はまだ十分に取り組む構えがない。まだもうちょっと右肩上がりではないかとか、瞬間風速で公共事業予算が伸びるとか、そういうことに期待するムードが非常に強い。それに引きずられてきたのがこれまでの国土計画と都市計画の議論であり、これからはこの発想を変えていくことが重要だと考えます。

「逆都市化時代」の道路整備

「逆都市化時代」を迎えた今、当然ながら道路整備の議論も転換期にあると思います。道路公団の問題も含めて、今後どのような議論がなされるべきだとお考えですか？

道路公団の根本的な問題点

都市再生の分野と同様、道路整備の分野でも政策に対する認識を変えていく必要があると思っています。道路公団の問題は中途半端で、道路整備特別会計[※5]（道路特会）をどうするか、あるいは高速道路のネットワークそのものをどうするかといった根幹的なところはすり抜けて、民営化するか、しないかだけにいってしまった。やはり根幹は道路特会をいつまで続けるのか、高速道路はどのくらい必要なのかという話でしょう。社会資本整備のあり方論、あるいはどこ

5　道路整備特別会計（道路特会）
P119参照。

まで社会資本整備をすればメンテナンスに移るのかといった議論が根本にあるべきだと思います。

道路整備についていえば、まず、特定財源の使途が硬直的で、限定されたことにしか使えないという仕組みは好ましくない。道路特会は、ガソリンなどを使えばそれが道路整備につながるという受益者負担の考え方に支えられた仕組みです。この仕組みは非常に合理的な面があり、私も例えば、東南アジアなどで仕事をするときには、道路特会のような受益者負担的な仕組みを取り入れたほうがいいという提案をします。これからモータリゼーションが進み、道路がまだまだ足りないという国では、これは有効だと思います。

しかし、道路がかなりつくられていて、いつまで建設を続けるのかが問題になるという転換期にある日本においては、この制度の見直し議論があってもいい。こうした制度の見直しをまったくはからないまま長期間放っておくのは合理的ではない。先進国の例を見ると、イギリスでは一九五五年に特定財源制度そのものが廃止され、フランスでは一九八二年にガソリン税の特定財源制度が廃止されています。

「移動」「情報」をキーワードに道路特会の使い道を広げる

道路特会による予算の使い道については、すべてを道路整備に使わなければならないという理屈は、そろそろ卒業したほうがいいのではないか。まず、「移動」と「情報」をキーワードに、使い道の範囲を広げていいのではないでしょうか。

そもそも自動車で移動するのには何らかの目的があるはずです。誰かと会って話をするのが目的であれば、公共交通を利用して会いに行く手段もあるし、情報通信でも代替できる。道路特会の負担者が、通勤やコミュニケーションなどの目的を達成するために税金を払っていると考えるなら、その税は公共交通の整備や情報通信の整備までを含めたもっと広い枠組みのなかで使われてもいい。ドイツでは鉱油税が道路整備に充当される率が固定されていて、新規増加分は鉄道改革や環境保全などに使われています。アメリカではガソリンの連邦燃料税が、道路整備だけでなく公共交通機関や一般財源にも割り当てられるという柔軟性を持たせています。

日本でも、道路特会の金を一般会計に移そうという議論がでたことがありますが、すぐもとのさやに収まってしまいました。しかしこの問題は、今後繰り返しでてくると思われます。将来は、一般会計に移すことも含めて考えるべきですが、私はまずドライバーが納得する範囲で使途を広げてみたらどうかと思います。交通関連の環境負荷軽減のために活用するとか、公共交通の整備に充てる、あるいは自転車、徒歩も車の代わりになるから自転車道の整備もありうる。また情報通信手段の発達で、人と直接会わなくても目的が達せられるのなら、その整備まで枠を広げてもいいのではないか。

交通は派生需要であり、すべての事業に交通が存在するから、一般会計に移して何に使ってもいいとなると、それは拡大解釈だという指摘も有力になる。さすがに福祉や教育といった分野に使われることになると、どうしてドライバーだけから徴収するのかという議論がでるでしょう。しかし先ほどあげたような範囲内であれば、車に乗る人も納得できるのではないでしょうか。だから、まず「移動」「情報」をキーワードに使途を広げ、次のステップで一般財源化を考えてはどうかと思います。

高速道路をどこまでつくるかは地域の判断も考慮に入れるべきというご意見ですが、国道や県道、生活道路については誰が判断すべきか、どこからが地域の判断で、どこまでが国の政策でやるべきか、役割分担についてはどうお考えですか？

高速道路は「国道」である

私は国道の概念がすでに実感としては変わっていると思います。一号線から始まる国道というのは、広域的なサービスをする一般道路のことですね。対して高速道路は贅沢品で、だからこれは独立した会計でつくろうという考え方があったと思います。ところがこれだけ高速道路が普及してくると、長距離移動は高速道路、短距離移動は一般道路という使い分けが当たり前になってきた。

今や高速道路が、従来の「国道」という名前にふさわしい全国的ネットワークと考えていいのではないか。この際、高速道路を国道で、今までの「一般国道」はトリップの比較的短い、一つの県のなかか隣接県間で収束するような交通に対応した「県道」であると、ワンランクずつずらしていい。したがって、高速道路は国が整備し、それ以外の一般道路はすべて整備、管理の責任と財源を、県あるいは市町村に移譲すべきではないかと思います。

ただし、高速道路を一万四〇〇〇kmにするのかどうかは議論が必要です。私は一万四〇〇〇kmよりは少なくていいと思っています。今すぐ全路線の建設中止、といった議論がいいとは思いませんが、九三四二kmという整備計画路線程度でいいかどうかは議論すべきです。その際、都市から三〇分程度でインターに辿り着けるかなど、しかるべき指標をいくつか組み合わせて判断していくべきです。また、地域の判断も考慮に入れるべきではないか。ある地域は高速道路がもっと必要というかもしれないが、別の地域ではもう道路はいい、その予算を情報通信と福祉関係に回したいというかもしれない。民主主義的に考えれば、受益者負担の考えを重視した上で、住んでいる人たちの判断も尊重されてしかるべきだと思います。

道路建設の優先順位の付け方については、客観的にみれば利用者が多いところが第一条件です。ただし、ほかの事業は多少犠牲にしても、道路を先につくりたいという地域では優先順位は上がる。地元負担分が増えてもつくるという決心をするかどうか、そこは地域の判断です。

便益に見合った料金設定を

高速道路については国が責任を持つとなったとき、ではどうやってつくるのか。私は有料制はずっと続いていいと思っています。我々は税金に対するフラストレーションをかなり感じていて、もう少し税金の使われ方にコミットしたいという気持ちがあると思う。そういう観点からすると、受益者負担的な料金制度は悪くない仕組みだと思います。多くの高速道路では収金システムも整っているので、収金コストの面でも悪くない。税金を使ってつくった高速道路部分についても有料にしていいと思います。

ただ、料金設定については柔軟に考えたほうがいい。普通車で一km当り二四・六円という料金が妥当かどうか、議論は残ります。新規建設が減れば多少安くできる。しかし、借金は返済し

自動的に料金を支払いできるETC

毎日新聞社提供

なければいけないし、そういう約束でつくってきたのだから、料金による償還の原則は変えられない。

利用者の立場からみると、やはり便益に見合ってしか金は払わない。例えば、北海道は一般道路もスイスイ走れるのだから、そこに料金が高い高速道路をつくっても利用されないでしょう。高速道路も一般道路もさして到達時間が変わらないというのであれば、それに見合った安めの料金設定をしないと、高速道路は利用されません。

逆にいえば、その程度の料金しか取れない高速道路なのだから、そのつもりでつくらなければいけないということになる。高速道路の将来の経営を考えるときに、全国一律の料金で一定の人が乗ることを前提として将来の需要予測をしたり、採算の計算をしてはいけないということです。一方、東京など大都市であれば高速道路のメリットは大きいので、それに見合った料金設定をすればいい。

では、料金によってコストを回収できないような路線はどうするか。必要となれば、道路特会を使ってつくればいい。それこそ国が採算性だけにとらわれず、国土のグランドデザインに照らして、つくるべきところには、きちんとつくればいいのです。もちろん採算がとれずに、国費でつくる場合には、地方の負担も当然必要となる。そこまでが、地域も協力しつつ、国が責任を持つべき範囲で、それ以外の一般道路はすべて、都道府県か市町村が受け持つ分野と考えます。このように一般道と高速道路とに二分される道路を、道路特会、一般財源、有料制という三つの財源の組み合わせでつくればよいのではないでしょうか。

これからの都市計画

逆都市化の時代にあって、これから地方都市が活力を取り戻していくためには、どのような考え方が重要になるのでしょうか?

過去に縛られず、新しい時代にあった計画を

いちばん大事なことは、これからは過去にとらわれず、新しい時代にあった現実的な目標設定をしていく必要があるということです。よく都市再生という言い方をしますが、もともと「再生」という言葉には、昔に戻るというニュアンスがあるため、なんとなく昔のほうがよかったというイメージがつきまといます。しかし、これからは古きよき時代に戻りたいとか、都市がいちばん華やかだった時代に戻りたいと言っても、現実的ではありません。例えば人口が多くて賑やかだった炭鉱のまちが、華やかなりし頃に戻るという目標を立てたとすれば、それは方向を見誤っていることになります。

むしろ、昔は自然環境がすごくよかった都市で、長年の開発で自然が損なわれてしまったため、これからもう一度自然を呼び込んで、新しい環境共生型の都市を目指していくといったような方向を期待したいわけです。最初に紹介した「還流する田園」という言葉も、この文脈の

なかにあるキーワードで、田園、例えば、生産緑地を都市の恒久的土地利用として位置付けていくという意味になります。もちろん田園は、斜面緑地、屋敷林、河川敷なども含みます。

では、こうしたことを踏まえて、具体的にはどんな都市をイメージしていけばよいか。中心市街地が確立している都市であれば、コンパクトなまちづくりを考えてもいいかもしれません。しかし、まちをコンパクトにしていくと、一人あたりの住宅面積は狭くなるし、道路や交通機関が混雑する、地価が上がるなどの弊害が出てきます。人口が減少する時代に、あえて狭いエリアに立体的に住む必要はないと思います。それよりも、今の都市構造が車社会を前提に出来上がっていることを考えれば、このインフラをうまく活用しながら、市街地が広がったままでも快適かつ効率的に暮らしていけるような都市を考えていくほうが、普遍性があるのではないかと思います。それは車社会を前提とすることになります。地方に住む高齢者は、元気なうちは自分で車を運転して、いろいろな生活ニーズを満たすというスタイルが普通になると思いますから、車社会の高齢化対応という課題は、関連する重要テーマとして出てくると思います。

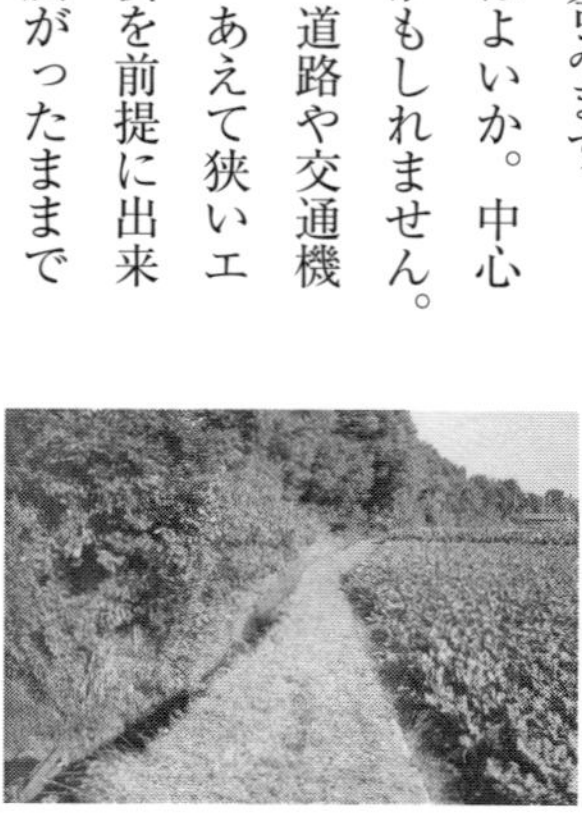
還流する田園（ハケぞいの畑地）

地方都市では今、中心市街地の空洞化が問題になっています。これから人口が減少すると、この問題はますます解決が難しくなるように思いますが、どのようにお考えですか？

中心市街地、衰退からの脱出

中心市街地の問題に関心が集まっているのは事実ですが、その理由は必ずしも一つではありません。古い商店街の衰退、居住人口の減少と高齢化、けばけばしいネオンなど周囲との調和を欠いた建物の乱立など、再生の必要性を訴える人の動機はさまざまです。しかし、自治体へのアンケート調査によれば、郊外への大型店の進出にともなって、中心市街地の商店街が寂れてしまったことを問題視する声がもっとも多いようです。商店街にもう一度、昔の賑わいを取り戻したいということでしょうが、私はこの問題をさほど重要だとは思いません。なぜなら、中心市街地の商店街が寂れても、消費者は買い物する場所に困っていないからです。

中心市街地の商店街で買い物をしないのは、そこに魅力がないからです。老舗や伝統にあぐらをかいたまま、中心商店街の活性化を訴えてみても、消費者の賛同はなかなか得られないでしょう。もっとも、実際には時間つぶしみたいな商売をしている店と、やる気があって何かを始めたいけど、二の足を踏んでいるような店が混在しているのが実状です。こうした場合、護送船団方式というか、一番遅れている人に付き合わざるをえなくなります。そのためにやる気のある人たちも、思い切ったことができないという状況に陥るわけです。

商店街の人たちにも、ある種の発想転換が必要です。路線商店街をまるごと活性化することは、この時代にはまず無理だと思います。が、どこかに拠点をつくり、ほかに負けない魅力を打ち出していくといった工夫はできるはずです。その際に、まずやる気のある人同士でトライして、やる気のない人には押し付けないことです。権利を持っている人に、無理に何かをさせて失敗したら責任重大ですから、無理には誘わない。その人の説得に時間をかけるより、合意した人だけでなんとか工夫して進めるほうが早いのです。また、やる気のない人が足を引っ張らないような仕組みを作っていくことも、動きを軌道に乗せていく際の一つのポイントになると思います。

しかし、中心市街地の議論では、こうした旧商店街の活性化だけが問題なのではありません。中心市街地には商店街のほかにも、駅や業務街、住宅地などが存在しているわけで、こうした諸機能を総合した中心市街地の新しい役割を、どのように考えていくかがいちばん重要な問題です。私自身は、こうした議論を、環境対応型の都市構造や、それを実現していく都市政策のあり方を考える好機ととらえ、なるべく幅広い観点から、さまざまな立場の人を巻き込んで議論を進めていくべきだと考えています。例えば、ここ数年重視されてきた都心居住の促進といった観点は、これからますます重要度を増していくでしょう。できれば中低層で共有の庭付きの家族向け集合住宅などを開発し、若い人たちの居住を促進していくことが望ましいと思います。あるいは文化性の高い施設を建てたり、都市美を高めるようにデザインすることで、都市のハレの場としての華やかさを持たせるという選択もあっていいでしょう。ほかにも散歩道や公園といった、住民の交流の場となる公共空間を確保するなど、いろいろなことが考えられます。

このようにして新しいまちづくりを進める上で、もう一つ重要なことは、活性化の検討のなかで提案された住民のアイデアなどを、できるだけ活かすという発想です。今は分権の時代ですから、結果に対して責任を取る気さえあれば、地元の発想による多様な試みが実現可能なはずです。そこで暮らし、働く人たちの発意を取り込みながらまちづくりを進めれば、まちの個性も新たに生まれてくるのではないかと思います。

道路は多機能に、「溜まる」視点も取り入れて

市街地や都市周辺の道路整備についても、こうした考え方に沿って進めていく必要があります。ただし道路については、もうかなり整備が進んでいるわけですから、これからどんどん延長していく方向ではない。もちろん必要な道路は、新たにつくらなければならないのですが、それよりも全体としては、すでにある道路の機能性を高めるとか、利用の仕方をもっと充実させていくという方向だと思います。これまでは道路といえば、車を走らせることばかり考えてきたフシがあります。しかし、これからは車だけでなく、さまざまな人がコミュニケーションの場として利用できる公共空間として、道路をとらえていくべきだと思います。

一つ提案したいのは、まちのなかに「溜まる」「止まる」ためのスペースを確保できないかということです。ヨーロッパには日本にない「広場」が設けられており、人とまちを結ぶ結節点になっています。確かに日本にも交通広場という言葉がありますが、これは乗り換えの場所であって、人々が立ち止まったり、集まったり、ゆっくりと話をしてくつろぐような広場にはなっていない。目的地に着けばいいという考え方もあるでしょうが、「溜まる」「止まる」という機能もまちには必要なのだと思います。

広場というのは、路地文化のようなものに近いのかもしれません。我が家の前には広い通りがあり、歩道には街路樹が続いています。そこに自分でプランターを置いて花壇を作っている

ドイツのゲッチンゲン

住人もいますが、きちんと手入れをしているし、道行く人もけっこう楽しんでいます。公共空間を勝手に使っているには違いないのですが、なんとなく許される範囲ではあります。この例のように、場が与えられれば、公共空間に自分も関わりながら、皆を楽しませてあげようと思う人も出てくるでしょう。

こうしてゆったりとしたまちなみができてくると、今度は歩いたり、自転車に乗ったりというように、今までのモータリゼーションのなかで地位が低かった交通手段なり交通行動が、また見直されていきます。そして、自転車や徒歩のためのまちづくりも重視したいという発想も出てきます。広場を設けるかどうかはともかく、安全に走ることのできる自転車道路の整備や、駅や商店街など目的地に近い駐輪場の整備、歩行者のための空間整備などは、今後のまちづくりには欠かすことのできない視点ではないかと考えています。

都市機能の充実という意味では、やはり公共交通機関の充実が欠かせないと思います。これからの公共交通には、どのような可能性があるとお考えですか?

既存インフラの活用で、多様な公共交通を

地方都市を舞台に考えると、今後もマイカー中心の状況が続くとはいえ、車を運転できなくなる高齢者の数も増えていくわけで、公共交通への期待も無視できなくなります。ただし、その整備方法については、大都市圏と比べて地方都市の選択肢はそう多くないでしょう。どの地域も新幹線までぜんぶ揃うかというと、それは不可能なわけで、基本的には既存の公共交通をうまく使いこなしていくことが重要です。

私は松山出身ですが、地元には路面電車が残っています。西日本には路面電車が残っているまちが多いのですが、こうしたインフラは維持していくべきだと思います。モノレールや地下鉄が欲しいと言い出すと、莫大な費用がかかりますが、路面電車ならずっと安くつくれますから、新たに導入を検討してもいいかもしれない。ヨーロッパでは、最近新しく路面電車を導入した例がありますが、日本では豊橋で二〇〇〜三〇〇m延ばしたのが唯一の例で、新規導入への積極的な動きはまだありません。しかし、コストからみても、市民の環境保全意識の高まりという観点からも可能性があるので、各地でもう少し検討されてもいいと思います。

また、JRなどの既存鉄道をもっと活用することも考えられます。自治体が民間のバス会社に補助金を出して、コミュニティバスを走らせるのと同じ要領で、鉄道会社にも一定の補助金

松山市内を走る路面電車

路面電車を考える会提供

を出して、必要なサービスを提供してもらうという方法です。そもそも公共交通というのは、住民がこれを「維持しよう」と合意すれば、採算がとれなくても税金を入れて維持すればいいわけで、そこは自治体の決断になります。例えば、今は使わなくなっている鉄道インフラがあって、これを活用すれば大きな効果が期待できるような状況であれば、積極的に可能性を探ってみるべきだと思います。

ちなみに、日本の鉄道会社は基本的に民営で、それぞれ採算が取れていますが、これは海外では考えられないことで、海外の場合はどこも国や自治体の補助を受けています。しかも、資本費のみならず運営費も補助を受けているケースが多い。それで採算を度外視して走らすことができるわけですが、日本の民鉄の場合は、まず採算を考えて、儲からないことはやらない。これは、公共交通の提供システムとしては、補助を受けている鉄道よりレベルは、はるかに上ですが、逆に採算に縛られる分、公共性が軽んじられるかもしれない。鉄道は公共交通としては有力ですから、日本でもいろいろな可能性を探るべきだろうと思います。

公共交通機関の利用促進でCO_2を削減

公共交通の役割を重視するもう一つの大きな理由は、主として環境問題によるものです。CO_2の排出量では運輸部門が二〇%を占め、しかもその量はまだ増加傾向にある。都会に暮らす世帯が年間で一万kmほどマイカーに乗ると、そこから発生するCO_2は、その家庭におけるCO_2の全排出量の三分の一以上を占めてしまうという試算もあり、マイカー利用の抑制は

資料3

日本のCO_2部門別排出量

日本の二酸化炭素部門別排出量（2002年）
―各部門の直接排出量―

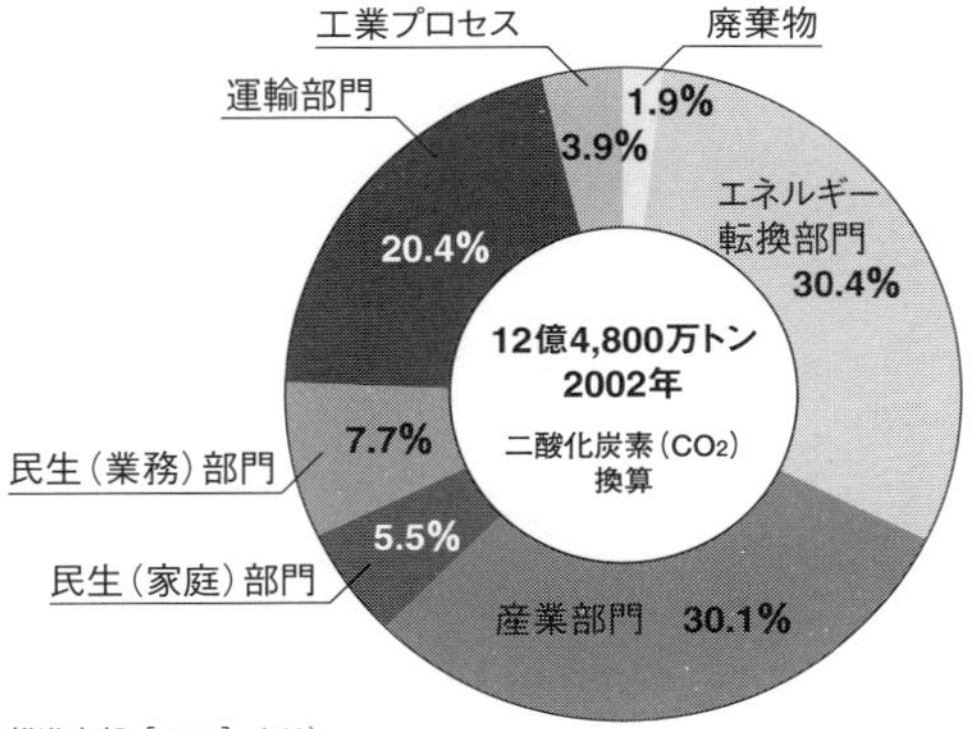

（地球温暖化対策推進本部［2004］より）

資料4

日本の自動車交通への依存度

先進諸国と比較すると、日本の自動車交通社会への依存度の低さは突出している。これは大都市で地下鉄や郊外鉄道が発達しているためである。しかし、欧米諸国の自動車依存度が限界に達して若干低下する傾向にあるのに対し、日本の自動車依存度は右肩上がりで高まっており、このままでは欧米の水準（80%）に達する可能性もある。

日本の都市圏における交通手段の分担率

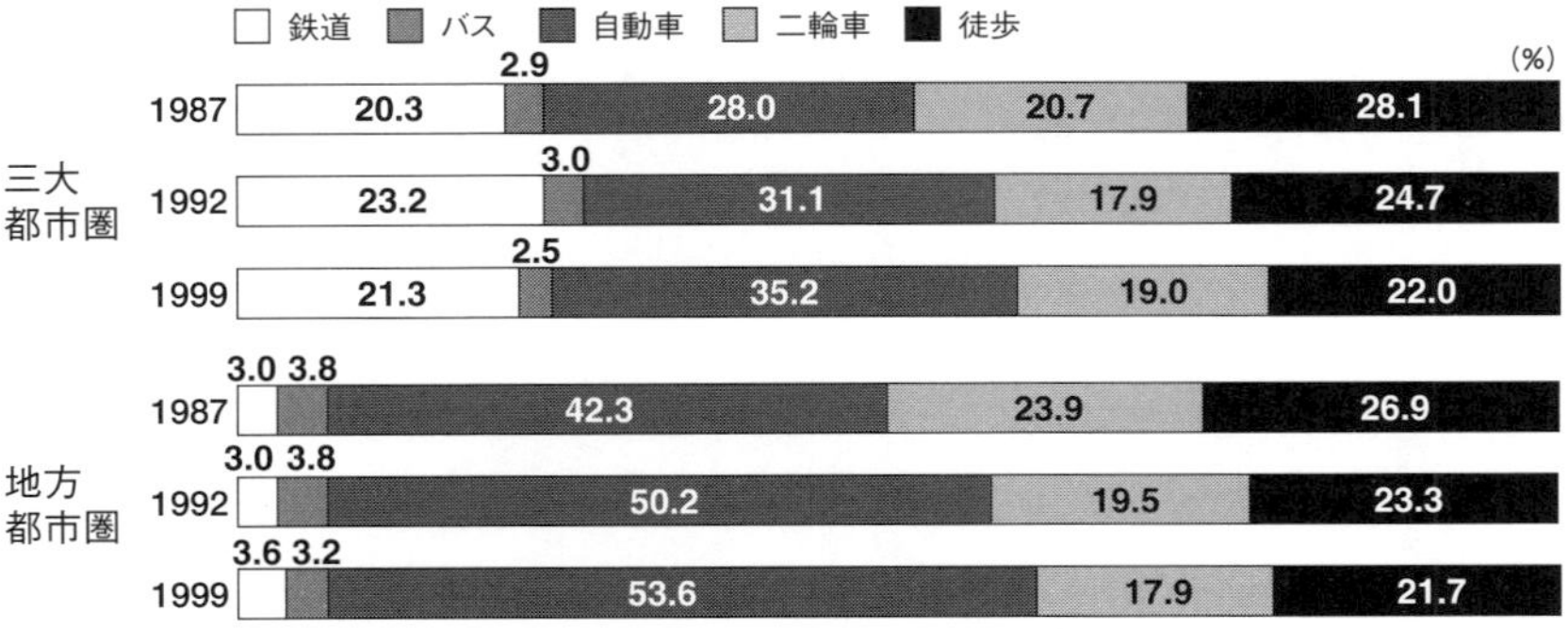

（パーソントリップ調査資料より）

今後ターゲットの一つとなります。（資料3「日本のCO_2部門別排出量」）

実はほかの先進諸国と比較すると、今の日本の自動車交通への依存度は突出して低い。大都市では鉄道が発達しているからです。しかし、人々が好んで公共交通を利用しているかというと、そうでもなくて、道路の混雑や駐車場の不足などによる制約が大きいために、いわば消極的に鉄道やバスを選んでいるという状態です。したがって道路がもっと整備され、かつ人口の減少により混雑が緩和され、高速道路の料金が安くなって利用しやすくなったりすると、自動車への依存度が高くなるかもしれない。しかしそれではCO_2が減らせない、という悪循環になるわけで、その意味でも、これからはバスなどの公共交通機関をもっと活用していくべきだと思いますね。（資料4「日本の自動車交通への依存度」）

地方の各市町村がこれから独自にまちづくりを進めるにあたり、今の都市計画制度は、それを支援するかたちになっているのでしょうか？

自立したまちづくりに必要な分権化

都市計画に関わる制度については、実はまだ問題が多い。用途地域制などは今なお都道府県に決定権があり、国と協議して同意を取り付ける必要があるものも残っていて、市町村に十分な都市計画の実施権限が与えられていないのが実態です。国や都道府県が決定する範囲を限定するなど、もっと地方分権を徹底し、市町村がそれぞれのプランにもとづいて、自立的で個性的なまちづくりを進められるようにすべきだと思います。

さらに自治体主導の計画である以上、国主導の巨額な公共事業などとは連動させず、市町村が自立的な事業として行えるほうが望ましい。民間企業を誘致して開発を行い、それが成功すれば税が期待できるわけですから、当面の税を減免する手法を取り入れたり、自治体自らが用途や容積率に関する規制緩和を提示するなど、自らの財源、権限で政策を実行し、その責任を負うまちづくりが必要なのです。

分権化が徹底し、市町村が自主的にまちづくりを推進できるようになれば、これまでのような中央官庁主導による縦割りの弊害が少なくなるという期待もあります。しかし、反対に、今まで国がやっていたことを各地域が行う、あるいは国の号令ではなく各地域が意思決定するとなると、合理的でない決定が行われるというような弊害も多少はあるかもしれない。ただ、さまざまな試みが可能になれば、従来のようにある仕組みが硬直的に長く続くことはなくなると思います。例えば、道路建設には大きな予算が付いて、道路族を中心とした産官学の構造によって王国が築かれるという状態は、意思決定が地域で行われるようになれば、そう長くは続かないはずです。なぜなら道路を一本つくれば終わってしまいますから。とんでもない行政が行われれば、首長が落選したり、住民が他市へ移るでしょう。

いずれにせよ、これからは多様なニーズを吸い上げ、変化に富んだまちづくりを進める必要がある。多様な意見が出され、合理的なルールにもとづいて合意形成されるようになれば、草の根型の個性あるまちづくりの可能性がさらに広がっていくはずです。これは分権のメリットであり、都市計画の分野でもおおいに分権を進めるべきだと思います。

都市計画審議会は冬眠中

まちづくりに関わる制度的な面でもう一つ指摘しておきます。都市計画について審議する都市計画審議会※6は全国に一〇〇〇程度、つまり都市計画区域の数だけありますが、これが機能していない実態がある。私は横須賀の審議会に入っていますが、ここは年四～五回の会議を持ち、会議のたびに二～三の事項を決定しています。ところが全国的に見ると、都市計画審議会の決定事項はきわめて少ない。ほとんどが決定ゼロで、何もしてない。何十年間も冬眠している審議会がたくさんあるのです。

この状況は何とも情けないと思いますが、ただ、計画づくりに必要な知識を持った人材がいなければ、これからも冬眠せざるをえないともいえる。これまでの都市計画では、例えば、区画整理だとか道路をつくっている段階だと、どんな所でも一定の幅を持った道路を通せばいい、道路の構造は構造令で決まっているのだから、といった上意下達の話だったかもしれない。つまり、地域に根差した多様性を生かす工夫が十分行われず、きわめて粗い計画で事足りていたのだと思われます。

しかし都市計画行政も、これからは専門的知識や、バランス感覚が必要になってきます。最近話題になっている景観法※7を例にとると、建築のデザインに配慮すると同時に、借景や周辺と

6 都市計画審議会
都市計画に関する事項を審議するために設置された機関の総称。都市計画法では、学識経験者などの第三者からなる都市計画審議会を設置の上、都市計画を決める前にその案について調査・審議することと定めている。（都市計画法第七七条の二、第八七条の二第七項）。従来の都市計画法では都道府県単位で設置する機関だったが、平成一二年の都市計画法改正により政令指定都市では必ず、そのほかの市町村は任意に、法定の付属機関として設置できるようになった。

7 景観法
P142参照。

のつり合いまでも求められる。つまり都市計画的な感覚と、建築的な造形的な感覚の両方が求められるわけで、そこに携わる人たちも進化していく必要があります。

これは都市計画審議会に限った話ではありません。これからのまちづくりを本気で議論するためには、しかるべき知識を備えた人材の育成が、今後の自治体のテーマの一つになってくると思います。自治体が協力して事務組合や共同事務所を作り、都市計画の専門家を雇ってみるのも一つの手です。行政実務者の能力を高める、有能な人材を確保するという観点からは、市長村合併による規模の拡大はプラスに働くと思います。しかし一方で、土地利用のあり方というのは、現場を熟知している、いわば土着的な知識が必要であり、合併で規模が大きくなるとそこがマイナスに働く場合もある。このバランスをどう取るか、知恵を出すべきところはいろいろあると思います。

都市再生、地域振興ということでいえば、これからは自治体が知恵を絞るだけでなく、市民参加の可能性を模索していく必要があると思います。この点について、現実的なアドバイスはありませんか?

「ボトムアップ型のアイデア」の吸い上げを

これからは、ＮＰＯなどの市民組織が積極的にまちづくりに参加することが重要だと考えます。市民による「ボトムアップ型の計画」という言葉があって、私もたまに使いますが、よく考えると、「計画」というのは基本的に上からのものですから、これはやや矛盾した言い回しでもある。予算配分を決めたり、それに影響を及ぼすような考え方を整理してビジョンを出すのが「計画」ですから、これは全体の財布を握っている人がやるべき仕事です。

市民が考える計画は、もう少し特定された事業ではないかと思います。例えば、あそこに公園が欲しいとか、このエリアに木を植えたいとか、日常生活から出てくる非常に具体的な提案です。それは、たくさんある仕事のなかで、どれにどう予算配分しようかという発想ではなく、自分が何をしたいか、して欲しいかにもとづくわけで、これは「ボトムアップ型のアイデア」と言ったほうがいい。そして、市民によるこうした具体的なアイデアをどう都市計画に反映していくかが、今後重要になってくるということです。

現実的にいえば、「ボトムアップ型のアイデア」は素案ですから、これに対し専門家から情報や知識が与えられ、具体的な計画に落とし込まれていくというスタイルが望ましいと思います。アメリカには「アドボカシー・プランニング」という考え方があります。これは低所得層や少数民族の立場に立って都市計画の技術を提供するという考え方で、都市計画が万人を利することはないという認識を前提に、都市計画に政治的観点を持ち込む必要を説いたものです。これからはこうした対立を認め合意を形成するという発想も必要です。

例えば、私の住んでいるのは建築紛争で有名になった国立市[※8]ですが、ここでは一九九〇年代半ばに都市計画のマスタープランが作られるとき、最初に地元在住の専門家が集まりました。ゼネコンに勤めていたり、コンサルタントだったり、私みたいな立場の者が一二〇名ほど名乗

8 国立マンション訴訟
東京都国立市の「大学通り」に建設された高層マンションが景観を損ねると、住民が明和地所を相手に起こした裁判。「文教都市」を誇りとする国立市の市民と行政が、特徴あるまちなみを守ろうとして立ち上がった。平成一四年一二月、東京地裁は市条例にのっとり「高さ二〇mを超える部分を撤去」の判決を下したが、平成一四年一一月の東京高裁は、景観被害を認めず、住民が逆転敗訴となり、現在最高裁に上告中。

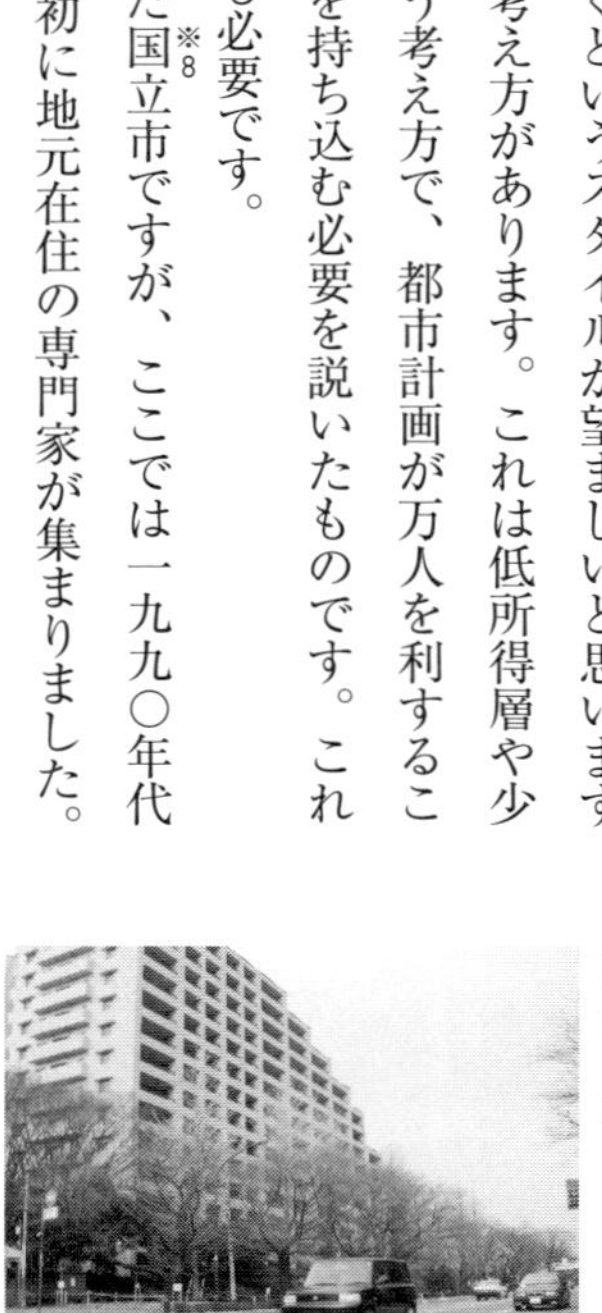
毎日新聞社提供

りをあげ、一堂に会しました。「自分たちは散々、都心で悪いことをしてきたので、せめて自分のまちはよくしたい」と、冗談交じりに言う元建設会社役員さんなどもいましたが、要は誰もがそれぞれに秘めたる志を持って、我がまちをよりよく変えていくために議論を重ねたわけです。専門家も泥くさい利害対立のなかでもまれる必要があるということでしょうか。いずれにしても、これからはこうした例が全国的にもっと広がっていくのではないかと思います。

市民参加を可能にする税制の導入を

また、税制の見直しによって、行政への市民参加を支援することも考えられます。先ほど「納税者のフラストレーション」と言いましたが、納税者は有権者の一人として発言権はあっても、予算を左右することはできません。そこで、アイデアのある人が、自分の旗のもとに資金を集め、それに共感する納税者は納める税金の一部を直接寄付する。そういう仕組みをつくってはどうかと考えてきました。

実際、ハンガリーなどにはそうした制度がすでにあります。日本でも市川市[※9]が市町村税を納めるとき、その一％分をどの公益活動に納めるか指定できる仕組みを作りました。こうして納められたお金は、市川市がまとめて指定された活動に交付することになっています。長野県でも同じことをしようとしましたが、都道府県はちょっと大変なのです。都道府県は県民税を市町村に集めてもらっているケースが多いため、県の意向で種々の事務手続きを付加しにくいという事情があるからです。長野県では個人県民税の均等割を対象とする案がでているようです。

9
市川市市民活動支援制度
千葉県市川市は、平成一四年一二月の市議会において「納税者が選択する市民活動団体支援に関する条例」を可決。平成一七年四月より、国内で初めて施行した。これは、希望すれば個人市民税の一％を、納税者自身が選んだＮＰＯの活動に対する助成金とすることができる制度で、納税者の意識高揚と市民活動の活性化がねらい。ハンガリーの「一％法」を手本にした。

こうした制度は大きな可能性を秘めていると思います。

私は、どうせなら税金の二割ぐらいは、各自が好きなところを選んで寄付できるようにすればいいと思う。寄付されたＮＰＯは活動を公開し、何か問題があれば資格停止ということにもなります。こうして一定の上限を設けて税金を寄付できる制度を取り入れることにより、非営利の民間の活動も促進されていくのではないか。これが「ボトムアップ型のアイデア」を実現する一つの方法です。

税制にまつわるもう一つの提案

アメリカには公共事業などに対する企業などの受益と負担に配慮した税制があり、私はかねてより、日本でも導入するよう提案しています。ＴＩＦ（Tax Increment Financing）と呼ばれていますが、これは、新規投資が見込めない疲弊した地区が対象で、そこに進出しようという企業が将来払う固定資産税を償還財源として、その地域のインフラ整備や地盤改良などを行う制度のことです。いってみれば、固定資産税を先取りして、先行的公共投資による基盤整備が行えるということです。使い道は公的整備に限定されますが、受益する人と負担をする人を一致させるという意味で、一種の合理性がある。つまり「負担者受益」の仕組みといえます。よく「受益者負担」といいますが、これは例えば、下水道を整備して、その地域の住民に便益を受けるのだから負担しろと、「受益」を押しつけるかたちで「負担」させるわけです。これに対し、ＴＩＦのような制度には「自ら負担する」という意思が反映されるわけで、あえて「負担者受益」と表現したくなる意義のある制度だと思います。

日本でも、中央政府が税金を徴収し、それを交付税や補助金というかたちで地方へ配分するという現行制度は縮小して、負担を通じて受益を手にする、より自立的な仕組みを模索していくべきだと思います。

地方では今、製造業の生産拠点の海外移転などによって、産業の空洞化が目立ってきています。地方の産業振興についてアドバイスがありましたらお願いします。

地域密着の人材育成

なかなか難しい問題ですが、長い目でみれば、これからは大学が、地域の産業を支える技術やマンパワーの源泉になるのではないかと思います。大学や関連する研究機関をベース基地として、新しい技術開発や人材の育成を地域密着で進めることで、何か新しいモノづくりの可能性が見えてくるのではないか。モノづくりに限らず、これからは地域の頭脳としてさまざまな分野で役割を広げ、地域貢献すべきだと思います。

大学が法人化して、旧国立大学も自由度が高まった。大学に対して、地方自治体もさまざまなコミットができるようになりました。都道府県規模であれば、特定の研究を奨励するような

産官学の協同で都市再生を担う人材を育成する「先端まちづくり学校」

講座を開設したり、特定のテーマの研究センターなどを設立することもできるでしょう。地域と一体となり、ある研究を促進する、それに産業を合体させていくと、さまざまな可能性が見えてくるのではないですか。今はまだ準備の時期でしょうが、そうした試みが増えて成功例が出てくると、面白い展開になると思います。

もちろん企業誘致もありえます。最近注目しているのは、外資の対日投資が増えていることです。政令市規模の都市がそれを受け入れている。産業空洞化が言われますが、日本の高所得構造で、それなりのものが売れる仕組み、経済環境は存在しているわけです。これは技術の高い外国の企業にとって、販路として魅力的です。バイオ関係、情報関係とさまざまな分野がありますが、とくにバイオ関係の場合はインターナショナルなものを売るだけでは不十分で、その国のユーザーに合わせた加工も必要です。そのため最終的な加工は日本で行う必要がありますが、そうなると最終加工過程を持つ工場が、販売部隊と一緒に日本にやってくることになります。

このほかにも、仙台[※10]にフィンランド政府が進出して、福祉関係の産業を参入させたケースがあります。その産業センターと日本の特別養護老人ホームを併設し、フィンランド発の技術を日本に根付かせるとともに、日本の福祉施設で検証しようというコンセプトです。愛媛県では、スウェーデンの企業が同様の事業を計画しているようです。こうした動きはけっこう出てきています。地域がアンテナを張りめぐらせて、根付かせていく努力をすれば、大きく育つ可能性もあると思います。

10 仙台市の海外企業誘致
フィンランド共和国の国家プロジェクトとの提携により、平成一六年に仙台市青葉区水の森へ「フィンランド健康福祉センター」を整備することになった。このセンターを拠点として、フィンランド企業と仙台市内の企業が東北大学、東北福祉大学などの学術機関とも連携してＩＴを利用した遠隔医療や在宅介護支援など、ハイテクベースの健康福祉機器の研究開発などを行っている。

第七章 暮らしの道の復権を

白石真澄

東洋大学経済学部助教授　IATSS会員

関西大学工学部卒業。ニッセイ基礎研究所主任研究員を経て、平成14年より現職。専門分野はバリアフリー。主な著書は『バリアフリーのまちづくり』『福祉の仕事』など。

これからの地域づくりでは、少子高齢化による社会構造の変化に対応しながら、さらに生活の質を高めていくための新しい社会システムが求められる。白石氏は、バリアフリーなどの問題を中心に広範な調査研究に取り組み、社会資本整備審議会・交通政策審議会計画部会委員、内閣府構造改革特区推進本部評価委員などを歴任。住民を巻き込んだまちづくりの重要性などについて積極的に発言されてきた。ここでは住民参加の重要性と、暮らしを支えるこれからの交通ネットワークのあり方などについて、具体的な事例も交えながら語っていただいた。

安心・安全のまちづくり

白石先生は、これからのまちづくりには「安心・安全」の視点が重要であると主張されています。これはどういった背景を踏まえてのご発言でしょうか。また、この分野の日本の現状は、かなり遅れているのでしょうか?

少子高齢化に対応できる地域づくりを

そうですね。まだまだ不十分だと思います。ただしそれは、過去に計画された取り組みが遅れているということだけではありません。むしろ、これから日本が見舞われる社会構造の変化を考えれば、今後は従来とは異なった視点での環境整備や仕組みづくりが必要になってくる、そこがいちばん重要なポイントだと思っています。まず押さえておかないといけないことは、日本ではこれから急激な人口減少と、人口構成比の変化に見舞われるということです。日本の人口は、予想より早く二〇〇六年から減少し始め、二〇五〇年には二割減って約一億人になり、生産年齢人口（一五～六四歳）も二〇〇〇年の六八％に対して、二〇五〇年には五四％になると言われています。つまり、人口が減って高齢者の割合が格段に高まるわけで、それだけ「安心・安全」へのニーズも高まるでしょうし、しかもサービスの提供者が少なくなるなかで、うまく機能するような社会システムが求められることになります。（資料１「高齢者人口・高齢化率の推移と予測」）

一方で、二一世紀を迎えた今日、福祉、環境などの社会的課題が複雑化し、公共サービスについても、必要とされるサービス量の増加や多様化が進んでいます。もともと、公共サービスというのは公平性、平等性が基本原則ですから、これまでは基本的に行政がサービスの担い手となってきました。しかし、これだけ多様化した住民ニーズにスピードや柔軟性の面で、もう対応しきれなくなっているという現実があります。日本は今、さまざまな意味で曲がり角に来ていると思いますが、こうしたなかで、地域の人たちが安心・安全に、あるいは快適で豊かに暮らしていくためにはどうすればよいか。住宅や福祉、医療などの機能を地域社会のなかにどう組み込めば機能するかといったことが、これからの大きな課題になっていくと考えています。

資料1

高齢者人口・高齢化率の推移と予測

日本の高齢化率（総人口に占める65歳以上の割合）は年々高まり、2014年（平成26年）には25%台に達し、日本人口の4人に1人が65歳以上になると予測されている。

日本の将来推計人口（平成9年1月推計）

（単位：千人）

	女性			男性		
	65歳以上	65～74歳	75歳以上	65歳以上	65～74歳	75歳以上
1995年	10,757	6,151	4,606	7,504	4,940	2,564
2000年	12,783	6,979	5,804	9,222	6,028	3,195
2010年	16,567	7,979	8,589	12,167	6,963	5,204
2020年	19,957	8,994	10,963	14,602	7,899	6,703
2030年	20,405	7,348	13,057	14,365	6,451	7,915

（総務省国勢調査、国立社会保障・人口問題研究所より）

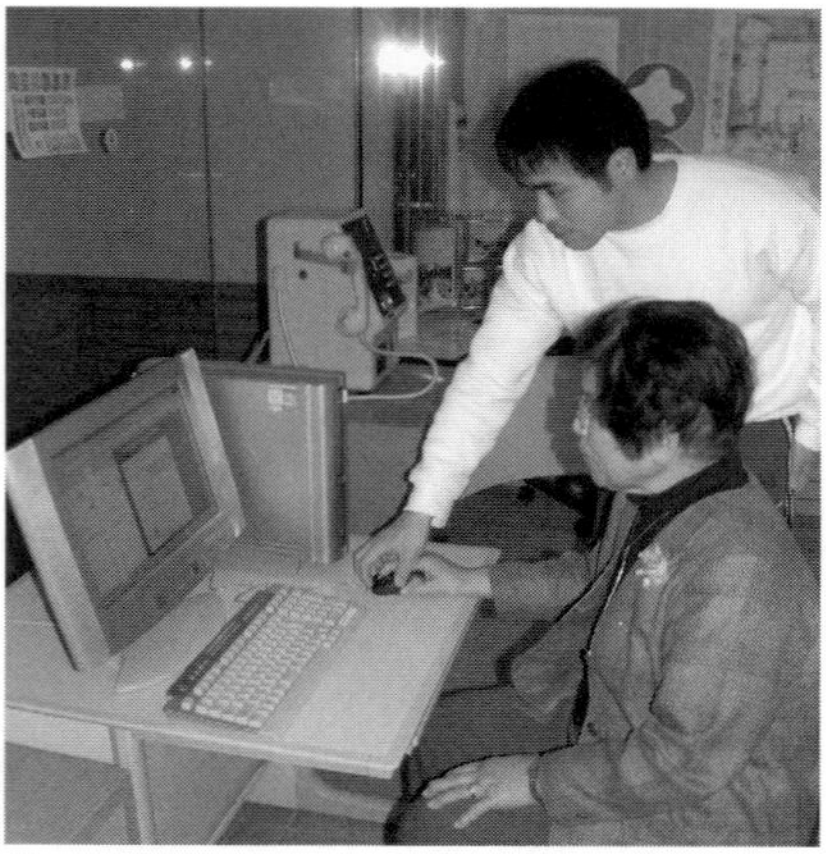

毎日新聞社提供

高齢化率全国一の島根県でインターネット利用法を習う高齢者

高速道路の整備問題なども、本来はそうした社会的便益を考慮して議論すべきだと思いますが、なかには国と地方の財政逼迫を理由に、もう大金を投入して建設すべきではないと主張する人もいます。この問題については、どのようにお考えですか?

ナショナルミニマムの実現

そう簡単に結論づけられる問題ではないと思います。もちろん公共事業のコストと効率性を徹底的に見直すべきとの議論には、私も賛成ですし、当然のことだと思いますが、だからといって採算性の悪い路線は切り捨て、もうつくるべきではないとする意見には同意できません。社会的便益の観点から、とくに医療、福祉などの観点から、まだナショナルミニマムに達していないと思われる地域については、今後も計画の俎上にのせていく必要があると思います。

「安心・安全」の観点からいうと、私は救急医療の問題などは、高速道路の必要性を考える上で相当にプライオリティが高いのではないかと思っています。例えば今、三大都市圏や中核都市の周辺では、二〇分ほど走れば高次医療機能を備えた救急医療施設に着けますが、それ以外の地域では、七〇分程度かかるというデータがあります。処置が早ければ蘇生率も高まりますから、人命救助の観点からも、交通の役割はきわめて重要なのです。憲法二五条[※1]に書かれた「すべての国民が、健康で文化的な生活をする権利がある」という原則にしたがうならば、三時間かけなければ病院に着けない地域があるとすれば、国民の権利が侵害されていると言わざるをえない。例えば一時間程度で三次救急医療施設[※2]に辿り着けるといったことは、これからの国

1 憲法二五条
日本国憲法第二十五条生存権、国の生存権保障義務「一、すべて国民は、健康で文化的な最低限度の生活を営む権利を有する。二、国は、すべての生活部面について、社会福祉、社会保障及び公衆衛生の向上及び増進に努めなければならない。」

2 三次救急医療施設
高度な診療機能を備え、脳卒中、心筋梗塞、頭部外傷などの重症な救急患者を二四時間体制で治療する医療機関。ちなみに二次救急医療施設は休日・夜間に入院を必要とする救急患者を受け入れる医療機関。初期緊急医療施設は外来診療によって受け入れる比較的軽症な救急患者を治療する医療機関。

民生活の必須条件であり、そのレベルまでは高速交通ないしはそれに代わる交通網の整備を進めるべきだろうと思います。

それは新規路線の建設ばかりでなく、既存の道路を改良することで目的を達成できる場合もあります。例えば山形県の例ですが、県立中央病院の近くを走る山形県自動車道に、救急車専用の退出路を整備したところ、近くの山形北インターチェンジから出入りするよりも一〇分早く、近隣の市町村から県立中央病院まで到着できるようになりました。この一〇分は、救急救命にとっては非常に大きな意味を持ちます。（資料2「救急医療と蘇生率」）

「都市 対 地方」の対立構図で見てはいけない

高速道路の問題をめぐっては、平成一五年の道路公団民営化の議論でもそうでしたが、非常に偏った意見がセンセーショナルに報じられてきたという印象があります。都市居住者の側から見て、地方にはクマしか通らないような道路が建設されているのではないかといった、費用対効果ばかりを問題にした議論が繰り返されてきたのではないでしょうか。しかしこうした議論は、問題の核心を「都市　対　地方」の対立構図にすり替えて、煽り立てているだけのような気がします。

都市と地方の関係をもう少し冷静に見れば、例えば食糧供給やエネルギー供給など、都市居住者は生活に関わる多くの部分を地方に依存しており、また、大都市圏から出る産業廃棄物の処理場を地方に建設したりと、社会の負の側面を地方に押しつけている部分もあるわけです。

資料 2

救急医療と蘇生率

全国の82都市圏と圏外の地域における三次救急医療施設へのアクセス

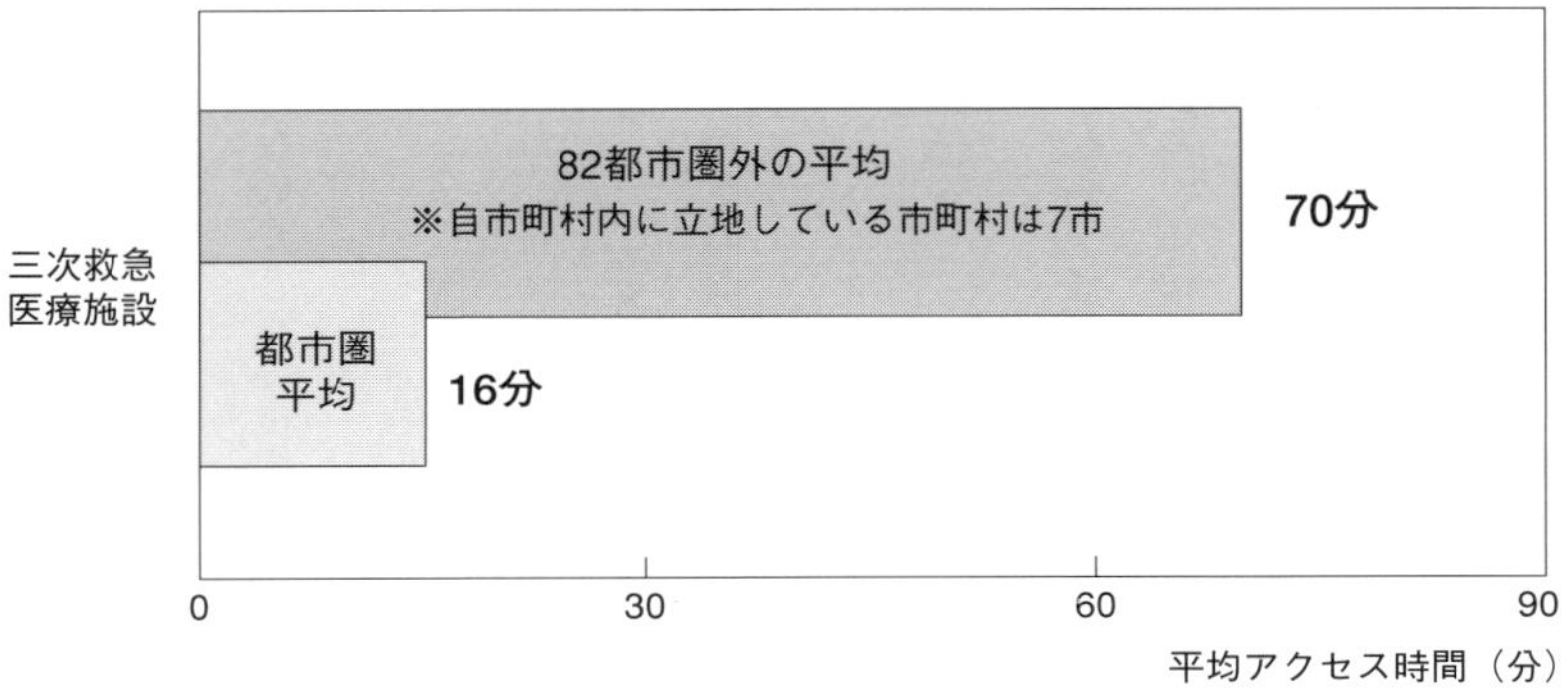

注）平均アクセス時間
各市町村から施設までの所要時間を人口で重み付けしたもの（NITASによる計算）

病院への到着が早ければ早いほど救命率が高い（カーラーの救命曲線）

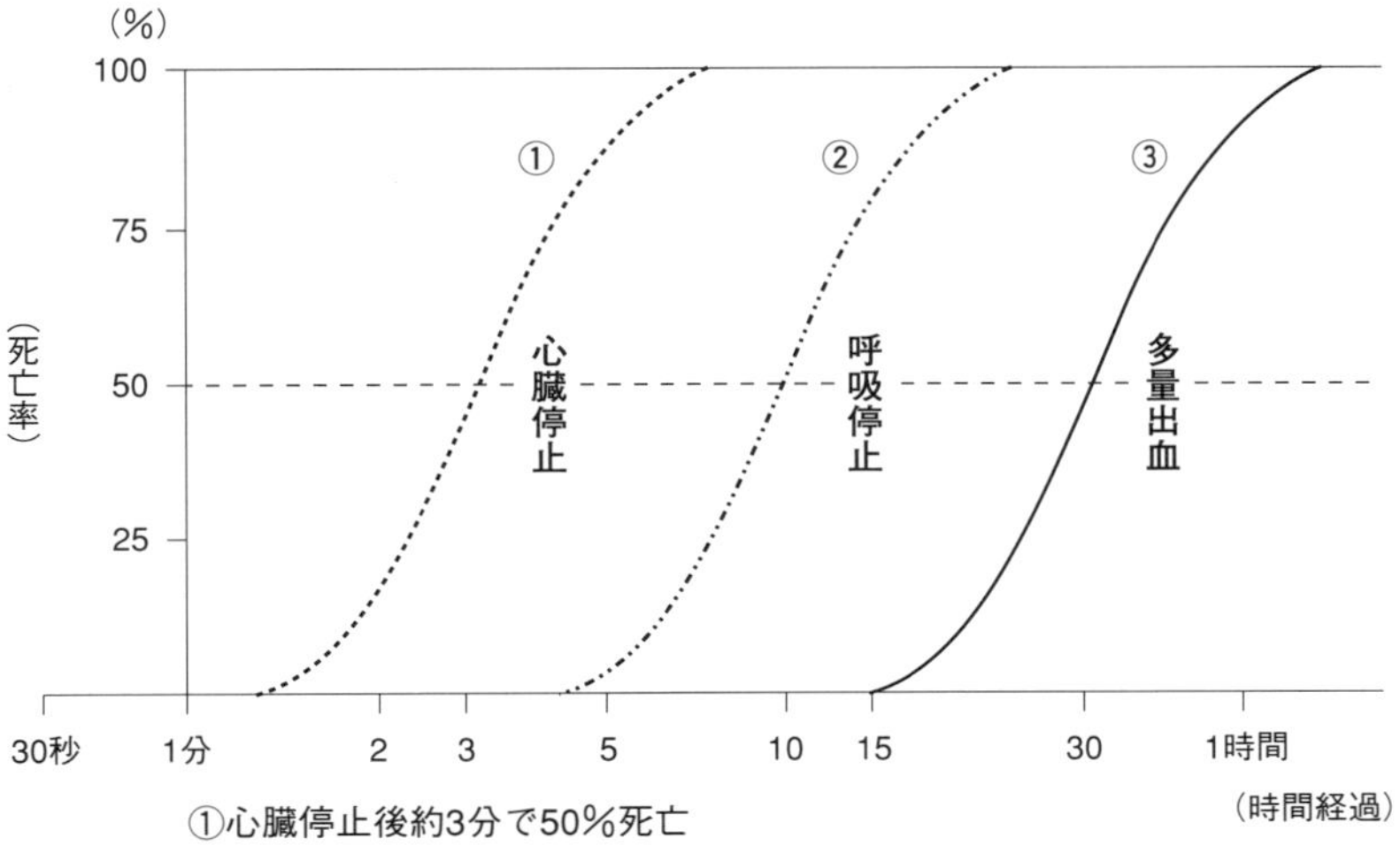

①心臓停止後約3分で50％死亡
②呼吸停止後約10分で50％死亡
③多量出血後約30分で50％死亡

（(財) 救急振興財団「改訂版応急手当講習テスト」より）

こうしたことは棚に上げて、地方の高速道路の不採算性ばかりを強調するのは間違っていると思います。私はやはり、先ほど申し上げたナショナルミニマムの視点から、地方にはまだ整備すべき路線があるだろうと考えていますし、都市居住者も、こうした実情をもう少し理解する必要があるのではないかと思います。

「安心・安全」という点では、交通弱者に配慮した道路環境の整備なども重要になっていくと思います。この点についてはいかがでしょうか？

暮らしの道の復権を

交通弱者にやさしい交通環境ということで、私がまずあげたいのは、これからは高齢者などが「安心して歩ける」環境を整備していく必要があるということです。道路でいえば、交通量の多さや周囲の環境から見て本来は歩道があるべきなのに、まだ未整備のままの道路が多いことが気になります。高齢者の視点に立つと、若い世代では見過ごしがちな課題が見えてくるものです。

年齢や個々の運動能力によって異なりますが、後期高齢者が継続して無理なく歩ける距離は平均二〇〇ｍと言われています。そうすると、高齢者が不安を感じずに歩けるようにするには、道沿いの所々にベンチや休憩所を設けたほうがいいということになります。バス停なども、できれば屋根付きにしたほうがいいでしょうし、雨の日の滑りやすさや、寒冷地であれば、雪の日の凍結に配慮した道路整備も必要になります。

もちろん、すべての道路を均質に、同じレベルに整備していくことは不可能です。どこの地域でもこれだけ財政状況が悪い時代に、そこまで面倒を見られないというのが現実でしょう。そこで、例えば病院や福祉施設、行政機関、文教施設などお年寄りがよく往来する道路を中心に、重点的に「バリアフリー歩行空間ネットワーク」を作ってはどうか、というのが私の提案です。都市計画を決定し、これから整備を進める地区や、とくにお年寄りが多い地域などを手始めに、徐々に整備を拡大していけばいいのではないかと思います。

かつて歩行空間は、井戸端会議の場でもありました。おじいちゃんが植木に水やりをしたり、おばあちゃん連中が話し込んでいたり、道はまさに暮らしのなかに溶け込んだ空間だったと思います。これからは「暮らしの道の復権」といいますか、そこに溜まれるような道があってもいいと思います。単に移動するだけでなく、立ち止まって、話をして、さまざまな情報が得られるような付加価値の高い歩行空間の整備を心掛けていくといいのではないでしょうか。

交通事故の少ない道路へ

「安心・安全」という意味では、交通事故の問題がとても気になっています。全国の交通事故死者数は平成一五年で約七七〇〇人と、ここ数年、死者数は減少傾向にあるものの、事故件数そのものは増えています。死亡事故の内訳を見ると、歩行者と自転車の割合が高く、事故の発生場所については、幹線道路に比べて生活道路での事故が約二倍。さらに歩行者の死亡事故のうち、事故後二四時間以内の死者の約六割が、自宅から五〇〇m圏内で事故に遭遇しているというデータもあります。

事故原因が交通環境だけにあるわけではありませんが、死者数を減らすためには、やはりこうした区域の環境整備が必要ではないでしょうか。もっとも大切なことは、住宅街に不必要に車が入ってこないよう対策を講じることです。そのためには、まず幹線道路をきちんと整備すること、さらに欧米の住宅街でよく見かけるようにハンプ※3を使って住宅街での車両の速度制限をするのも有効です。ほかにも、歩道と車道を分離する、自転車道を設ける、といった基本的な改善ポイントがあげられます。

こうしたハード面の改善だけでなく、市民参加型の交通安全対策を展開していくことも重要です。「事故をなくしましょう」と呼びかけるだけでなく、市民が自分たちのまちの交通環境に興味を持ったり、危険な場所について知識を深めたりできる仕掛けがあれば、なお効果的です。例えば千葉県鎌ヶ谷市では、「交通事故半減プロジェクト」という市民参加運動を展開しています。これは、インターネットを使って市民からヒヤリ・ハット体験を集めて公開したり、事故データから割り出した地域の事故多発箇所の情報を市民にオンライン提供するなど、実際に役立つ交通関連の情報を市民が共有することを目指した活動です。(財)国際交通安全学会(IATSS)の研究プロジェクトの一つとして、鎌ヶ谷市をモデル地区にして始めたものですが、今後はこうした活動が全国に広がっていくことを期待しています。(資料3「IATSS発のヒヤリ・ハット」)

3
ハンプ(hump)
コブの意味。自動車の速度を落とさせるため、道路上に設ける高さ一〇cmほどの凸部のこと。

ドライバーも高齢化している

交通事故でいえば、高齢者が事故に巻き込まれるだけでなく、事故の当事者になってしまうケースも目立っています。二〇二〇年には高齢ドライバーが現在の約三倍になると言われていますが、とくに地方では、高齢者が七〇歳を過ぎても運転する割合が高い。運転技能が衰えたという自覚があっても、生活の足として車を手放せない場合が多いからです。高齢者が社会的に孤立しないためにも、可能な範囲で車を運転して外に出ていくべきでしょうが、そうなると当然、事故の心配も出てきます。こうした人たちに配慮して、道路の車幅を少し広げた「ゆったりレーン」を設ける、道路標識を大型化して見やすくする、視認性の高い信号機を設置するなどの対策が必要だと思います。また、専門家に高齢者の事故多発地域の分析をしてもらい、重点的に対策を講じていくことも重要です。

もう一つ、最近は電動車椅子が普及しており、事故がかなり増えています。一五万八〇〇〇台（平成一五年三月末）と、トータルの普及台数はまだ少ないものの、事故はこの一〇年間で四倍に急増しています。利用者の半数は、自動車免許を持っていないのですが、そうした人たちの事故が圧倒的に多いのは、やはり交通に関わる知識と経験が不足しているからでしょう。道路の横断中に横からぶつけられたり、駐輪や看板で歩道を走ることができなくて、仕方なく車道に出て衝突されるといった事故が続いています。こうした事故防止には、実践的な交通安全教育が必須だろうと思います。（資料４「高齢者の交通事故情勢」）

IATSS発のヒヤリ・ハット

（財）国際交通安全学会（IATTS）は研究プロジェクトの１つとして、平成9年度より自治体（市レベル）における事故減少の取り組みを検討してきた。平成11年度には「交通事故対策支援システム」の設計に着手。「交通事故半減プロジェクト」に取り組む千葉県鎌ヶ谷市をモデル地区とし、システムの開発と試験運用を行った。

同システムの特徴はインターネットとGIS（geographic information system）を活用した点にある。インターネットを介して市民に呼びかけ、「ヒヤリ体験情報」を収集して入力。同じくデータベース化した交通事故データ、対策データなどと合わせて一元管理を行った。交通事故データとヒヤリデータはGISによって地図データと関連づけた。

鎌ヶ谷市のモデルでは、平成12年度に鎌ヶ谷市内で発生した事故データ（平成７～11年度分）のデータベース化と、市職員や市民500人に対するヒヤリ体験のアンケートを実施。平成13年度には市のホームページ上を介して情報公開を行い、市民参加の可能性を探った。平成14年度には、市内2カ所の交差点で実施された安全対策を事後評価し、その結果をインターネットなどで公開。意見を寄せた市民の半数以上が「安全対策を評価する」「まあまあ評価する」を含めると85%の評価を得た。

IATTS研究プロジェクトチームは、平成14年5月の報告書において、交通事故支援システムの活用により事故多発地点の限定が可能、ヒヤリ体験データからは事故データ分析のみでは推察が困難な事故要因についての回答を得られる可能性が高いと結論づけている。さらに、事故多発地点とヒヤリ多発地点を統合的に分析することで、潜在的な危険箇所を明らかにすることが可能になり、交通安全対策実施の優先付け、費用対効果を考慮した対策の立案、自治体の全体的な交通安全対策の指針づくりに役立てられるとしている。

年度	研究内容
平成 6年度	高齢者の生活構造と交通社会への適応調査
平成 7年度	高齢者の交通社会参加のための教育の提案
平成 8年度	高齢者の交通教育の手法を提案→ヒヤリ地図づくりを提案
平成 9年度	ヒヤリ地図づくりのビデオとマニュアル
平成11年度	今までの研究の効果判定・実行調査

鎌ヶ谷の事故・ヒヤリ多発箇所など道路危険箇所への対応

自治会役員や小中学校教員・PTA役員、関係行政機関職員、学識経験者などによるワークショップで、東初富地区の交通安全対策を検討。関係機関が連携し、ハンプや狭さくの導入社会実験などを経て、安全対策を本格施行。IATSSは専門的知見を随所で提供。

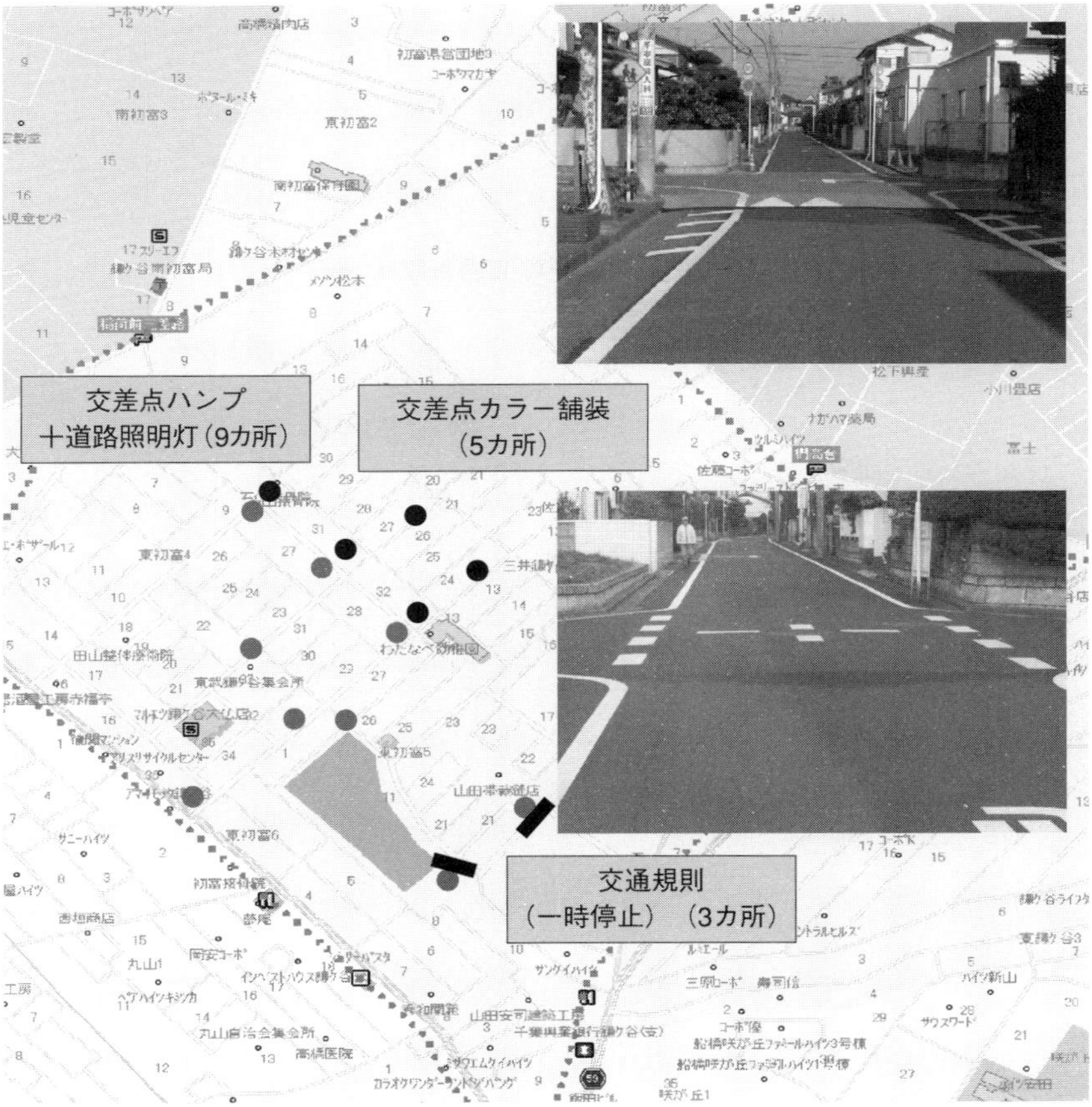

（（財）国際交通安全学会資料より）

資料 4

高齢者の交通事故情勢

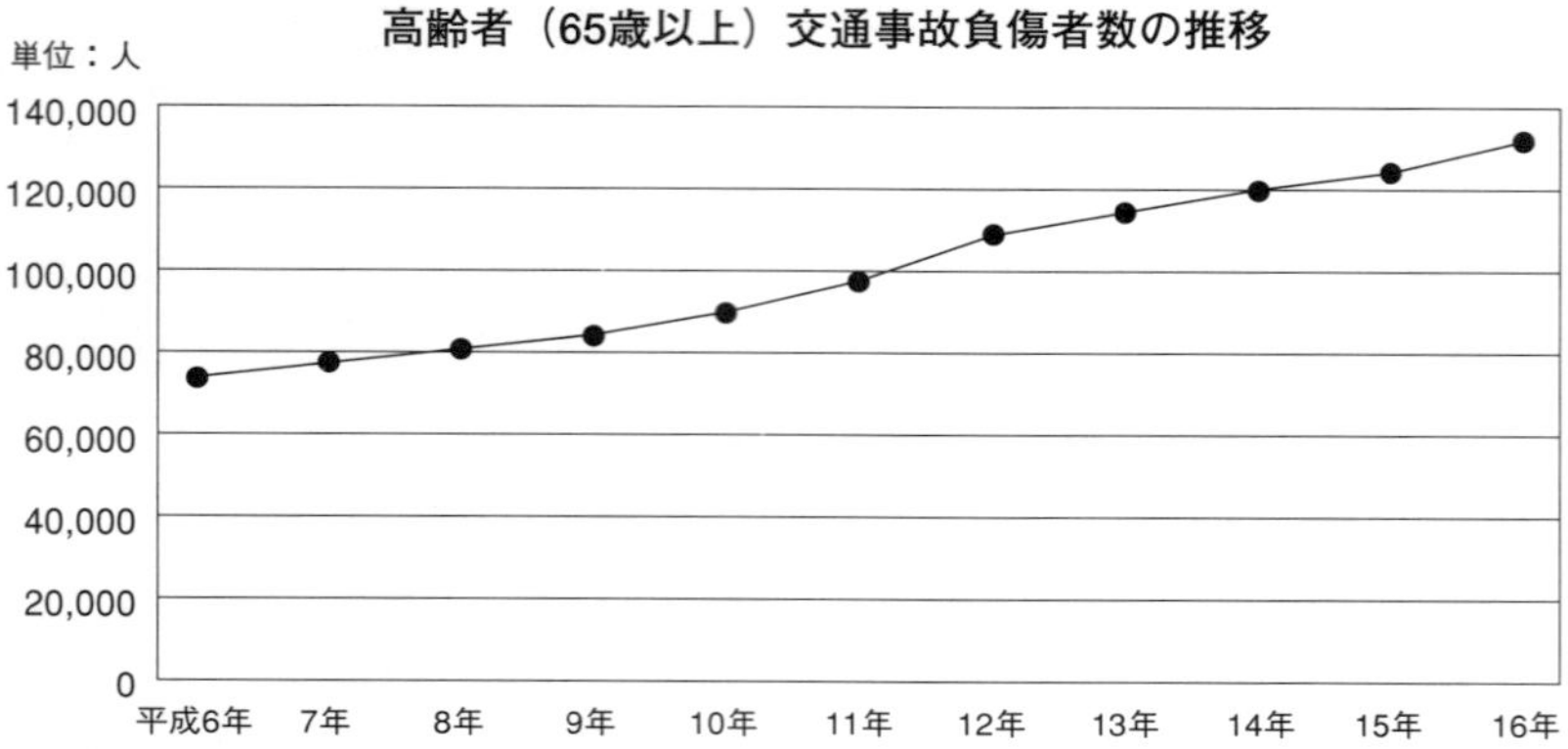

（警察庁資料より）

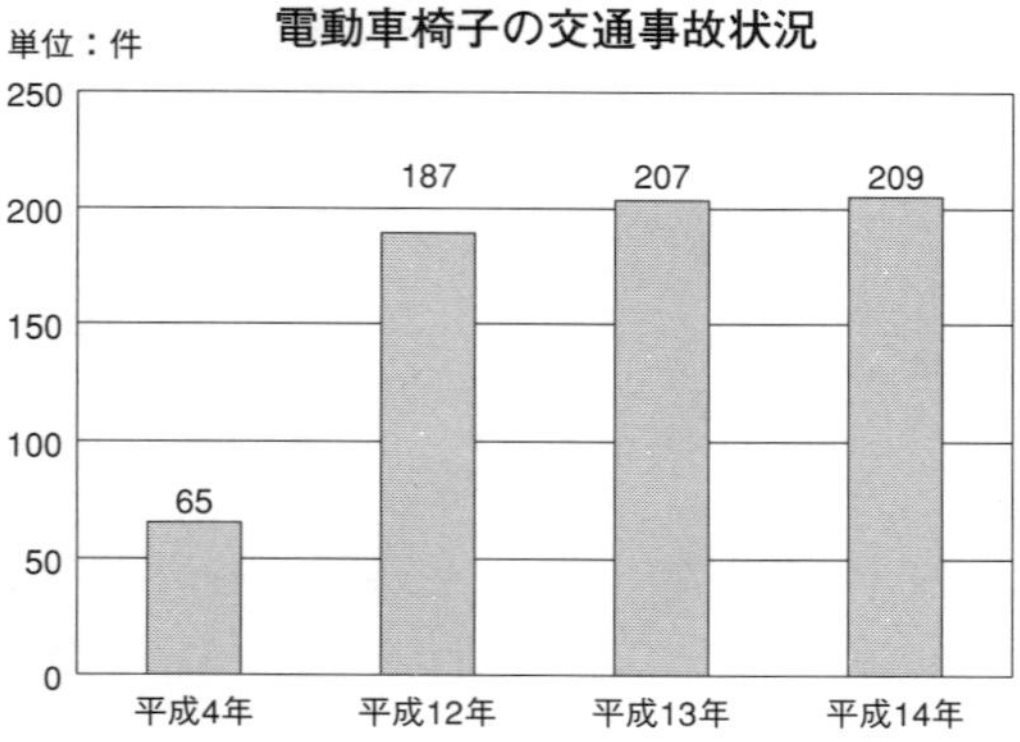

（警察庁資料より）

「安心・安全」に関連して、バリアフリーの問題についておうかがいします。最近は日本でも、取り組みがかなり進んできたように思いますが、どのように評価されていますか?

バリアフリー化の進捗状況

交通バリアフリー法[※4]ができたのは平成一二年ですから、今年で五年目を迎えます。(平成一七年現在)。この法律ができたことによって、旅客施設やバスのバリアフリー化に関するある種の縛りができ、全国的に取り組みが加速したことは確かだと思います。基準が明確に定められ、事業者も取り組みのスタンスが明らかになり、「是非、やっていこう」という気運が高まったことも大きいと思います。国土交通省のデータを見ても、一日あたりの平均利用者数が五〇〇〇人以上の鉄道駅では、平成一五年度で、段差解消率は四三・九%、視聴覚障害者誘導ブロックは七四・九%、身障者トイレは二〇・七%、エレベーター設置率は五八%とかなり進んでいることがわかります。エレベーターについては、駅構内に一カ所でもあれば「ある」と勘定されますので、すべての改札口に設置されているわけではありません。しかし、たとえ一カ所でも設置されたことは、バリアフリーの概念が日本に入ってきた二十数年前の状況に比べれば、大きな前進だと思います。(資料5「バリアフリーに関わる我が国の歩み」)

4 交通バリアフリー法
正式名称「高齢者・身体障害者等の公共交通機関を利用した移動の円滑化の促進に関する法律」。①公共交通事業者によるバリアフリー化を推進する②駅などの旅客施設を中心とした一定の地区において、市町村が作成する基本構想にもとづいて、旅客施設、周辺の道路、駅前広場などのバリアフリー化を重点的・一体的に推進することを目的とした法律。(平成一二年法律第六八号)

バリアフリーに関わる我が国の歩み

欧米では1960年代から「バリアフリー」「ノーマライゼーション（障害を持つ人も持たない人も、誰もが一緒に）」の考え方が普及したが、日本で「バリアフリー」という言葉が使われるようになったのは80年代に入ってから。1981年の「国際障害者年」を受けて、まず建築分野でバリアフリーの考え方が導入された。80〜90年代、政府は急速な高齢化社会への対応策を次々と実施。高齢者や障害者が利用しやすい住宅、トイレなどの設備、道路整備などが進められた。

90年にアメリカで、雇用・交通・建築物・通信の4分野において障害を理由に差別することを禁止した「障害を持つアメリカ人法」（ADA法）が制定されたのを機に、日本では1994年「高齢者、身体障害者が円滑に利用できる特定建物の建築の促進に関する法律」（通称ハートビル法）が施行された。

交通面では2000年に「高齢者、身体障害者等の公共交通機関を利用した移動の円滑化の促進に関する法律」（交通バリアフリー法）が施行され、鉄道駅などにおける段差解消やエレベーターなどの設置、ノンスッテップバスの導入、障害者用トイレの整備などが一気に進んだ。

2004年、政府は「バリアフリー化推進要綱」を出し、交通、建物、教育、観光、雇用、情報、製品など社会生活全般にわたり、今後10年で取り組むべき施策と達成目標を明示した。障害者・高齢者対応という概念から踏み込み、すべての人にとって利用しやすい製品・建物・環境をデザインするという意味の「ユニバーサルデザイン」の視点を入れていくことにも言及している。

年	主な動き
1981年	国際障害者年
1983年	公共交通ターミナルにおける身体障害者用施設設備ガイドライン
1987年	シルバーハウジング事業
1990年	ゴールドプラン（高齢者保健福祉推進10カ年戦略）
1994年	生活福祉空間づくり大綱 ハートビル法 新ゴールドプラン
1995年	高齢者社会対策基本法 障害者プラン（ノーマライゼーション7カ年戦略）
1996年	タウンモビリティ推進事業
1999年	国際高齢者年
2000年	介護保険制度 交通バリアフリー法
2004年	障害者基本法改正 バリアフリー化推進要綱

阪急伊丹駅の先進的な取り組み

ただし、バリアフリーというのは、設備を整えるだけでは不十分で、設備のある場所がきちんと表示されていること、利用者が不便を感じることなく自由に使えることなどが問われます。また設備の改善状況が変わるたびに、きちんと情報発信をしたり、常に利用者の意見を聞くようにして、メンテナンス時には問題点を改善するといった対応も求められます。設備工事が終わったら完了ということではなくて、利用者の視点に立った継続的なアプローチが必要ということです。

そうしたなか、先進的な取り組みをしているのが、阪急伊丹駅です。この駅では、「移動しやすい」「わかりやすい」「行きやすい」「人の手の温もりがある」という四つのキーワードを掲げ、設備の充実だけでなくきめ細かな情報発信をしたり、駅員の利用者へのサポートを徹底するなど、模範的な取り組みを実践しています。もともと、駅前広場の交通渋滞の悪化や放置自転車の増加などの問題を抱えていたのですが、平成七年の阪神・淡路大震災により駅が全壊したこともあり、改築を機に徹底したバリアフリー化を目指したという経緯があります。改築時には学識経験者、高齢者、障害者団体、地元の老人クラブの代表からなる検討委員会を発足させ、計画段階から利用者の声を積極的に取り入れたほか、開業前には委員の立会いのもとで現場確認を行って、さらに改善に努めたり、駅のテナントさんにも呼びかけてホスピタリティの向上をはかるなど、ハードとソフトの両面を見事に充実させていきました。

ただし、阪急伊丹駅のような例はまだ少なく、全国的に見れば設備は整ってきたものの、ソフトの面での対応が遅れているのが現状ではないでしょうか。もともと日本のバリアフリー対策は、車椅子のための段差解消とか、視覚障害者のための点字ブロックなど、ある一定の障害者を想定して進んできたきらいがあります。身体障害者への対応については何をすればいいのか非常にわかりやすいので、取り組みやすかったのだと思いますが、今後は知的障害者への配慮なども視野に、ソフト面での対応をもっと充実させていく必要があると思います。

こうした分野でも、政策に対するアウトカム評価をきちんと行って、次の展開に反映させていくことが大切だと思います。その一つとして、最近では国交省が、自省の政策について自己評価を行い、公表していますが、どのようにご覧になっていますか?

現場の実態は、マクロ評価だけではつかめない

限られた財源をより有効に使って、きちんとフォローアップしていこうという社会的気運が出てきたわけで、重点政策二七項目[※5]について目標を数値化し、評価・公表しようという考え方は素晴らしいと思います。国がこうした仕組みをつくって回し始めたのは三歩ぐらいの前進と言えるのではないでしょうか。ただ、この二七項目を見たときに、私は総花的だと感じました。すべての政策をバランスよく配分してあり、それだけ私たちの生活に関わる社会インフラが多

5 **重点政策二七項目** 国土交通省では暮らし、安全、環境、活力の分野において二七の政策目標を立て、それぞれに業績指標と目標値を設定。それらの指標を定期的に測定・分析することによって、政策の見直しや改善を行っている。(＝政策チェックアップ)例えば、暮らしの分野の政策目標「バリアフリー社会の実現」では、業績指標として「住宅のバリアフリー化の割合」などを数値化し、その値を測定することで目標の達成状況を評価している。

阪急伊丹駅の再建　Column

平成7年1月の阪神・淡路大震災で全壊した阪急伊丹駅は、再建に際し、高齢者・障害者団体、学識経験者、阪急電鉄、伊丹市、兵庫県、近畿運輸局による「阪神伊丹駅アメニティターミナル整備事業検討委員会」を結成。計画の初期段階から利用者の声を反映させた施設整備を行った。駅ビルだけでなく、震災前より渋滞や高架駅舎までのアプローチ難などの問題を抱えていた駅前広場と一体的整備を行い、まちづくりと連携した取り組みとしても注目を集めている。

「移動しやすい」「わかりやすい」「行きやすい」「人の手の温もりがある」の4つのキーワードに、徹底的な段差の解消、シンプルな動線の確保、駅と駅前広場とのスムーズなアクセス、視覚・聴覚障害に対応した案内表示、多機能トイレなど、利用者の視点からの施設整備を追求。その結果、高齢者・障害者、幼児連れの母親・父親と、誰にでも使いやすいユニバーサルデザインの施設として生まれ変わった。

移動経路の主要地点に、周辺案内図、バスのり場案内図などを設置している。

視覚障害者誘導用ブロックは、駅前広場から駅舎まで動線上に連続して敷設している。

車椅子に対応した多機能トイレを男女別に設置している。

（交通エコロジー・モビリティ財団資料より）

種多様であることの証だと思いますが、やはりこれはマクロ的な指標にすぎず、地域性はほとんど勘案されていないと思います。

例えばバリアフリーの達成状況にしても、一日あたりの平均利用客数五〇〇〇人の旅客施設などで、エレベーターやスロープ、多機能トイレなどの設備をどれぐらい整えているかといった大づかみな評価になっています。マクロな実態把握も、これはこれで意味があるのですが、実際に全国各地のさまざまに条件が異なる各施設で、バリアフリー化がどのように展開されていて、個々にどのような課題を抱えているかといったことは、こうした大づかみの数字からは見えてきません。

小さな旅客施設で現実的な対応を考えるなら、「乗降客数は五〇〇人しかいないが、ここは地域の拠点駅だから、エレベーターをつけよう」という考え方があってもいい。反対に、「国の一律の基準にしたがってエレベーターをつけると、工事費を含めて一億円かかり、さらにランニングコストもかかる。エレベーターはやめて、別の手当てをしよう」という考え方があってもいいのです。それぞれの地域に即したローカルルールがあってしかるべきだし、そうした現実的な視点での計画・評価こそ重要ということです。

もう一つ、評価というとどうしてもゴールの評価、何をどれだけ達成したかという数字の評価になりがちですが、私はこれからは、アプローチ方法の評価も重視していく必要があると思います。こんなやり方をしたらこんな好結果が生まれた、というように、現場に即した新しいアプローチ方法を工夫することが重要で、それをある程度の客観性を持って評価し、公表していけば、よその地域への波及も期待できると思います。

住民参加とプロデュース力

公共サービスの質を高めるためには、行政側が政策評価などを徹底するだけでなく、今後は住民参加の視点が重要になってくると思います。阪急伊丹駅の例のように、サービスの提供者と利用者のコミュニケーションを促進するよい方策はあるのでしょうか?

行政は想像力が欠けている

地域政策を進める上で重要なのは、「住民の視点でものごとを考える」あるいは「住民と共に作りあげていく」という発想だと思います。行政が自分たちだけでやると、まずうまくいかないのは、行政が考えることはある種のスタンダード、つまり標準値に過ぎないからです。スタンダードなものは、一見よくできているようでも、住民のきめ細かなニーズや現場の実状が反映されておらず、使いづらい場合が多いのです。我が国の社会インフラに関しては、道路や橋など仕様規定に則した設計業務が行われてきましたが、次第に性能規定型の技術基準を目指すようになっています。どういうゴールを目指すのか、どれくらいのサービス水準にとどめるのか、住民を巻き込んで地域が責任をもって、主体的に取り組んでいく時代になってきているのではないでしょうか。

コミュニティバスなども、行政が単独でやって、ルートも時刻表も住民の期待にそぐわずにまったく機能しなかった例があります。しかし、そこに住民の発意を入れると急に利用者が増えたりする。「官」の立場の人たちにはイマジネーションが欠如しているところがあって、実際にどういうふうに利用されるかとか、何が不便かということに想像力が働かないのです。これからの公共サービスは、ゼロから住民と共に作るぐらいのつもりでやらないと、行政が用意して「さあ利用しなさい」ではダメだと思います。阪急伊丹駅の場合も、計画の段階から使う側とつくる側が何度も話し合いを持ち、意見を反映していったからこそできたわけで、行政だけではあのような駅はできなかったでしょう。

例えば、エレベーターで駅を降りても、駅前広場からタクシー乗場にアクセスできるスロープがないと車椅子の利用は制限されてしまいます。エレベーターだけが設置されればいい、道路だけが整備されればいいといったことではなくて、複合的な視点でバリアフリーを考えていかないと機能しないわけです。それなのに、行政では相変わらず、バリアフリーは福祉行政、道路は道路局といった縦割りで、全体をプロデュースするという発想が乏しいのです。また行政の悲しさで、担当者が二〜三年ごとに変わってしまうことも、住民とのコミュニケーションがうまくはかれない原因の一つだと思います。

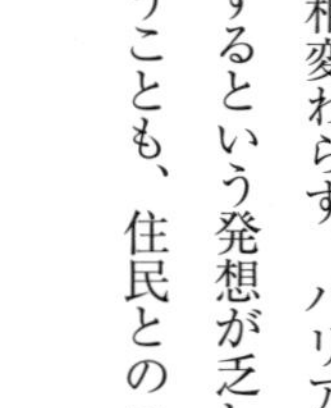

市・企業・団体が協働でバリアフリーを推進する東京都武蔵野市

こうした問題は、国も自治体もずっと抱えてきたものだと思います。今の分権化の流れは、そこを変えていく大きなチャンスだと思いますが…

ガス抜きの場になっている住民参加

住民参加というと、本来は住民と行政がきちんとタッグを組んで、計画から評価まで一緒に行っていくのが理想です。しかし、現実には住民から意見を聞くといっても、ガス抜きの場を与えられているだけだったり、行政の下請けに使われていたり、といった例がまだ多いのではないでしょうか。

一方、市民の側も、自分たちのまちのことにもっと関心を持ったり、多少なりとも時間をさいて、自分でも汗をかいてみることが大切です。一部の意識ある人たちにおんぶに抱っこで、まかせきりにしてしまって活動が持続しなくなった市民活動も、けっこうあるのです。例えば以前、東京のある地域で、市民グループが商店街のどこに段差があるか、どこに車椅子用トイレがあるかを示したバリアフリー・マップを作ったのですが、五年たってもまったく更新されていませんでした。市民の側にも粘り強さに欠ける点があるわけで、こうした場合は、行政のほうから更新を要請したり、ほかのグループに引き継いでもらうよう働きかける必要があります。

リーダーシップと人づくり

住民参加の取り組みが成功するポイントは、やはり「人」です。巻き込み方やものの頼み方が上手な人、行政のお膳立てを待たずに率先して音頭を取れるリーダーシップのある人がいると、まわりの人たちも自然についていくようになります。また、地元だけでうまくいかない場合は、第三者をヘッドハンティングしてくるという方法もあります。しがらみの多い地域では、外からきた人のほうが触媒機能をうまく果たせて、かえってものごとがスムーズに動きだすことがある。呼ばれたほうも期限付きですし、ある程度成果をあげないと格好がつきませんから、必死になって取り組むわけです。

分野は違いますが、東京都杉並区立和田中学校にヘッドハンティングされたリクルートの藤原和博さんは、三年間の任期付きで校長となって、学校改革に成功しています。「学校側の抵抗が大きくなかったですか」と尋ねたところ、「学校には学校を支配する前例主義がある」と言い、また、「僕はビジネスマン出身の校長というより、三人の子どもを持つ父の視点で校長をやってきた。息子がこの学校に通っていたら、こんなことを放っておくはずがない。という判断だ」とおっしゃっています。

また、学校における校長の裁量は、さほど大きくなく、校長がマネジメントの手腕を発揮できる領域は「情報（コミュニケーション）」と「時間」くらいのものだそうで、藤原さんは世の中と学校の架け橋となるために「よのなか科」の授業に取り組んでいます。藤原さんの発言は、外部人材の登用をすることで、「時代に応じた新しい考え方の提案」、「利用者の立場に立ったサービス」、「役割分担による得意領域の実践」が可能になることを示唆しているのではないでしょうか。

公共交通サービスの分野でも、もっと住民の発意を取り入れていく必要があると思います。最近の新しい動きで、うまくいっている例があればご紹介いただけますか?

構造改革特区にヒントあり

公共交通サービスといえば、これまでは鉄道やバスのことで、民間がやる、自治体がやる、第三セクター的な機関でやるなどいろいろありましたが、いずれもある程度の組織規模を持って、会社を運営するような手法でやってきました。しかし、行政の財政的な問題、民間事業者の採算性の問題を抱えた状況のなかで、私は多様な主体の参入こそが、これからの解決策になると考えています。最近はボランティアやNPOの活動が広がったこともあり、従来の手法とは異なる草の根的な生活交通サービスの動きが出てきています。

現在、私は小泉政権の目玉である構造改革特区[※6]の評価委員をしていますが、この特区提案のなかに、いろいろとヒントが隠されていると感じています。例えば、熊本県玉名市では、NPOが有償で高齢者や障害者の移動を助ける仕組みを作りました。愛知県豊根村という過疎化が

6　構造改革特区
P42参照。

特区を越えて規制緩和へ

Column

構造改革特区の取り組みとして、国土交通省自動車交通局は平成15年に「NPOによるボランティア輸送としての有償運送可能化事業」「交通機関空白の過疎地における有償運送可能事業」の2制度を設けた。バスやタクシーなど公共交通機関によるサービスが十分に受けられない過疎地域では、道路運送法第80条第1項にもとづく申請を行うことで、タクシー事業者としての認定を受けなくても、NPOなどが有償で住民輸送や介護輸送ができることになった。

熊本県玉名市「玉名市福祉輸送特区」、岐阜県河合村・宮川村「河合・宮川村デマンド式ポニーカーシステム有償運送特区」、愛知県豊根村「とよねがんばらマイカー特区」のほか、全国から次々と特区申請があり、全国規模の規制改革議論へと発展した。

平成16年4月からの規制緩和により、社会福祉法人、NPOなどの非営利法人による福祉および過疎地での有償運送が許可された。自治体を中心に運営協議会を設置し、国に申請すれば、二種免許を持たなくても自家用車での有償輸送ができるようになった。

進行した村では、ボランティア登録をした住民が、マイカーで住民輸送を行って、便数の少ない村営バスの肩代わりをするというサービスを始めています。

また、ちょっと変わったところでは、免許を自主返納した高齢者に運賃の割引きをする優遇定期券を発行している例もあります。高齢者の事故防止の観点から進めている事業で、静岡県内のバス事業者が初めて実施したものです。現在はバス事業者だけで行っていますが、今後は行政と連携して拡大をはかれば、面白い展開になっていくと思います。

一方、青森県の鰺ヶ沢では、バスを利用するしないにかかわらず、住民がバス回数券を購入することでバスの運行経費を負担して住民参加型で路線を継続させた例があります。これは、住民が地域交通を水道代や光熱費と同様に、世帯あたりの必要経費とみなして負担に踏み切った例ですが、今後はこうした発想が必要になる地域も出てくるのではないでしょうか。

NPOについては、活動の輪が相当に広がってきている反面、まだ未成熟な団体が多いようにも見受けます。NPOの可能性と課題について、お話しいただけますか?

NPOの存在意義

NPO法[※7]ができてから認証を取得する団体が急に増えたこともあり、確かに今は玉石混淆の

7　NPO法
正式名称「特定非営利活動促進法」。特定非営利活動を行っている団体・組織に法人格を付与することで、団体名での契約行為や、非営利の活動であることを社会的に認知されるようにするなど、市民活動の活発化を目的とした法律。特定非営利活動には保健やまちづくりの推進、環境活動、災害救援活動など一七の分野があり都道府県または内閣府に申請し、一定の条件を満たせば、小規模な団体や組織であっても法人になれるようになった。(平成一〇年法律第七号)

状態になっています。また、ＮＰＯというのは横の組織なので、企業の縦組織とは異なり、ものごとを進める上での行政手続きなどに慣れていません。そういった部分をカバーする組織経験が豊富な人や、財務に強い人が入って、もう少しＮＰＯ自身が成熟する必要があると思います。一方、行政側も、ＮＰＯは人件費が安いから、タダだからと考えているふしがあります。この団体の得意分野は何で、存在意義は何かといった理解がいまひとつ稀薄な面があるのではないでしょうか。

しかし、ボランティアやＮＰＯといった草の根的な活動の参入が、今後の公共サービスを支える大きな力になっていくことは確実だと思います。行政の下請けとしてではなく、対等に協力していくパートナーとして、行政の側でもきちんとした対応が必要ですし、こうした団体を数多く育て、成熟させていく施策も求められます。もちろん、ある種の緊張関係も必要です。前回はこのＮＰＯと連携したが、五年たったから別の団体に変えようというように、常に相手を評価し、選別していく目を養う必要があります。そのためには、まず実績評価をきちんと行うこと、それを行政だけでなくＮＰＯ側と共に、透明性のもとで行っていくことが大切だと思います。

行政とＮＰＯの「協働」について調査した報告書によると、都道府県、政令指定都市のほとんどすべてがＮＰＯと連携した経験があるものの、市町村での連携は四分の一程度となっています。協働した分野については、都道府県、政令指定都市では環境保全が多く、市町村では医療や福祉、介護保険の分野が多い。また、どの段階で協働したかを見ると、計画実現段階が多くて、決定評価段階では非常に少ない。つまり、住民はまだ、ある限られた段階でしか参加し

資料 6

青森市・新町商店街の取り組み

JR青森駅前にのびる新町商店街は、平成3年より商業者、NPO、行政などが連携して「福祉対応型商店街」を目指した取り組みを行ってきた。商店街を準公共施設としてとらえ、すべての人に優しい商店街づくりを目指したのが特徴。郊外の大型店舗との差別化をはかるだけでなく、中心市街地に住み続けられるまちづくりにも取り組んだ。調査や実験事業、宅配事業や移送サポート、マップやハンドブック作成などにおいて、地域で活動する複数のNPOと連携したことも特徴である。

年	主な動き
平成3年	商店街の「街路整備基本計画」作成
平成4年～9年	7商店街が「中心商店街懇話会」結成 自転車専用道路新設 歩道100mごとにベンチ設置 車椅子への対応 （電柱の地中化、段差解消、車椅子対応の水飲み場や公衆電話の設置）
平成10年	タウンモビリティ事業（電動スクーター2台を導入、無料で貸し出し）
平成11年	中心商店街活動拠点「まちまちプラザ」オープン
平成12年	「しんまち福祉イラストマップ」作成、買い物宅配事業（1個300円）
平成13年	駅前再開発ビル「アウガ」オープン 高齢者障害者接遇マニュアル「ハートフルしんまち」作成
平成14年	「ユニバーサルデザイン　店舗改修マニュアル」 「タウンモビリティ事業導入マニュアル」作成

平成11年10月、中心市街活動拠点「まちまちプラザ」オープン

ていないわけです。これをどう改善していくかが今後の課題だと思います。（資料6「青森市・新町商店街の取り組み」）

より豊かな地域社会の実現へ

これからより豊かな地域社会を実現していく上で、私たちは今、暮らしに関わる発想転換を求められているように思います。豊かな地域社会を目指すというとき、どんな社会を想定すればよいのでしょうか？

豊かさとは何かの座標軸を

よく、地方を活性化しないといけないと言いますが、例えば地域産業を活性化して、地場の企業の売上高が増えていけば、その地域で暮らす人たちが自動的に幸せになるのかというと、そうは言えないでしょう。今までは産業の活性化ばかりが強調されましたが、これからは地域住民の暮らしの質の向上ということに、もっと焦点をあてていく必要があると思います。そもそも、何が「豊か」で、「暮らしやすさ」とはどういうことなのか、新しい座標軸を考えないといけない時期にきているのだと思います。

県別の住みやすさランキングなどを見ると、山梨県や富山県が上位にあります。これは住宅面積が広くて、人口一人あたりの施設数も多いことが理由でしょう。国土交通省でも、将来的に住みたい都市、理想の居住地域はどこかという調査をしましたが、三大都市圏が二六%、地方中核都市が二三%、地方圏そのほかの市町村が四六%という結果でした。東京はもちろん魅力的な都市ですが、誰もが東京のように華やかな大都会に住みたいと思っているわけではありません。地方には東京のように充実した都市機能はない代わりに、違う意味での豊かさや潤いがあり、これからの時代にはむしろ、そちらのほうに価値を見いだす人の割合が増えていくのではないかと思います。もちろん、大都会のほうがいいという人は、そちらに住めばいいわけです。そういう選択の自由が前提にあり、あとは自分の価値観にあった生活を選べばいいのだと思います。

いずれにせよ、これからは商業施設が充実したまちに住めば、豊かさを満喫できるという時代ではないでしょう。私たちが六〇歳、七〇歳になったとき、どんな生活に豊かさを感じるか、あるいは何をもって、そこに住み続けたいと考えるか、その座標軸をもう一度確認する必要があります。そのためには公共サービスの充足度はもちろんですが、ほかにも例えば、地域の人とどれぐらい言葉をかわしているか、文化的なものやスポーツにどれぐらい接しているか、食生活に満足しているか、といったような視点も重要になってくる。そうした新しい価値観に即して、これからの地域づくりを考えていく必要があると思います。

もちろん、価値観は地域ごとに違ってもいいわけです。すべてが均質に、東京を目指して頑張る必要はない。自分の地域の強みは何か、足りないところは何かを把握して、強みをますます伸ばしていく方法、足りないものは最低限それを補う方法を探せばいいのです。その際に、隣の市の力を借りてやっていこうという地域があってもいいし、市町村合併せずに頑張るという地域があってもいい。そうしたことを各地域が自分で判断して、自分たちの特性にあった地域づくりを進めることが大切だと思います。

人口三〇万人規模の圏域がベースに

もう一つ、これから日本の人口構造が変わるなかで、生活圏としてどういうエリア像を描いていけばよいかという問題があります。「自分の地域に何種類の社会教育施設があるか」を住民に尋ねた調査がありますが、主要都市一時間圏で見ると、九八％の市町村が「八種類の施設がある」と答えています。ところが、個々の市町村別で見ると、六七％が「〇～四種類しかない」と答えている。この結果は、圏域のとらえ方によって、住民の充足度の感覚も微妙に変わってくることを意味していると思います。

平成一六年三月、国土交通省が「新しい交通のかたちを考える」という報告書を出しました。そのなかに「生活圏域」という考え方が示されていますが、これは中心地域から一時間程度で移動でき、そこに住んで、働いて、学んだり、買い物をしたり、また医療や福祉など、生活に身近なサービスをすべて受けられるエリアを一つの圏域として想定しています。人口にして二

8
LRT
(light rail transit)
従来の路面電車から走行環境、車両などを向上させたもの。道路空間、鉄道敷設などの既存インフラを有効活用して高速性、定時性、輸送力増をはかった都市型公共交通システム。

9
Mバス
公共施設巡回福祉バスのこと。公共施設へ行く目的で自由に乗降できるバスのこ

○～三○万人規模が目安ですが、これからはこうした圏域のなかで、複数の市町村が医療施設や文化施設などの都市機能を共有していく、譲り合いながら使っていくという考え方が示されています。私も基本的に賛成で、今後はこうした発想のもとで地域づくりを進めていくべきだと考えています。その際、人口が二○％減少しても、サービスレベルを維持できる仕組みをつくっておくことがポイントになると思います。

また、地域のモビリティ機能も、こうした圏域を想定して整備を進めていく必要があります。道路整備もそうですし、これから高齢化が進み、マイカーを運転して外出するのが困難な高齢者が増えていくことを考えれば、ソフトの充実やマイカーに代替する公共交通サービスの充実をはかることが必須条件になります。ＬＲＴ[※8]といった中量の輸送システムや、Ｍバス[※9]「金沢ふらっとバス」[※10]で実現されているような地域内コミュニティバスの導入、さらには、先ほど紹介した市民の発意による生活交通サービスなどが組み合わされてくれれば、かなり機能性が高まっていくのではないかと思います。

とで、それ以外の目的や、通勤・通学のためには利用できない。

10
金沢のふらっとバス
狭く細い道が数多いため路線バスが通れない、放射線状にのびる路線がほとんどで環状方向への移動が困難といった問題を解消するため、少量多頻度の巡回型バスとして導入された。公共交通が不便な地域を中心に、新しい移動手段として住宅地と交通結節点や商店街などを結び、市民の気軽な足として利用されている。

共同通信社提供

生活圏域が広がると、高齢者が住みにくい環境になるという懸念はありませんか？ そもそも高齢者が本当に暮らしやすい環境とは、どのようなものなのでしょうか？

高齢者は「都市に寄る」

社会通念として、高齢者は田舎暮らしのほうが合っていて、都市生活には向いていないと思われているふしがありますが、私は逆だと思います。私はいつも、年寄りは、「都市に寄る」だと言っています。これから少子高齢化が進むことを考えれば、一人暮らしのお年寄りが過疎地域で不便な生活を強いられるよりも、都市に寄って多くの人とコミュニケーションをはかりながら暮らすほうが、はるかに便利だし、安全だと思います。ついでに申し上げますと、皆さんは高齢者には和室が必要だとおっしゃいますが、高齢になって正座ができなくなると、洋室のほうがいいと感じる人もけっこう多いのです。同様に、高齢者は戸建てで、庭いじりができる環境が必要と言われますが、防犯の面では、マンションなどに「集住」することで安心感を得られる場合もあります。現在、関東大都市圏の集住率が五五％、東京二三区においては、六七％になった要因は、土地コストなど経済面の理由のみではないはずです。しかし、今の都市計画にはこうした発想が、なかなか入ってこない。「年寄りは都市に寄る」という前提に立てば、また違ったコンセプトなり、アイデアが生まれてくると思うのですが。

今後は一組の夫婦に、自分の両親と祖父母、配偶者の両親と祖父母で、四組の高齢夫婦が依存する時代がくると言われています。移動の効率性を考えると、例えば若い夫婦が仕事に行くとき、おじいちゃん、おばあちゃんを乗せていって駅前の施設で降ろし、子どもは保育園で降ろす。そして帰宅時にピックアップすると、負担を軽減できます。そう考えると、都市は多機能複合化の方向に進むべきだし、ある程度は中心地に機能を集中させていくべきでしょう。これからの都市計画やまちづくりでは、こうした社会の変化を先取りする発想が大切になると思います。

すべての高齢者が弱者ではない

私は、これからは高齢者も含めてすべての人が、なんでも無償でサービスや恩恵を受けられる時代ではないと考えています。したがって、すべての高齢者を弱者扱いして、「ぜんぶケアしてあげますよ」と言うのは、過剰すぎるのではないかと思います。現に、今の高齢世代は預貯金にして若者世代の二倍以上は持っていますし、高齢といえども元気に働ける人が多いわけです。そういう人たちについては、自分が受けるサービスに費用を負担してもらうことがあっても、納得してもらえるのではないでしょうか。高齢者福祉施設の利用にしても同様で、施設は寝たきりの人専用と決め付けないで、短期利用のようなサービスがもっとあってもいいと思います。一時的にケアが必要になれば施設に入ってもらい、集中的にリハビリをして、また自宅に戻ってもらえば寝たきりにならないし、在宅介護でヘルパーを雇う費用も減らせるわけです。こっちで使った分、あっちでどれだけ圧縮できるか、クロスセクターで考えれば費用削減効果も出てくるし、サービスの多様性や質の向上にもつながるのではないでしょうか。

人口が減少し、これから過疎化が進行するような地域では、また違った対応が求められるだろうと思います。過疎の問題については、どのようにお考えですか？

コミュニティの存続と集住化

これから過疎化の問題が深刻になる中山間地などは、一方では日本の農林業の大切な担い手でもあります。公共サービスを行きわたらせることが難しいという課題を抱えながらも、こうした地域で暮らす人たちを盛り立てていくことが重要であって、そこに住む人たちが生き生きと暮らしていけるように、さまざまな対策を講じていく必要があると思います。とくにこうした地域では、高齢化率が格段に高まりますから、医療、福祉、あるいは生きがいづくりの面から生涯学習の機会を増やしていくといったことも含めて、やるべきことは山のようにあります。また、先ほども申し上げましたが、近隣の中核都市などへの交通アクセスさえ整備されれば、こうした地域の人でも医療施設や文化施設などの都市機能をある程度は享受できるわけで、そうした意味からも交通の問題はきわめて重要といえます。いずれにせよ、人口が疎になってもコミュニティがある程度維持できるような地域づくりを早いうちから進めていくことが、過疎の問題を抱える地域では今後ますます重要になっていくだろうと思います。

しかし、一方では、コミュニティ自体が存続しえなくなる地域も確実に増えていきます。すでに昭和五〇年から平成一二年までの二五年間で、一km四方に五〇人未満のメッシュが一万を超えています（約二〇万メッシュのうち五％）。現在、過疎といわれる地域は四万八六〇〇メッシュほどあり、そのうちの約二〇〇〇は、もうコミュニティの存続が不可能と言われています。

こうした過疎化が極端に進む地域を、今後どう維持していくかはとても深刻な問題です。地方のガバナンス能力を考えれば、賛否両論あるとは思いますが、私はやはり都市部への「集住化」といったことも、現実的な選択肢の一つとして検討していくべきだと思います。以前テレビで、安否確認と郵便配達のために、週二回だけ郵便配達人が電車でやってきて、山道を二〇分かけて訪ねていくという例を見たことがあります。しかもその道路は、この郵便を届けるために存続しているようでした。美しい物語として放送されていましたが、こうした方にはある程度の便宜をはかって、ふもとに下りてきてもらうことを考えてもいいのではないかと思います。

日本人は農耕民族なので、土地への愛着が強いという一面があります。そのぶん、他国と比べて「公共」への意識が少し足りないような気がします。実際、そこに住み続けるための社会的コストといったようなことを、日本人のどれぐらいが意識しているでしょうか。これからはこうした社会的自覚を、国民一人ひとりが育てていく必要があるように思います。住み替えることによって劣悪な条件になるのならば、話は別ですが、今より安全な居住地を得て、よりよい公共サービスを享受できて、それで社会的コストも下がるなら、十分に検討の余地があるのではないでしょうか。

マルチハービテーションの可能性

過疎化が極端に進行すると、別の問題も起きてきます。住む人が誰もいなくなれば、その地域の自然資源をメンテナンスする人もいなくなってしまうからです。実際、荒れ放題のまま放置された山林や棚田などが、どんどん増えつつあります。こうした状況は、日本の食糧自給という面から見ても問題だろうと思います。今、都市部に住む人が、週末や一年の一定期間だけ郊外の農村部や中山間地に滞在する「マルチハービテーション」[※11]という考え方が出てきていますが、私はこの動きに大きな可能性を感じており、是非活性化させていくべきだと考えています。しかもそれが、単に別荘感覚で週末の生活を楽しんだり、自然を満喫するというだけでなく、農業体験をしたり、環境について学んだり、さらに森林保護のボランティアなどと結び付いていけば、さまざまな可能性が開けてくるのではないでしょうか。

道路整備についても、これからはこうした視点を視野に入れるべきだと思います。地域ブロックの中心地域から、片道三時間で中山間地域に到着できれば、日帰りでの往復も可能になります。普段は中心地域で働き、週末は中山間地域に二、三日移り住む。こうした「交流人口」が増えれば、都市に住む人たちにとっても自然を体験するチャンスになるし、うまい仕組みができてくれば、自然保護の担い手を確保することにもつながるわけです。これは地方の活性化にも貢献しますし、都市生活者にとっても、日々の暮らしや価値観を見直すよい機会になっていくのではないかと思います。

11
マルチハービテーション
都心の住宅と職場の近接や一体化による時間的なゆとり、郊外や地方での住宅規模のゆとり、豊かな自然環境や密接な地域コミュニティといった両方の魅力を享受するために、多様な居住地の選択をしながら暮らすライフスタイルのこと。

第八章

地方の時代と交通社会

財団法人 国際交通安全学会 シンポジウム
パネルディスカッション

平成一六年一二月一〇日、
東京・大手町の経団連会館にて、
本書出版に先立ち研究プロジェクト
「地方の時代と交通社会」をテーマとした
シンポジウムが開催された。
ここでは活発な議論の応酬となった
パネルディスカッションの模様を伝える。

パネリスト：
　中村英夫・武蔵工業大学学長
　岡野行秀・（財）道路経済研究所理事長
　森田　朗・東京大学公共政策大学院院長
　大西　隆・東京大学先端科学技術研究センター教授
　白石真澄・東洋大学経済学部助教授

コーディネーター：
　喜多秀行・鳥取大学工学部教授
　武内和彦・東京大学大学院農学生命科学研究科教授

パネルディスカッション

地方の時代と交通社会

喜多秀行（コーディネーター）

武内和彦（コーディネーター）

高速道路整備に求められる視点

喜多　先ほど中村先生、森田先生、大西先生、片山知事に、それぞれご専門の観点から話題提供を行っていただきましたが、ここではその話を踏まえ、さらに議論を深めていければと思います。最初に高速道路の問題を取り上げたいと思いますが、まず中村先生、いかがでしょうか。

中村　先ほどの片山知事のお話でたいへん重要な指摘があったと思います。一つは、片山知事は知的に考えなさいということを言われていました。知的に考えるとは、もっとものごとを科学的に、分析的に論じなさいということだと思います。例えば高速道路について、七〇いくつある路線のうち、どれから先につくるべきか、どれが必要なのか優先順位がつけられるかということについても、道路でできないのなら、どうして大学の入学試験で合否を決めたり、あそこの学校の偏差値はいくつだといったようなランク付けができるのでしょうか。道路の順位は、学校の偏差値を付けるよりもはるかに客観性が高く、科学的に成績が付けられます。[※1]それらを透明性のもとに行い、社会に広報していけば国民の道路への認識も高まり、理解も得やすくなるのです。ところが我が国では、そうした広報についてもかなり遅れています。例えば今、ベルリンで大開発をやっていますが、その開発がどのようなものであるのか、地域のなかに大きな建物を建てて展示をしています。そこにはレストランや喫茶店まであって、訪れた人たちがくつろぎながら見学できるようになっている。そうやって市民の関心と理解を高めているわけです。日本でもこうした広報をもっと積極的にやっていく必要があると思います。

もう一つは、片山知事は、建設ばかり考えずに利用が大事だとおっしゃいました。私もそのとおりだと思います。例えば本四連絡橋にしても、つくることも大事ですが、できたあとの利用について、どうすればその効果をより高められるのかということをもっと真剣に考えないといけない。ところが知事さんたちにうかがっても、利用料金をもう少し下げられないかというお話ばかりで、それを地域の活性化にどう活かしていくかというアイデアはなかなか出てきません。これではせっかくつくった道路も宝の持ち腐れになります。高速道路に限らず国道や県

中村英夫

1　高速道路建設の客観的評価方法
中村氏は道路関係四公団の民営化推進委員会の議論のなかで、高速道路建設に関わる客観的評価方法を提案した。P21参照。

岡野行秀

道でも同じですが、我が国の社会資本の整備水準はもうかなりのレベルに達していますから、これからはそれを効果的に活用する方法を考えていく必要があるということです。

喜多　「知的に考える」というのは、まさに国際交通安全学会に求められている機能の一つだろうと思います。そうしたことを踏まえて議論を進めてまいりたいと思います。岡野先生、お願いします。

岡野　高速道路の建設に関連して日頃感じていることをお話しします。国と地方の関係で言いますと、ご承知のとおり高速道路の建設は、道路公団が施工しますと地元の負担はありません。それを国が直轄の国道として高規格幹線道路[※2]でつくる場合には地方にも負担が生じます。以前知事さんにお会いしたときによくお尋ねしたのは、地方で早く高速道路がほしいのなら、地方の負担はあるけれども国道でおやりになったらどうですかと。道路公団でやるとなると、国幹道の指定を受けてもいつ着工するのか、五年先か一〇年先かわかりませんよと申し上げると、知事さんたちもたいがいは、国道の高規格幹線道路でいいとおっしゃいます。しかし、国道であれば地元負担がありますので、地方議会との関係で、「やっぱり負担が大変だから、道路公団

※2 **高規格幹線道路**
P60参照。

で」と変わってしまう。知事さんたちも選挙が近い場合には、どうしてもそういう話になりがちなのです。

本来なら有料道路にして建設費をすべて料金で回収するところを、採算が合わないから難しいという理由から、国が補助を出すか、あるいは一部の区間を国がつくって、残りは地方でつくるという合算方式が出てきたのですが、私自身、少し反省しています。これまで少しこうした中途半端な方式に頼りすぎたような気がしています。やはりこれからは、料金で採算が合わないのであれば割り切って国でやるか、あるいは道路公団がやるかというように、仕分けをはっきりさせるべきだろうと思います。

道路公団民営化の議論について

喜多　今、国と道路公団の高速道路建設の仕分けの話が出ましたが、一昨年には、この道路[※3]

森田　朗

3　道路関係四公団改革
P7参照。

大西　隆

関係四公団の民営化問題が注目を集めました。この問題についてはいかがでしょうか。

白石　道路公団の民営化について、二点ほどお話をしたいと思います。

一点目は、あの当時に新聞、テレビなどのメディアで報道された内容を見ますと、非常に偏った意見がセンセーショナルに報じられたということです。例えば都市部の居住者から見て、地方にはクマしか通らないようなムダな道路ができているのではないかといったように、問題を都市と地方の対立構図に置き換える傾向がありました。こうした報道の歪みもあって、高速道路を整備することによってどれだけ社会的、経済的便益が生まれるかといった社会資本の有用性について、私を含む一般国民の認識がまだ非常に希薄なままなのではないか。そうした議論が専門家の間にとどまって、一般国民のレベルにまで下りてきていないのではないか、という認識をもちました。

二点目は、民営化推進委員会のご尽力で七〇以上の路線について、どういう建設方法を取るのか、新直轄なのか民営会社がやるのかといった議論は逐次、進められてきたと思いますが、その当時から思っていましたのは、日本の国づくりの全体像をどう描いていくのか、国土のグランドデザインが今ひとつ見えないという気がしました。九三四二kmの道路ネットワーク整備の必要性が論じられた時代と比べると、今の日本をとりまく状況は大きく変わっております。これからは、今までのように全国均一に道路網を張りめぐらしていくという発想から、地方は共生と競争の時代に入ってきており、また、国際社会との競争にも目を向けてインフラ整備をしていく必要性も出てきています。それを例えば、オランダに匹敵する経済規模をもつ九州とか、四国四県といったように、少し大きなブロックで考えていく必要があるのではないか。そのなかで中核都市を二時間以内に移動するには道路なのか、新幹線なのか、飛行機なのかといった議論や、あるいは東京まで三時間で移動できるようにするというようなデザインを描いてこそ、今日のテーマである地方の交通をどうしていくかという議論が成立するのではないかと思います。

大西　今回の道路公団の民営化問題は、非常に激論があって話題になったわけですが、全体からすると一部であって、私はやはり道路のつくり方全体が俎上にのっているのだろうと思っています。例えば、ガソリン税などで構成される道路特会[※4]をどうするかといった問題もかなり重

4　道路整備特別会計（道路特会）
P119参照。

白石真澄

要なのですが、そこになかなか手がつけられていない。道路はつくり方の形態からいうと、高速道路、国道、県道、市町村道とあります。一方で財源からいうと、有料制による料金、道路特会、一般財源が使われており、相当な額の道路投資が毎年行われているわけです。これは道路特会にも一般財源にもいえることですが、とくに道路特会については、道路ができてくると自動車が増えて総額が膨れるという構造になっており、正の相関になります。これを今のまま無限に続けていくと、毎年税金が増えていくことになりかねない。ですから、こうした制度はどこの国でも一定のところで、非常にいい制度だけれども見直しているわけです。日本もその時期がきているのではないかと思います。

もう一つ指摘しておきたいのは、高速道路、国道、都道府県道、市町村道という仕分けがかなり古い時代の仕分けであるということです。高速道路は奢侈品であって、これは税金ではなく料金でつくる。国道は必需品だから国が関与して無料にする、といった整理がなされてきたと思いますが、現在は、その国道に匹敵するものは高速道路になっているのではないでしょうか。全国的に長距離を移動する場合には高速道路を利用するケースが多いわけで、とくに人流の場合はそうだろうと。国道はもう少し短い距離で隣県までというような移動で、それ以下はさらに短い距離ですね。このように考えた場合、高速道路については、有料制はいろいろな意味で維持していく必要がありますから、それは維持しながら、税金を投入してつくる高速道路の路線があっても一向にかまわないと思っています。高速道路は国が料金と税金をうまく使いながら担当する。現在の国道は都道府県が、さらにローカルな道路は市町村が担当する、といったように再整理をする必要があるのではないかと思います。

民営化のなかでの公の役割

喜多　そうした区分や財源の見直しを考えるにあたっては、やはり道路整備における官と民の関係が問われ、また、そもそも「公」の役割とは何かといった本質的な議論が必要になってくると思います。この点について、論陣を張られていた岡野先生から、ご意見をいただけますか。

岡野　私はもともと規制緩和派の筆頭でありまして、昭和四〇年代には運輸関係の規制緩和を唱えて、だいぶ運輸省ににらまれました。今は私の同僚がたくさん増え、私のほうがむしろ保守的になっています。それはやはり官と民の役割を考えるからです。例えば、なぜアメリカの連邦道路は国有なのか、それは連邦道路に防衛という役割が含まれているからです。このように国で考えないといけない役割があるという点は、日本でも同じではないかと思うのです。今回の民営化では、高速道路は国有になりましたが、ただしあの保有機構※5でいいかどうかは、国鉄改革のときの清算事業団を考えますと、私は問題だと思っています。道路公団には確かに改革すべき点が多々ありましたが、なぜ民営化なのか、道路公団ではいけないのかということが

5　**保有・債務返済機構**
P16参照。

明確にされていないからです。

例えば、旧国鉄の民営化を考えた場合、今でこそJRは駅のなかに大きな本屋もあるし、レストランもたくさんありますが、国鉄時代は本屋を出したいといったときは許されませんでした。国鉄は官であるから民間事業を圧迫するようなことは許されなかったのです。道路公団も同じで、基本的に道路以外のサービスを提供してはいけないことになっているからやらないだけであって、民間にしかできないという話ではないのです。それを考えれば、私は道路公団については民営化ではなく、規制緩和をすればよかったのだと思っています。

喜多　中村先生は、岡野先生と意見が分かれるところだと思いますが、いかがですか。

中村　道路公団については、岡野先生は今の形態のままでもいいというご意見で、私は民営会社にしたほうがいいと考えていますから、そこは大きく違うと思います。

岡野　高速道路の民営化ということでは、イタリアとフランスはかなりの部分を民営でやっています。数年前に起きたことですが、イタリアの高速道路の株式をフランスの有料道路会社が買い占めしようとしました。そこでイタリアはあわてて防戦に努め、ベネトンがだいぶお金を出しました。今は、イタリアの有料道路会社の株式のほぼ六割はベネトンが持っています。日本の高速道路でも、東急が持っていた箱根のターンパイクはすでに外資に売られてしまいましたが、日本のように外資の攻勢に弱い場合に、民間にするとイタリアと同じようなことが起きる可能性がある。また、震災のような大きな自然災害が起きたときに、民間はすぐに復旧作業にかかるのだろうか、といった疑問も残ります。そういうことを考えますと、やはり官の役割というのは重要だという気がします。

中村　私は岡野先生と違いまして、仮に日本の高速道路をよその国の会社が持つことになっても、そんなに不都合が生じることはないと思っています。羽田空港をアメリカのどこかのエアラインが買い取ったからといって、羽田空港をアメリカへ持っていくわけではありません。社会資本というものは動かないわけですから、安全の問題などについて必要な規制さえかけておけば、問題はないと考えています。

喜多　「必要な規制さえしておけば」という一点ではお二人とも一致するわけですね。

岡野　そうです。しかし逆にいうと、必要な規制をかけなければならないということは、民営化にそぐわないことを意味するのではないか。民活とは規制がないからこそ民活であって、何かやってはいけないというように手足を縛られて、本当に民間企業であるといえるのでしょうか。

大西　私は、たしか一九九三年に叶芳和先生と共著で『民営化が

日本を変える』という本を書いて、いくつかの民営化対象組織のうちで、たまたま道路公団を担当しました。そのときの私の結論は、民営化できないということでした。本のタイトルと合わないから結論を変えるように要請されましたが、結論は変わりませんでした。分析が未熟だった点もありますが、私が民営化できないとしたのは、高速道路の整備がまだ未完成であるという理由からです。維持管理については民営会社もかなりやれると思います。東名・名神あたりを持った場合は、それこそかなり儲かるわけです。しかし遠隔地域では、道路をつくるたびに赤字が増えていきますから、やはりそういう地域での新規路線建設には非常に消極的になる。そうすると、計画中のネットワークについて、全部つくるのか、計画を見直すのかをまず決めないといけない。そういう観点から議論を整理して結論を出したわけです。ただ、道路公団のなかに、一言でいえば腐敗した体質があるので、これを一掃するには民営化が非常にいい方法だということは、そのとおりだと思いました。ですから、民営会社的な仕組みを公団のなかに入れたほうがいいというのが、そのときの結論だったように思います。

中村　一般にはあまり知られていませんが、あのときの道路公団民営化の議論によって、一つ大きく変わったことがあります。それは高速道路の整備基準についてです。日本の高速道路にはこれまで、最低でも往復四車線以上なければいけないという規定がありましたが、コストが高くなることもあって、暫定的に二車線だけ先につくって、あとの二車線分の用地は確保するが、すぐには建設しない路線が結構ありました。しかし、地方の交通量の少ないところでは、

安全性さえ確保されれば二車線道路でもニーズを満たせる場合が多い。今は暫定的に二車線で、将来は四車線ということで対面交通になっていますが、将来も二車線でいいなら対面交通にはしないで、中央分離帯を付けるとか、追い越し区間を設けるといったことも考えられるわけです。またインターチェンジも、すべてトランペット形の複雑な形状にする必要はなくて、ドイツの高速道路にあるような簡単な形状にすれば建設費も安くすみます。このほかにも道路の線形の見直しによる盛土の高さや、トンネル延長の縮小などによって合理化が図れるのですが、こうした整備基準の問題は、今まで議論の俎上には上りながら一向に進みませんでした。それが今回の民営化推進委員会の議論でどんどん話が進み、ようやく取り入れられたわけです。その結果、高速道路整備の残りの事業費二三兆円に対し、最大で約四兆円の工費節約が可能であるとされましたが、これは本四連絡橋の三本分とアクアラインの総工費にも匹敵する額であります。こうしたことが実現したことは、大きな進歩だったと思います。

分権時代の主役は誰か

喜多　官と民の議論と関連して、中央と地方がどのように役割分担していくのかという課題もあります。この点について森田先生、いかがでしょうか。

森田　国も地方も財政的に非常に厳しく、しかも人口が減って高齢化が進むなかで、地方のあり方をこれからどう考えていくかが今、問われています。地方分権[※6]では、地方がそれぞれの自立性を高めていくことを目指していますが、地方は今や交通や通信で結び付けられた相互依存の関係にあり、閉ざされた空間で自己完結的な地域社会をつくるということは非常に難しくなっている。そのなかで地方がどういうかたちで活力を出していくかが問われているわけです。こうした地域社会づくりの一環に、全国ネットの交通の問題があり、地域交通の問題があり、その一つとして自動車交通があって、さらにそのなかに道路の問題があるという位置付けだと思います。たいへん大きな話ですが、あえて国と地方の関係と道路を結び付けてみますと、今までのやり方は、道路公団がつくる道路も都道府県道、市町村道もそうですが、国がすべて決めて、国が地方のあり方についてもいろいろと口を挟んできた。道路は地域を超えてつながっていますので、地域が勝手に整備すると全国ネットの交通網に影響が出るから、国がきちんとチェックする必要があるという考え方でした。

それに対して、地方は地方で道路だけで成り立っているわけではなくて、いろいろな施設があり、自然環境があり、住民生活があるから、それぞれの地域に適したかたちで道路をつくるためには、地方で道路のあり方を決めたほうがいいとするのが、地方分権の考え方です。この考え方の下では、国と地方ではっきりと線を引こうということになります。例えば国道を見ますと、国の直轄部分といっても、国が全額お金を出しているわけではなくて、恩恵は地方が受

6　**地方分権改革**
P5参照。

けるということで、地方も応分の負担を求められています。補助金でできている国道では、その補助率も違います。そうすると地方は、なるべく自分の負担が低い方法を取りたいと考えるから、直轄といっても、地方と国で制度上は区別がありながらも、実際の判断は負担の便宜の問題で決められていくわけです。そうしますと、「国が負担する代わりに、こちらの言うことを聞け」という話になってくる。これを改めようというのが分権の考え方です。

喜多　分権の議論のなかで、これまでに道路整備に関わる国と地方の役割分担についての議論もあったのでしょうか。

森田　分権推進委員会のとき、その話が出まして、公団の高速道路は国の責任でやる、国道については、直轄とそれ以外に分けたらどうかという議論がありました。今はもうなくなりましたが、当時は一級国道、二級国道があって、現在でも二桁国道は五八ぐらいで止まっていて、そこから先は三桁になる。三桁国道を都道府県道か地方道にして、地方に財源も渡して地方が決めると。もちろんアクセス、接続の問題はありますが、これは地方と国がきちんと話し合って進めればいいわけです。ところが、この考え方を示したときに、「二〇年来、都道府県道の国道昇格運動をやってきて、せっかく四〇〇番台まで国道になったのに、また県道にするのか」という意見が出ました。負担の問題も含めて、そこをどう割り切るか。三位一体改革[※7]によって、昨年から補助金の一般財源化が進みつつありますが、その使い道は地方が決める話です。道路を整備するか、福祉施設を整備するか、教育に使うのか。これを誰が決めることがいちばん望

7　三位一体改革
P82参照。

ましいのかが今、問われているのです。

喜多　地方における交通の問題について、一言述べさせていただきますと、私は常々、都市部の交通問題と地方の交通問題は、根本的本質的に違うのではないかと考えています。都市は、空間的に集積することによっていろいろな経済性を享受する社会的な仕組み、構造、装置なわけです。そのため必然的に人がたくさん集まり、混雑が生じることが都市の交通問題の根本だと思います。一方、地方は都市ほどには人が集まりませんから、混雑は問題ではない。いろいろな社会活動、経済活動、あるいは住民生活のために人がひっきりなしに移動しますが、その活動の拠点までの距離が遠いことが、地方の交通問題の本質だろうと思います。つまり、同じ交通問題とはいうものの、原因あるいはメカニズムの違う問題を一つの考え方で、極言すれば都市の考え方で、地方の交通問題も解決しようとしてきたところに、問題の根があるのではないかなと思います。こうしたことを踏まえて、これから地方のデザインを考えていくときに何が大切になるのか。白石先生は、まちづくりにおける住民参加といったことで、実際の現場に近いところから計画をかたちにしていくことの重要性を訴えておられますが、その観点から少しお話しいただけますか。

白石　まずその前提として、日本の人口構造が変わるなかで、生活圏域においてある種のまとまりを持った地域をどうつくっていくかという問題があります。例えば二〇万、三〇万人規模を一つのまとまりとして、病院、学校、公共施設、図書館、ホールなどすべての都市機能を共有していく、譲り合いながら使っていくという構造にこれからはなっていくし、その動きはすでに出ていると思います。したがって、地域交通についてはそのエリア内をいかにうまく移動できるかという問題になります。その整備を公がやるか、市場がやるか。やはり公がやると税負担ということで、個人の負担が大きくなってきます。一方、それぞれの移動に対して対価を市場に払うのであれば、出かければ出かけるほど利用者の負担が大きくなってしまいます。私は、その公と市場の中間形態みたいなものが、これから大きな役割を発揮していくのではないかと思っています。現在、構造改革特区[※8]の試みで、今までは規制があって認められなかった白タク的な手法を導入する案が出ています。これは福祉関係で、住民がボランティア団体をつくり、マイカーを活用して非常に安い費用で移送サービスを行うというものです。また、タクシー会社を活用して、自宅から路線バスのバス停まではタクシーで運び、費用の一部に税を投入していくという動きも始まっています。このように、住民が地域に必要な交通の仕組みづくりに参加し、自ら労働を提供し、組織の運営までコミットしていくというような形態が、解決策の一つとしてあるのではないかと思います。

喜多　一方で、これからは行政側のガバナンス能力も問われると思います。国からの権限と財源の移譲が進んでいますが、地方自治体は本当の意味での受け皿となり得るのでしょうか。この点について森田先生、いかがですか。

森田　地方は人材不足で、政策形成能力が低いといった議論はずいぶんありますが、実際、今

8　構造改革特区
P42参照。

までの地方自治体がおかれてきた状況を考えますと、地方が政策をつくる余地がなかったのだろうと思います。しかし、それが可能になれば、まさに片山知事のように輝く首長が出てきたり、それこそ国会議員をやめてでも知事になりたいというような人も出てくるでしょう。そうすると彼らは、たくさんのブレーンを集めてくると思いますし、現にそういう状況が生まれつつあります。これからは人材のマーケットもどんどんオープンになっていくと思いますので、地方自治体の政策形成能力もそれにともなって向上していくだろうと考えています。

美しい国土づくりの提唱

喜多　全国規模での国土のグランドデザインについては、そういう計画をつくる時代はもう終わったのではないかといった声も聞かれます。しかし、相互依存の関係にある地域同士をうまくリンクさせていく上でも、やはり上位の計画が必要かと思いますが、国土計画の問題について、中村先生、いかがでしょうか。

中村　日本はたいへん地域格差の起こりやすい国です。東京のようなところもあれば、雪深い地域や、始終台風が襲ってくるような地域もあるわけで、そういったところをすべてマーケットにまかせておくと大変なことになります。地域格差が広がり、その結果として国全体がきわめて不安定になる。今、中国が抱えている大きな問題はまさにそこにあります。したがって、なんらかのかたちで全体の方向性を示す計画が必要になる。我々の国は自由経済の国ですから、可能なかぎり市場にまかせておきたいのですが、なかなかそうはいかないわけです。かつての「均衡ある国土の発展」という言葉は、もう手垢がついているとよく言われますが、それが必要であることは今もってまったく変わらないと私は考えています。

国土審議会基本政策部会では今、「新しい国のかたちに向けて」という題をつけて、そうした新しい国土計画の議論を進めているところです。「国のかたち」というのは、司馬遼太郎さんがよく使われた言葉ですが、これは物理的な意味だけでなく、もっと内的な意味合いを含んでいます。そういう内的な意味も含めて、この国のかたちをもう一度考えてみようということです。これは従来のように中央だけで計画を立て、上からの号令によって進めるというものではなくて、もっと地方の人たちにも主体的に関わってもらうことが前提になります。我々は対流原理といっていますが、地方と中央とが互いにやりとりをしながら全体の枠組みを決める。あとは全国を一〇ぐらいに分けたブロックごとに具体的な計画を練ってもらい、それぞれの実情に合ったかたちで地域づくりを進めてもらうというものです。

大西　確かに国土計画の不要論はあります。諸外国を見ますと、アメリカ、イギリスには国土計画はありません。もちろん部分的には全国の高速道路ネットワーク計画があったり、中央政府の住宅建設計画があったりしますが、日本の全国総合開発計画[※9]にあたるものはないわけです。

9　全国総合開発計画（全総）
P125参照。

これまであったのは、大きな国ではフランスですが、九〇年代になって最終的に廃止しました。今、唯一持っているのはオランダですが、政府が選挙で変わったりして揺れていますね。もっともオランダの国土計画は、広さからすれば、九州地方の計画という感じですから、かなりディテールが見える計画になっています。そうしたなかで、日本はどういう方向に舵を切るかが問われているわけです。

　国全体として、ナショナルミニマムを保障するとか、全国一定水準のサービスが行き渡るといったことは、一つの国を形成している以上当然のことですが、これまでは国土計画というと、もう少し物的なインフラや施設のあり方だけを論じてきたわけです。そういう計画が、これ以上必要かというと、非常に疑問が残る。少なくとも開発計画というかたちはもうやめようということです。そこで今は、「保全」や「再利用」といったことを重視する方向で議論を進めています。その上で、これからは道路や通信、あるいは緑地環境といった個別テーマで掘り下げた方針を出していくやり方、もう少し専門性のあるセクターごとの計画を考えていくほうが、今の時代には合っているのではないかと考えています。

武内　私は中村先生の部会長のもとで、自然環境や農林水産業の振興という部分についてとりまとめをしていますので、その観点からコメントさせていただきます。二一世紀の新しい国のかたちを考えるときに、やはり地方は非常に重要だと思っています。ただし、日本の国土計画がこれまで考えてきたことが、それぞれの地方の本来のよさを引き出す方向では、必ずしも機

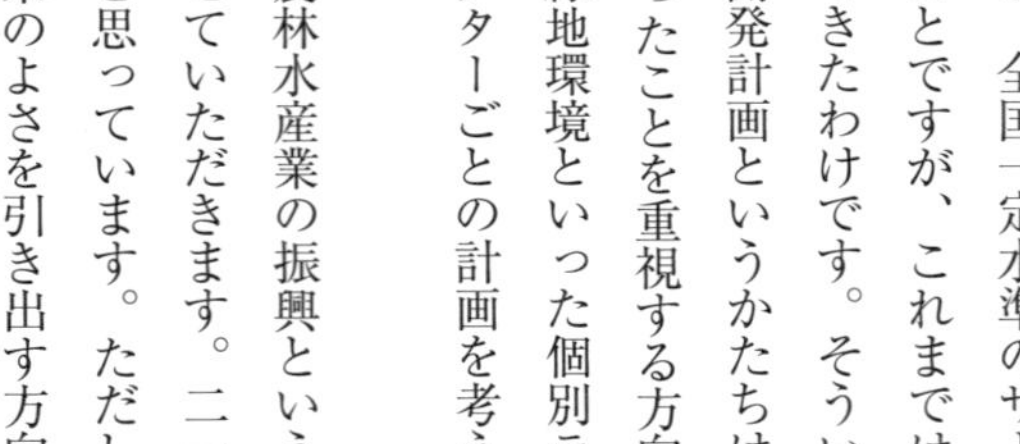

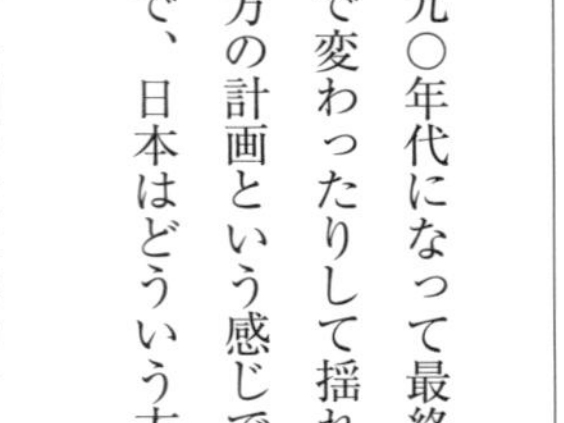

能してこなかったのではないかという気がしています。それは具体的にいいますと、「開発」という言葉に代表されるような、新たな経済基盤を地域社会に持ちこんでいくことによって、地域を活性化していこうという考え方に無理があったのではないかということです。むしろこれから求められるのは、各地域が本来持っている個性を引き出すことで輝いていくという考え方です。その個性とは、やはり各地域に固有の自然であるとか、自然に育まれた文化であると思います。日本は風光明媚な国ですが、その風光明媚さの裏には自然災害に脆弱な国土という一面もある。我々はそうした多面性を持つ自然と、長く深い付き合いを持って今日に至っています。そうした付き合いを大事にして、さらに磨きをかけていこうということです。したがって、自然資源や文化資源を活かしていくことが、これからの均衡ある国土の発展では非常に重要になってきます。そのためにはまず、我々一人ひとりの価値観の転換が必要だろうと思います。何を豊かだと思うか、何が人間らしい生活なのか、そうした本質的な問題を問い詰めるなかで、これからの地方の姿を考えていく必要があると思います。

転換期の交通政策への提言

喜多　現代はまさに変革の時代であり、交通の問題を考える上でも転換期だと思います。活力を失った地方を再生に導くような交通社会を築いていくために、これからどのような観点が大切になるか、最後にお一人ずつご発言いただければと思います。

中村　最近よく耳にする言葉ですが、これからはサステイナブル[※10]な社会をつくるという発想がいちばん大切なのではないでしょうか。少子高齢化が進んで、過疎地域の集落には交通弱者しか住まなくなって、やがて暮らしが成り立たなくなり、消滅してしまうといったような社会では、サステイナブルとは言えないわけです。そうならないように知恵を働かせる必要があるということです。

また、日本では地震が多発します。とくに、よく問題にされる東南海沖で大地震が起これば、間違いなく津波がくる。津波がきたときに、紀伊半島や四国、九州の沿岸の集落はみんな海抜の低いところにありますから、一級国道といえどもたちまちにして不通になります。そうなると集落は孤立するわけで、これからはこうした防災上の観点もたいへん大事になると思います。また、都市がどんどん外延化することによって、地方都市では今、中心市街地の空洞化が問題になっています。空洞化とは、都市そのものがサステイナブルでなくなるということです。こうした状況に対して道路整備をどう考えるか。今までは外延化に対応した整備をやってきましたが、これからはまったく逆の発想が必要になるのではないかと思います。このようなことから、今日の議論の大事なキーワードの一つは、私はサステイナブルではないかと思っています。

森田　九〇年代以降、我が国は大きく変わってきています。それまでは都市が成長を引っ張り、

10　サステイナブル（Sustainable）
持続可能なこと。地球環境や社会生活への負荷をなるべく少なくし、次世代に存続させていける社会を築くことが求められている。

地方もそれについていった。都市はたくさんの富を生みだし、自分のところで余った部分を地方に回していたわけですが、九〇年代以降、都市部が自ら支えきれなくなってきています。さらに、これからの日本を支えていく子どもたちが減ってきて、高齢化がどんどん進んでいる。現在の人口が一億二〇〇〇万人で、平均寿命は男性が間もなく八〇歳、女性が八〇代後半というのは、日本の歴史上でも例を見ない大きな社会変化ですね。このような未曾有の高齢化社会をどう維持していくかということが、今後のいちばんの課題だと思います。

とくに中山間地など、過疎化の進む地域をどう維持していくかという問題は、これから交通に限らずあらゆる意味において、いちばん深刻な問題として出てくると思います。私自身もそういう観点から、市町村合併の必要性というものを、嫌われながらもあえて主張してきたのですが、地方のガバナンスの問題を考えると、やはり合併によってある程度のスケールメリットを出していく必要があるのではないでしょうか。その際、過疎化が極端に進行するような地域では、集落再編といったようなことも視野に入れざるをえなくなってくる。一例をあげますと、数年前に大雪が降ったとき、東北地方のある村で、山のかなり奥地に住む何人かのお年寄りの介護にヘルパーさんが毎日通えるようにするために、道路の除雪費用が六〇〇〇万円ぐらいかかったそうです。その村の財政規模が十数億円ですから、これはたいへんな額なわけです。仮にもっと近くに下りてきていただいて、そこで手厚いケアを受けていただけるような仕組みを考えられないか。そうしたことも含めて、今は大胆に発想を変換する時期にきているのではな

いかと思います。

大西　大学院の授業を学生参加型でやっていまして、最近は「計画の見直し」というテーマで、過去に失敗した計画のどこに問題があったかを議論しています。そうすると定番で出てくるのが道路とダムです。そういう議論をしていると、やはり道路政策が曲がり角にきていることを実感します。一言でいえば、道路は量から質の時代に向かわなくてはいけないということです。したがって、量的な拡大は今後いろいろな意味で頭打ちになってくると思います。必要な社会資本として何を考えているかという世論調査で、道路の評価はもちろん低くはありませんが、福祉、医療、公園、スポーツ・レクリエーション施設などの伸びが高い。国民が重視するものが少しずつ変わってきているわけです。質という意味では、かなりの道路ストックがすでにできていますので、今後はその使い方を工夫することが重要になります。並木を植えてきれいなまちなみをつくるとか、自転車利用を促進するとか、あるいは歩道をもっと広げようということでもいい。地域のニーズに照らして、今ある道路空間をどうやって使いやすくするかということを、相当に柔軟に考えていく必要があります。そうすることで、新しい移動の楽しさも見えてくるのではないかと思います。

岡野　高齢化の進展ということで一言申し上げますと、自分もそろそろご厄介になるかもしれないのですが、老人はできるだけ元気に生きて、明日パタッと死ぬのがいちばん幸せなのであって、あまりいつまでも面倒をみてもらわなくて済むのが本当はいいわけです。ところが介護が産業化してくると、老人は寝たきりで、いろいろな介護サービスを要求してくれたほうが儲かるというシステムができてきます。世の中にとって、そうした状況が本当の意味で人間にとって幸福なのだろうかと疑問に思います。もっと本当に幸福になれるものに資本を投入して、誰もが限りある一生を満足して終えていけるような社会を築いていくべきだろうと思うのです。もう一つ、後世の世代のことを考えますと、我々は資本を残さないで、自分たちでぜんぶ消費してしまっていいのでしょうか。このような点でも最近、ちょっと危機感を抱いております。

白石　現在、日本では六五歳以上の二人に一人は、もう配偶者がおりません。しかもお年寄りが一〇人いれば、そのうち八人がおばあさんです。これから日本はおばあさんの時代になります。さらに一五年経つと、六五歳以上の前期の高齢者よりも、七五歳以上の後期の高齢者のほうが多くなる。それを考えますと、もはや地方で、お年寄りが自分で車を運転して出かけていくということが困難になってくると思います。一人暮らしの女性の年収を見ましても、男性の年収の三分の一程度で、高齢者は車を持つことが経済的にも、肉体的にもつらくなるわけです。一方、社会参加率と寿命の関係をみますと、元気でいろいろなところに出かけている地域ほど寿命が長い。それを考えますと、やはり車に代わる何らかの移動手段を手当てしていかなければいけないと思います。また、こうしたお年寄りの移動手段の確保が、将来的には社会福祉面での費用の圧縮にもつながっていくと思います。

喜多　今日の議論を通じまして、これからの交通社会を考える上で何が重要かといったことについて、おおよそ俯瞰することができたのではないかと思います。今回のシンポジウムがきっかけとなって、交通に関わるこうした議論が幅広く社会に広がっていくことを期待しております。本日はどうもありがとうございました。

終章

本書は、地方分権の時代に求められる交通社会のあり方について、議論の前提となる課題の整理や現状評価、将来への提言などを各メンバーに行ってもらい、また直接議論してもらった内容を合わせて一冊にまとめたものです。本書の目的は、各専門分野の知見からこのテーマを幅広く俯瞰し、問題の全体構造を明らかにすることでしたが、それぞれのメンバーから問題のとらえ方や、大変示唆に富む意見が明快なかたちで提示され、当初の目的はかなりの程度果たせたのではないかと思っています。

こうした問題を論ずる際には、まず議論の全体的な枠組みを整理し、事実関係について共通の認識を持った上で、多面的な議論を進めていくことが求められます。その際には、科学的、学術的な検討結果や議論のアプローチが、複雑そうに見える問題の本質を示す役割を果たし、すでに多くの知見が蓄積されている論点についても、その内容を踏まえてさらに考えを掘り下げることで、新たな成果をもたらすことが期待できます。もちろん、議論の途中で意見がわかれ、意見集約が難しくなる場合もあるでしょうが、そうした場合はそれぞれが置かれた立場や、環境の違い、重要と考える事項の違いとその理由などを明らかにし、理解を深めあうことによって、意見集約への道筋が見えてくるのです。

本来、議論とはこのようなプロセスを経て進めるべきであって、とくにさまざまな分野が絡み合う社会的課題を論じる際には、こうしたプロセスが不可欠であることをまず理解しておく必要があります。しかし、今回我々がテーマに掲げた「地方の時代と交通社会」の問題についていえば、残念ながらこうした論点整理が、いまだ十分になされているとは言い難く、この状況に対して、当学会なりに問題提起を行うことが、本プロジェクトのいちばんの狙いであったと言えます。

とはいうものの、各メンバーの発言は多くの点で一致してはいますが、部分的には鋭い対立も見られます。これは、それぞれの専門分野とテーマへの関わり方の違いによって生じるものであり、ある意味で当然の結果と言えます。むしろ、全体を通じて浮かび上がったことは、重要であると思われる論点や将来ビジョンについては、各メンバーでほぼ共通していたという事実です。本章では、その主だった内容を整理し、本プロジェクトからの「提言」としてまとめています。今後はここに示された論点や視点を踏まえ、本質をついた議論の輪が国民的なレベルにまで広がっていくことを期待しています。

・・・・

提言

一、社会資本の価値は、採算性だけでは計れない

平成一五年の道路公団民営化の議論以来、道路をはじめとする社会資本整備については、採算性の問題ばかりが取りざたされてきた感があり、国民のあいだに誤解が生じていることが懸念されます。今さらいうまでもなく、社会資本というものは本来、採算性だけでは計れないさまざまな社会的便益を考慮して整備すべきものです。この前提のもとで採算性や効率性にも十分に配慮し、ムダのない整備を進めることが重要なのであり、このことを国民全体のコンセンサスとして、もう一度確認しておく必要があります。

一方で、個々の社会資本の有用性と整備の優先順位については、多くの人が納得できるような評価方法を検討していく必要があります。そのためには、科学的アプローチによって不明な点を明らかにしつつ、多角的な観点から評価基準を作成するとともに、対立の原因となる立場や環境の違いなどを評価の重み付けに反映させることができるような、柔軟な仕組みの導入も求められます。この点で、道路公団民営化の議論のなかで、中村英夫氏[※1]が示された高速道路の評価基準などは、このような考え方に合致した例と言えます。今後はあらゆる分野でこうした評価手法を確立し、透明性のもとに評価を行い、その結果を幅広く広報することで、国民の議論を深めていくことが重要であると考えます。

二、地方の時代にあって、国土計画はなお必要

地方の時代を迎えるにあたり、もう国土計画のたぐいは必要ないといった声も聞かれますが、こうした議論は本質を見誤っていると言わざるをえません。確かに、一定の地域に資源を集中させて国家経済の核となる経済基盤をつくり、その恩恵を全国に波及させていくような、いわゆる「全総」型の計画はすでに役割を終えており、今後は地方が主役となって、国からの権限と財源の移譲を前提として主体性を持ち、一定のブロックごとに地方の主導により国づくりを進めることが基本となるでしょう。

しかし、そうしたなかにあっても、国づくりを進めるための全体の方向性と、各地方が計画を策定することによって生じる支障を避けるための調整機能は、依然として必要です。さらに

1
中村英夫
第一章―P12「民営化推進委員会での議論」参照。

防災や防衛、国際競争力の観点など、国家戦略を踏まえて国づくりを進める必要があるという点も、これまでとなんら変わるところはありません。こうした国土計画の役割や、将来の国土像については、中村英夫氏[※2]の章で掘り下げて論じられていますが、氏の指摘はきわめて重要であると思われます。

一方、岡野行秀氏[※3]は、国の役割の重要性については社会資本整備に限らず、あらゆる公共サービスにおいて十分に検討される必要があると指摘しています。現在、政府の主導によりさまざまな行財政改革が進行中ですが、このように社会の仕組みを変革していくなかで、「公」としての国の役割を見失わないことが重要であり、その上で「官」と「民」、あるいは「国」と「地方」の役割分担を明確化し、それぞれの活力を最大限に引き出せるよう努めていくことが重要です。

三、国と地方の入れ子構造を改めよ

道路には高速道路、国道、県道、市町村道とありますが、片山善博氏[※4]が指摘するように、現在はこれらの整備に関わる権限と財源の構造が、複雑な入れ子状態になっているという問題があります。国が行うべき事業で地方に直轄負担金を出させたり、地方が行うべき事業に国が補助金を出すなど、線引きがあいまいになっており、それが果たして受益の帰着割合に応じたものになっているかという観点で見ると、問題があると言わざるをえません。その結果、現在では国と地方で不健全なもたれあいの構造が生じており、今後は地方分権の枠組みのなかで、線

2 **中村英夫** 第一章―P29「美しい国土づくりと地方の再生」参照。

3 **岡野行秀** 第二章―P74「天下の公道を『私』すべからず」参照。

4 **片山善博** 第五章―P152「現場とズレている国の道路政策」参照。

引きを明確にしてこうした問題を解消していく必要があります。

その際には、広域にわたる高速道路は国土計画の一環として国が、県道や市町村道はそれぞれの自治体が担うべきですが、国道については大西隆氏[※5]が指摘するように、近年は高速道路の発達によって、利用実態が都道府県道と似通ってきている面もあるため、十分な議論が必要となります。いずれにしても、これからは高速道路、国道、県道、市町村道とも、それぞれの利用実態をよく吟味し、受益と負担の関係にねじれが生じないように、実態に即したかたちで「計画」と「負担」の両面において、きちんと線引きを行っていくことが不可欠であると言えます。

四、道路は「整備推進」から「利用拡大」へ

厳しい財政状況に対応するためには、計画の見直しを徹底して事業の「選択と集中」をはかることが求められます。道路をはじめとする我が国の社会資本の整備水準は、全体的に見るとかなり高いレベルに達していますが、整備が遅れ一定の水準に達していない区間については、当然整備を進めるべきであり、すでに一定の水準に達した区間については、「整備推進」から「利用拡大」へと発想を転換していく必要があると、中村英夫氏や、片山善博氏は指摘しています。そのためにも、今後は道路の利用拡大をはかる施策の財源確保などについても、議論の俎上に乗せていく必要があると思われます。

道路整備特別会計については、これまでずっと手付かずのままでしたが、そろそろ見直しをはかる時期にきているとの指摘もあります。大西隆氏[※6]が言うように、従来のように道路の建

5 **大西 隆**
第六章—P197「『逆都市化時代』の道路整備」参照。

6 **大西 隆**
第六章—P197「『逆都市化時代』の道路整備」参照。

設・維持・管理に使途を限定せず、道路の利用拡大策や交通関連の環境対策など、受益者負担の趣旨が崩れない範囲で使途を広げていくことも検討されてしかるべきです。

一方、道路の利用については、公共交通サービスの充実が焦点となります。地方では今後、住民の生活圏域が拡大するとともに、高齢化の進行によって公共交通へのニーズが高まることが予測され、地域の足となるコミュニティバスなどの整備推進が不可欠となります。採算性の問題から民間バス会社などの撤退が相次ぐなか、どのように公共交通を成り立たせていくかは難しい問題ですが、今後は行政が主体となって、また民間でできるところがあればその可能性も含めて、さまざまな方法を検討していく必要があります。さらに、最近は経済改革特区のなかで、NPOが有償で交通弱者の移動を助ける生活交通サービスなども出てきており、白石真澄氏[※7]の章でさまざまな事例が紹介されています。今後は、実態に照らして必要に応じた規制緩和なども進めることで、こうした草の根的なサービスの可能性も広げていく必要があります。

五、透明性と流動性の確保が、ガバナンス向上のカギ

地方分権を進めるためには、自治体のガバナンス能力の向上が不可欠であることは言うまでもありません。片山善博氏[※8]が指摘するように、そのためにはまず、「透明性」の確保が前提となります。透明性を高めて行政の動きを社会の目に晒していくことで、職員の意識改革が進み、それが結果的に政策形成力などの向上につながっていくからです。

一方で、森田朗氏[※9]は公務員制度の弾力化を検討するなどして、これまで以上に人材の流動化

7
白石真澄
第七章—P241「住民参加とプロデュース力」参照。

8
片山善博
第五章—P164「現場の目で行政を考える」参照。

9
森田　朗
第三章—P105「ローカルガバナンスのあるべき姿」参照。

をはかっていく必要があると指摘しています。これは人材のマーケットをオープンにすることで、地方にも優秀な人材が集まりやすい状況を作り出すことが重要ということです。このほかにも、企業の活力を公共サービスに取り入れたり、地方大学のシンクタンク化を進めるなど、民間や学術機関との連携を深めることもガバナンス向上に貢献します。権限と財源の移譲が先か、自治体のガバナンス向上が先か、鶏と卵のような話になりがちですが、地方には十分にガバナンスを向上させる素地があり、これからはこの前提に立って物事を進めるべきであると考えます。

六、住民のアイデアと活力が、地域を変える

これからの地域づくりや都市計画では、行政だけが主体となるのではなく、住民が主体的に計画の策定などに関わっていくことが重要であり、そうした方向へと地域ぐるみで変わっていけるかどうかが、地方再生のカギを握っていると言えます。このことをまず行政が自覚し、住民に広くアイデアを募ったり、まちづくりへの住民参加を促す仕組みなどを整えていく必要があります。その際には、住民が計画の立案から実行・評価まで、政策の全体に関わっていけるような仕組みを整備することがポイントとなります。また、住民の意思を行政に反映する方法として、大西隆氏※10が提案するような、地方税の一部の使い道を住民が選択できるようにする制度の導入なども考えられ、今後はこうした手法も幅広く検討されていくべきです。

では、より豊かな地域社会を実現するためには、これからどのような視点が大切になるので

10
大西　隆
第六章――Ｐ203「これからの都市計画」参照。

しょうか。まず考慮されるべきことは、医療や福祉、防災といった観点からのリージョナルミニマムの達成であり、この命題は今後も地域づくりの必須条件であることに変わりはありません。そのためには、リージョナルミニマムの基本要件をあらかじめ検討し、地域全体で合意しておくことが重要であり、その上で達成に努めることが求められます。

また、これからは地域住民の暮らしの「質」の向上ということを、もっと掘り下げて考えていく必要があります。生活の豊かさの概念は時代とともに変容しています。それゆえ白石真澄氏[※11]が指摘するように、これからの時代の「豊かさ」とは何か、「暮らしやすさ」とはどういうことかといった、きわめて本質的な問題を問い詰めるなかで、新しい地方の姿を考えていくことが重要になると思われます。

11　白石真澄
第七章―P250「より豊かな地域社会の実現へ」参照。

七、チェック機能の働かない計画は、必ず硬直化する

最後に、計画の評価・検証の重要性について触れておきます。最近、国の行政機関に関わる政策評価法が成立したこともあり、行政の評価システムがようやく機能し始めました。しかし、自治体レベルではまだ十分に機能しているとは言えないため、今後は自治体レベルでも分野ごとの政策評価などを徹底していく必要があります。その際、地方は中央が示した基準を尊重しながらも、地域性を考えて独自の評価基準を作っていくことが重要で、その基準に従って計画を自らが作成し、実行し、再評価するという流れを確立していく必要があります。また、一度立てた計画でも、必要に応じて柔軟に見直しをはかり、常に現場の実情にあった公共サービス

を目指していくことが、今後ますます大切になります。そのためには計画の見直し方法をあらかじめ検討し、地域全体で合意しておくことが前提となります。

一方で、国には全体の方向性を示し、調整機能を果たす役割が求められます。地方の時代にあっても、全体を俯瞰する計画はなお必要であり、国の役割は引き続き重要ということです。また、科学的知見に基づいたより総合的な評価システムなども、今後は必要になってくると思われます。例えば「福祉」をとっても、医療や介護など、関連分野と重複する範囲が少なからずあり、省庁ごとの個別の政策評価だけでは見えてこない問題がたくさんあります。成田頼明氏※12が指摘するように、これからは政府全体でのより俯瞰的な評価・検証の仕組みも検討されてしかるべきだと思います。

・・・・・

以上、各メンバーの提言を簡単に整理してみましたが、これらはあくまでも全体の一部にすぎません。あとはもう一度本編をお読みいただき、その内容を踏まえて皆様それぞれに考えを深めていただければと思います。

最後になりましたが、本プロジェクトの趣旨に賛同いただき、ご多忙のなか取材やシンポジウムにご協力いただいた諸氏には心より御礼を申し上げます。また、本プロジェクト運営にご尽力いただいた国際交通安全学会事務局の奈良坂伸氏、黄金井幹夫氏、本書の出版・編集にあたりご協力いただいた技報堂出版の宮本佳世子氏、アストクリエイティブの堀井信行氏、浜崎浩氏、梅沢亜子氏にも謝意を表します。

12 成田頼明
第四章―P144「行政の事業評価と政策評価」参照。

本書がこれからの交通社会を考える上で、問題の本質を提示する役割を果たし、今後ますます議論を深めていくきっかけとなれば幸いです。